RAMÓN ROSA

MORAZÁN, EL PADRE TRINO Y OTROS ENSAYOS

ERANDIQUE
COLECCIÓN

MORAZÁN, EL PADRE TRINO Y OTROS ENSAYOS
RAMÓN ROSA

©Colección Erandique
Supervisión Editorial: Óscar Flores López
Diseño de portada: Andrea Rodríguez
Administración: Tesla Rodas/Jessica Cordero
Director Ejecutivo: José Azcona Bocock

Segunda Edición
Tegucigalpa, Honduras—Septiembre de 2024

MÁS QUE UN BILLETE DE 500 LEMPIRAS

Yo estaba en secundaria cuando me hablaron por primera vez de Ramón Rosa. Fue rápido, como quien no quiere la cosa. "Él y Marco Aurelio Soto impulsaron la gran Reforma Liberal en Honduras", me explicaron.

Y me contaban, claro está, de algunas de las grandes transformaciones en educación, cultura, finanzas, infraestructura y economía que su gobierno realizó.

Pero hasta allí.

Unos años más tarde, Ramón Rosa llegó a manos del pueblo hondureño en forma de 500 lempiras. Aunque fue una decisión acertada para homenajear el legado del reformador, no hubo una campaña para dar a conocer quién era el personaje cuyo perfil engalanaba el billete de color morado.

Más de dos décadas después, y gracias a mi "trabajo" —lo pongo entre comillas, porque estar en Colección Erandique es más bien como un bello pasatiempo que disfruto enormemente—, descubro a Ramón Rosa en toda su dimensión de pensador y, debo confesarlo, me he impresionado al punto de hacerme estremecer de la emoción.

No solo es la belleza de su prosa, sino también por sus ideas en temas como el amor a la Patria, el respeto a la vida y a la obra de los grandes hombres, el combate a la tiranía, el respeto por los fondos públicos, el llamado a la solidaridad entre hermanos.

Con un estilo directo, Rosa fustigó con dureza a aquellos malos centroamericanos que se oponían mezquinamente al desarrollo de los países centroamericanos.

A pesar de los peligros, criticó el conservadurismo de los líderes religiosos, a las clases altas y a la clase política que se enriquecían con descaro.

En esta edición, Rosa, además, nos hace un retrato de José Trinidad Reyes, de quien era sobrino, lo que nos permite conocer un poco más sobre aquel gran sacerdote.

La educación fue una de las grandes pasiones de Rosa, y así lo deja reflejado en varios ensayos en los que habla de un sistema escolar gratis, universal y laico.

"Bajo la influencia de tales convicciones, creemos que el Estado que proporciona instrucción religiosa, no sólo sale de la órbita civil que le está demarcada por la naturaleza del fin social que representa, sino que también causa con ese procedimiento consecuencias muy adversas al orden moral, político y aun doméstico", escribió.

No basta saber leer y escribir —expone Rosa—. ¡Tan cierto es que la sociedad puede ser ignorante y esclava del despotismo, aunque sepa leer y escribir!

La biografía de Morazán (llena de pasión), la importancia de respetar la Constitución, sus discursos en la inauguración del Archivo nacional y de la Universidad Nacional, la convicción en la unión centroamericana y su llamado a la tolerancia de ideas, nos retratan a un hombre con sabiduría a pesar de su corta edad.

Hemos elaborado esta especia de antología con mucho cariño; esperamos que sirva para que más hondureños disfruten con la lectura de las ideas —la mayoría de ellas aún vigentes—, de Ramón Rosa.

Concluyo con este pensamiento de Rosa en su artículo La Tolerancia:

"¡Intolerancia! Que se invoque por los fanáticos sectarios de religiones positivas, y por los caudillejos de pandillas políticas; pero nunca, nunca por aquellos que sólo deben creer en estas dos grandes verdades fundamentales: Dios y Conciencia, y por aquellos que, alejados del pandillaje, tributan culto a estas divinidades de la tierra: Patria y Libertad".

Cualquier similitud con hechos o personajes actuales es pura coincidencia.

ÓSCAR FLORES LÓPEZ
EDITOR COLECCIÓN ERANDIQUE

A MANERA DE PRÓLOGO

OBRA EDUCATIVA RELEVANTE DEL DOCTOR RAMÓN ROSA

Por Hernán Cárcamo Tercero

El título de este artículo es el nombre que el distinguido intelectual hondureño, don Carlos R. Cortés, profesor de generaciones, autor de obras didácticas y miembro de número de la Academia Hondureña de la Lengua, ha dado a un valioso libro de su autoría, y como es lógico entender, no se trata de una biografía de ese compatriota nuestro de una vasta dimensión intelectual, que se llamó Ramón Rosa, sino que limitó sus esfuerzos para enaltecer su egregia personalidad en sus ejecutorias como ministro de Educación Primaria del reformista gobierno del doctor Marco Aurelio Soto, así como en la valiosa intervención que tuvo para elaborar el primer Código de Instrucción Pública de nuestro país emitido en el año de 1881.

Tanto el doctor Soto y el doctor Rosa, residentes en Guatemala, fueron elementos claves en la jornada libertaria de 1871; ambos contribuyeron tanto al triunfo de la revolución como a la obra renovadora de Guatemala. Miguel García Granados se hizo cargo de la Presidencia, y encargó a Soto la Secretaría de Estado en el despacho de Gobernación y Negocios Eclesiásticos y con tal carácter abolió el diezmo, y después le anexaron la Secretaría de Relaciones Exteriores. Posteriormente asumió la Presidencia de Guatemala el general Justo Rufino Barrios y continuó desempeñando tan honrosos cargos y elevó a Soto al importante cargo de Secretario General.

En el año de 1874, Rosa escribió un ensayo intitulado "Importancia de la Instrucción Pública", en el que se refleja el interés porque "el pueblo guatemalteco, vaya dejando poco a poco las nubes oscuras de la ignorancia", y en él hace un largo recorrido que emana desde la Edad Antigua, pasando por la Media hasta llegar a la Moderna que es en la que él vive, y en el que se proponía, entre otros aspectos, que la instrucción primaria fuera laica, obligatoria y gratuita.

El profesor Cortés, sobre los esfuerzos de Rosa para elaborar su ensayo y otras de sus ideas, se expresa de la siguiente manera: "Sus ideas a no dudarlo cayeron en buen terreno, porque el siguiente año de 1875, el presidente Barrios estuvo presto a aprobar los proyectos de Ley sobre la Instrucción Pública, Ley Orgánica de la Segunda Enseñanza y la Ley Orgánica de Instrucción Superior, que le presentó el doctor Marco Aurelio Soto, en su carácter de Ministro de Instrucción Pública, y no es de dudar que en estas leyes estuvo de por medio la participación inteligente del doctor Rosa".

Honduras por ese tiempo se encontraba en completa anarquía. Con el propósito de salvar al país de las frecuentes revueltas y terminada la guerra contra El Salvador, el general Barrios propuso al doctor Soto que se hiciera cargo de la Presidencia de Honduras.

La llegada de nuevo a Honduras de los doctores Soto y Rosa, el profesor Cortés, la narra de la siguiente manera: Con el auxilio y respaldo de los presidentes de Guatemala Justo Rufino Barrios y Andrés Valle de El Salvador, el doctor Soto con una comitiva encabezada por el doctor Rosa, llegó a Amapala el 27 de agosto de 1876, e inauguró su gobierno provisional

Ante el señor Alcalde municipal del puerto de Amapala, Soto rindió su promesa constitucional como Presidente Provisional de Honduras el 27 de agosto de 1876. Y su primer acto como gobernante provisional fue nombrar al doctor Rosa como Ministro General del Gobierno.

El ascenso de Soto y Rosa al poder marca para Honduras un hecho histórico extraordinario. No se debe tomar como el simple traspaso del mando de unas manos inexpertas a otras también inexpertas. No. Significó aceptar un reto, puesto que se recibía un país destrozado a punto de llegar al colapso; de un país que necesitaba levantarse de su estado de postración social y económica. Urgía, pues, de hombres de ideas renovadas, de hombres con talla de estadistas, emprendedores, sin odios y dispuestos a hacer obra material y espiritual. Y estos atributos los reunían los doctores Soto y Rosa.

En el gobierno de Soto, además de Secretario General, Rosa ocupó las carteras de Relaciones Exteriores, Guerra e Instrucción Pública.

Mencionaremos, entre otros logros extraordinarios del gobierno de Soto, los siguientes: La educación de la mujer, la sustitución del método alfabético por el método fonético, la oficialización del idioma español, proyecto para la formación de maestros, fundación del Archivo Nacional, fundación de la Biblioteca Nacional, creación de la Oficina de Estadística, creación de la Escuela de Bellas Artes, apertura de los centros educativos, apertura de la escuela primaria para niñas, fundación de la primera Escuela Superior para Señoritas, apertura del primer colegio nacional de segunda enseñanza para señoritas y varones, reglamento provisional para segunda enseñanza, inauguración del colegio de segunda enseñanza en Tegucigalpa para señoritas, en 1789 se abrieron 316 escuelas públicas de primeras letras, se creó el colegio de Comayagua, en 1880 se pusieron al servicio 317 escuelas para varones, fue ratificada una nueva Constitución de la República en sustitución de la 1865; y en 1881, se aprobó el primer Código de Instrucción Pública y se estableció una escuela militar.

La obra educativa relevante del doctor Ramón Rosa que comentamos, contiene una muy amplia información sobre los aspectos atinentes a la educación en Honduras; debería ser un texto de obligada lectura para estudiantes de secundaria y de nivel universitario. Ha sido un esfuerzo en que quedó confirmada la elevada capacidad intelectual de su autor, y su paciente labor de investigación de datos. Fue preparado por un profesional de la enseñanza, que desea lo mejor para el país lo cual lo deja reflejado en sus siguientes apuntes: "Esta obra nació de la admiración que el autor profesa hacia la irrepetible personalidad de Rosa, por lo que concluimos este trabajo repitiendo algunos de sus pensamientos por compartirlos en todo su contenido, por lo que deseará que se tomaran como admiración al personaje que la inspiró y al leal admirador suyo que la escribió. Rosa tuvo madera de redentor, ya que luchó por la libertad de los oprimidos, porque hizo la guerra a la injusticia; tuvo la virtud del formador porque su vida fue de educador y modelador de los niños y de los jóvenes; llevó en su mente el pensamiento del reformador, traducido en cambios que rompieron la tradición, con lo obsoleto; tuvo luces de clarividente Y de colocaron entre el formador y reformador, e influyó y presintió precursor, que lo con mucha distancia en el tiempo, doctrinas y adelantos para Honduras, que en los días que él vivió no había terreno propicio para accionarlas. Como todo ser humana tuvo sus cualidades y sus errores; pero estos no empañaron su gigantesca obra cultural y civilizadora, así como sus principios morales".

El doctor Ramón Rosa nació en Tegucigalpa el 14 de julio 1848 y murió a la edad de 45 años en la misma ciudad el día 28 de mayo de 1893. Su muerte prematura cubrió de luto a toda la nación hondureña. El gobierno del general Domingo Vásquez lo declaró Benemérito de la Patria, decretó duelo nacional y dispuso que en sus funerales se le tributaran honores de general de división y el Congreso Nacional decretó que se erigiera en Tegucigalpa una estatua de bronce de seis pies de altura.

VIDA Y OBRA DEL PADRE REYES

Transcurría el año de 1854. En una pequeña casa, situada al costado de la extinguida Iglesia de Nuestra Señora de la Concepción, comunicada con el templo por medio de la sacristía, se deslizaban risueños los días de mi infancia.

Los sábados me causaban grande alegría porque se celebraba en la vecina iglesia la misa de la Virgen. Al despuntar el alba, despertaba casi asustado por los bulliciosos repiques que convidaban a los fieles. En ese estado indeciso, intermedio de la vigilia y el sueño, recordaba que tenía un amigo cariñoso en la sacristía, y me encaminaba a verle, sin ocuparme en perseguir, como otras veces, a los gorriones que revoloteaban en torno de las flores de un hojoso limonero que ornaba el estrecho patio de mi humilde hogar. Todo lo dejaba, sin sentimiento, por encaminarme ligero y alegre a la sacristía, que una mano amiga me dejaba entreabierta.

En el umbral situaba mi observatorio, y, ansioso, a cada momento asomaba la cabeza, para ver a mi amigo. De ordinario, le veía arrodillado, inmóvil, ante la dulce imagen de la Virgen, que iluminada por la incierta luz de la mañana y por dos velas de amarillenta cera, se destacaba sobre una peana cubierta de rosas, de dalias, de nardos y de jazmines.

Largo rato permanecía en aquella actitud, con la vista enclavada en el suelo y absorto en fervorosa y purísima oración. Por fin, volvía los ojos, los fijaba con amor infinito en el rostro divino de la Virgen, y de allí, dirigía una mirada suplicante al azulado cielo, que se dejaba ver a través de una pequeña ventana, cuya madera envejecida mostraba la carcoma del tiempo.

Concluida la oración, aquel hombre piadoso se levantaba con profundo respeto. Entonces, yo asomaba nuevamente la cabeza y hacía ruido en la puerta, para que advirtiera mi presencia. Conocedor de mis pueriles ardides, volteaba a ver, y a mi sonrisa de niño correspondía con tierna sonrisa paternal.

Me llamaba con un ligero movimiento de mano, que a mí me parecía, aunque no formulaba la idea, cariñoso aleteo del ave que llama a su polluelo. Yo acudía, saltando, y él me apretaba la cabeza entre sus manos, y me hacía caricias, que me agradaban mucho más, cuando, al despedirme, me daba golpecitos en la cara y me regalaba nardos y claveles, que me decía eran "flores de la Virgen", y por añadidura, algunos centavos para mis juguetes.

Días serenos de mi infancia: ¿por qué se fueron tan presto? Amigo de mis primeros años: ¿por qué no existe, para que el hombre, abrumado por desengaños y pesares, te muestre el afecto que te mostraba el inocente niño?

Jamás olvidaré la imagen de aquel hombre venerable. A través de las espesas brumas del tiempo, yo la conservo grabada en mi alma. Era un sacerdote de mediana estatura: su cuerpo robusto y la morbidez y suaves contornos de sus formas revelaban, a la simple vista, la virginidad de su organismo y de su alma: su cabeza, casi siempre inclinada, tal vez por el peso agobiador de las ideas, era grande, bien formada, cabeza escultural: su frente no era espaciosa, pero sus marcadas protuberancias decían, al hombre de ciencia, que era la frente de un pensador: sus cejas eran pobladísimas y, debido a una perenne contracción nerviosa del entrecejo, aparecían como una prolongada línea negra, interrumpida por pequeñísimos copos de esa nieve del invierno de la vida que se llama las canas: sus ojos eran algo saltones, como si quisieran estar listos para recoger mucha luz; carecían de belleza, en la forma, pero su dulce mirada hacía transparente el fondo de la infinita ternura que encerraba su alma: su nariz era irregular, modelada por el tipo de la raza mestiza: sus labios eran gruesos y salientes, particularmente el labio inferior; de una a otra comisura, se notaban, en raro contraste, las líneas de la boca de Voltaire, el filósofo demoledor, con las líneas de la boca de Juan, el piadoso evangelista; ora jugueteaba en sus labios la picante sonrisa del epigrama, ora la dulce sonrisa expresiva de la mansedumbre, de la benevolencia cristiana para todos sus hermanos los hombres. Tales facciones resaltaban en el fondo de su color trigueño, palidecido por las vigilias del estudio y por las meditaciones y los éxtasis de la oración.

El hombre que he procurado describir, evocando lejanas y caras memorias de mi corazón; el hombre a quien oía llamar siempre, por los niños y por los pobres, "Padre mío", y a quien yo daba el nombre de amigo o de padre, porque creía, y con razón, que era el verdadero amigo o padre de todas las buenas gentes; el hombre que llegó a ejercer grande y benéfica influencia en la familia, en la sociedad, en el Estado, —¿qué nombre tuvo? ¿cuál fue su historia?—. Su nombre,

JOSÉ TRINIDAD REYES. Su historia —la de su vida, su genio y sus obras —, aunque a grandes rasgos, voy a contárselas.

El día 11 de junio de 1797, nació en esta ciudad José Trinidad Reyes(*), hijo de Felipe Santiago Reyes, honrado profesor de música, y de María Francisca Sevilla, instruida y talentosa Señora, de quien dicen sus contemporáneos que no se podía discernir si valía más por sus muchas virtudes, o por la solidez y brillo de su grande inteligencia.

(*). He aquí su partida de bautismo: "En la Iglesia Parroquial del Señor San Miguel de Tegucigalpa, el día 14 de junio de mil setecientos noventa y siete, el reverendo padre fray Nicolás Hermosilla, previa licencia mía, bautizó solemnemente a un niño que nació el día 11 del mismo, a quien puso por nombre José Trinidad, hijo legítimo y de legítimo matrimonio de Felipe Santiago Reyes y de María Francisca Sevilla. Fue su madrina doña María Josefa Arau Renechea, quien quedó advertida de su obligación y espiritual parentesco, y firmé: —Juan Francisco Márquez".

Reyes no vino al mundo en brazos de la fortuna. Estaba destinado a sobrellevar el peso de contratiempos, de pobrezas y aun de miserias, pues los autores de sus días carecían de un nombre ilustre y de un rico patrimonio. Pero la naturaleza providente, que nada olvida, le dio, en compensación, las aptitudes musicales de su padre y la bondad y los talentos de su virtuosa madre. ¿Qué más patrimonio?

Poseía, al nacer, valiosos bienes que no arrebatan las malas voluntades de los hombres ni los caprichos de la voluble suerte: bienes que van a donde va nuestro espíritu, y que desaparecen hasta que se pierden cerca de los lindes del sepulcro, cuando también se pierde el último aliento de la vida.

Los primeros años de Reyes corrieron en humilde y apartado hogar, como pasa la infancia de los hijos de los pobres. Para él no había la solicitud cariñosa ni las exquisitas atenciones de la sociedad, que prodiga elogios, obsequios y mimos al hijo del poderoso; para él no había bonitos y variados vestidos, ni numerosos y lindos juguetes; pero se indemnizaba, de todo esto, con las caricias constantes de sus padres, que son los presentes que los pobres ofrecen a sus hijos, como para compensarles, a fuerza de ternura, los halagos que les niega la esquiva fortuna.

Cuando hubo llegado a la edad de recibir la instrucción rudimental, primer alimento del alma, sus padres atendieron con empeño a este objeto. Tomaron, para sí, el cargo de instruirle en la moral y en el arte de la música, y, a la vez, les confiaron a las señoritas Gómez, —por antonomasia llamadas "las maestras"—, quienes le enseñaron la lectura y la doctrina cristiana. Tal era la enseñanza primaria de la época.

Felices fueron los ensayos del niño, en orden a su instrucción primaria. Dócil, aplicado, inteligentísimo, aprendió, en breve, todo lo que había que aprender en la pequeña esfera de la escuela de aquellos tiempos. Desde temprano, el pobre niño hizo la revelación de que en su alma estaba encerrado, como el polen fecundante en el botón de la flor, el germen de un gran porvenir.

Instruido en la modesta escuela de las maestras Gómez, Reyes divisó, aunque en vaga lontananza, nuevos y dilatados horizontes. Aspiraba a una instrucción superior, al comercio de la inteligencia con los productores y propagadores de las luces del saber. Por desgracia, imperaban, a la sazón, en Honduras, las viejas instituciones coloniales con sus desigualdades y privilegios, sostenidos por la autoridad de monarcas absolutos que lo eran por derecho divino.

Reyes, el niño desvalido, quería, con afán, aprender la sabia lengua latina; y, sin embargo, ¡no le era dado poseer la lengua del Lacio! ¿Por falta de recursos? No. ¿Por falta de maestros? Menos. ¿Por falta de aptitudes? Mucho menos. ¿Por qué, entonces? Porque lo prohibían las leyes y las costumbres de aquellos tiempos; porque Reyes no se había mecido en cuna dorada; porque Reyes carecía de viejos pergaminos; en una palabra, ¡porque Reyes no era noble! Sólo a los hijos de los nobles era permitido instruirse en ciencias y letras, en el Colegio Tridentino de la ciudad de Comayagua, asiento de la Gobernación de la Provincia. ¡Funesta influencia la de aquellas instituciones, que, con su manto de tinieblas envolvían el espíritu de los hijos del pueblo, para que no brillase la luz de sus ingenios! La justiciera historia se ha encargado ya de condenar tamaño crimen.

Está reservado siempre al carácter y al genio vencer las resistencias, por formidables que se les opongan. Reyes tenía ambas dotes; perseveró en su propósito, con aquella fe suya, candorosa y jamás entibiada, que había de asegurarle el éxito en las rudas batallas de la vida; y hubo la feliz circunstancia de que, por aquel tiempo, 1812, permaneciese en el convento de Nuestra Señora de las Mercedes el Reverendo Padre Fray Juan Altamirano, quien, cediendo a sus generosos sentimientos, y a despecho de las preocupaciones reinantes, enseñó a Reyes el idioma latino. Más tarde, el discípulo

4

pagó a su maestro la deuda de gratitud que había contraído, dedicando a su memoria sentidos versos, ¡flores y lágrimas del poeta agradecido, flores y lágrimas regadas sobre la tumba de su bienhechor inolvidable!

En parte, estaban satisfechas las aspiraciones del joven Reyes. Conocía el idioma latino y el arte de la música, y conocía, además, el arte del dibujo, que aprendiera bajo la dirección de don Rafael U. Martínez, pintor guatemalteco que vino a Tegucigalpa a ejecutar algunas obras. Pero nuevos tropiezos encontraron en su penosa carrera.

En su país no podía dedicarse a estudios profesionales; y contaba ya diez y ocho años, edad en que se aspira noblemente a alcanzar un puesto honroso en el mundo; edad, también, en que se atesoran las más grandes esperanzas y las más caras ilusiones.

Para abrirse paso en el camino de las letras, y en lucha con mil dificultades que le ofrecía la pobreza, convino con sus padres en dirigirse a la Provincia de Nicaragua, a fin de hacer sus estudios superiores en la Universidad de León; que por entonces florecía. El 20 de enero de 1815, Reyes, bajo la guarda de un buen labrador del barrio de La Plazuela, llamado Miguel Álvarez, y acompañado de los devotos que iban en romería al pueblo de El Viejo, se encaminó a la vecina provincia nicaragüense. Reyes era el pobre peregrino, que iba, a otro suelo, a ofrecer sus votos en el santuario de la ciencia: sus acompañantes eran peregrinos, también, que iban a ofrecer a la Virgen del Viejo, los votos de su fe religiosa. Impulsaba a Reyes la idea; a sus compañeros el místico sentimiento. Así viaja la humanidad, por los mismos caminos, pero con fines distintos. ¡Más dichosos, siempre, aquellos que peregrinan, en la vida, llevando muchos ideales en la mente, o mucho amor en el corazón!

A los pocos días, el joven estudiante, aquejado, más que por el cansancio, por los dolores de la ausencia del hogar paterno y de la tierra nativa, llegó a la populosa ciudad de León. Se hospedó en casa de don José María Guerrero, padre del virtuoso presbítero e instruido doctor del mismo nombre, donde fue recibido como uno de la familia.

La austeridad de su vida, la dulzura de su carácter, la distinción de sus modales, su versación en las artes y su aptitud para las ciencias, le abrieron, de pronto, las puertas de la hospitalaria sociedad leonesa, y le captaron el aprecio sincero de las personas más distinguidas, entre las que figuraba fray Nicolás García y Jerez, a la sazón Obispo de Nicaragua.

La actividad y la atención de Reyes estaban dedicadas al estudio. Perfeccionaba sus conocimientos en el castellano y el latín, cursaba filosofía, después cánones y teología, y al mismo tiempo estudiaba matemáticas, para lo cual iba, diariamente, al Cuartel de Artillería, a recibir lecciones de don Manuel Dávila, acreditado artillero que, más tarde, trajo al país el general Morazán, y quien, con su valor y pericia, contribuyó al buen éxito de la famosa batalla de La Trinidad, librada en 1827.

Las pocas horas que podía robar al estudio, las empleaba en ayudar, en la Catedral y otras iglesias, al señor guerrero, en sus oficios de maestro de capilla. Así cultivaba, cada vez más, el arte musical, y hallaba un recurso para satisfacer sus necesidades, y para auxiliar, en lo posible, a sus padres, necesitados de los recuerdos y del apoyo del hijo ausente.

En la Catedral de León —en aquel templo católico de sólida y deforme fábrica, de sombrías y espaciosas naves, de elevada y anchurosa cúpula, de cuadradas y ennegrecidas torres y de severo aspecto— ahí el joven Reyes, contemplando las nubes de oloroso incienso, que se elevaban y se desvanecían y se perdían en el azulado cielo; viendo los amarillentos cirios de que partían múltiples rayos de luz, que se descomponían en los vidrios de las altas ventanas o se quebraban en las columnas de las arqueadas naves, yendo a morir, con sus últimos reflejos, en las pupilas de los ángeles, al parecer animados y sonrientes sobre sus pedestales de perfumadas flores; oyendo las notas del órgano que, ya graves y solemnes, ya tiernas y dulcísimas, semejan voces, ayes del misticismo, lamentos y quejas de una religión que pide a lo alto luz para la tenebrosa conciencia, y paz y consuelo para el triste y lacerado corazón; ahí Reyes, con la sed de lo infinito, con las visiones extraordinarias de lo sublime, arrebatada su mente por el ideal divino, inflamado su corazón por el amor inmenso, envuelta toda su alma en mística atmósfera..., ahí apartó los ojos de las miserias de la tierra, los volvió al cielo; se olvidó de las inestables glorias de la vida, y se abismó tan sólo en la eternidad de Dios; y quiso ser el ungido del Señor, quiso ser Sacerdote.

Reyes tenía resuelta su vocación. Después de obtener brillantemente, con las calificaciones más honrosas, los títulos de Bachiller en Filosofía, Teología y Derecho Canónico, pensó en poner los medios de seguir y terminar su carrera eclesiástica. Iba a ordenarse, a ver cumplidos los mandatos de su vocación. Pidió sus letras al prelado de esta Diócesis, que lo era, en calidad de Vicario y Provisor, el señor deán don Juan Miguel Fiallos. El noble deán rehusó al humilde Reyes sus letras, por el motivo, entonces muy poderoso, de que pertenecía a la clase de los plebeyos. ¡Qué decepción tan amarga para el pobre pretendiente! Era a manera del viajero fatigado que, después de atravesar un desierto de encendidas arenas, rinde al fin la jornada, con los pies manando sangre y los labios abrasados por la sed, y que, como el Nazareno, no encuentra ni en donde reclinar la desmayada cabeza. No obstante, Reyes no exhaló una sola queja. Resignado, dobló la cerviz ante la adversidad, y, grande en su desgracia, se limitó a escribir a sus afligidos padres, diciéndoles: "Si Dios me llama al sacerdocio, no habrá quien se lo impida". Confió y esperó.

En trance tan difícil, en situación tan dolorosa, fray Ramón Rojas, guardián del Convento de Recoletos, de quien se dice que murió en olor de santidad, vino en ayuda de Reyes, que, aunque resignado, estaba profundamente entristecido por la negativa del deán Fiallos. Rojas aceptó al pretendiente, como novicio, en el Convento, quien logró ordenarse de menores el año de 1819, de Subdiácono el de 21, y, hecha profesión religiosa, diácono y presbítero el de 22, recibiendo las sagradas órdenes de manos del obispo García Jerez. Nicaragua reparó la falta de Honduras. Reyes satisfizo sus aspiraciones supremas; pero al hacerlo, fue con dejación del siglo y de su Patria, necesitada ésta de sus luces, de su genio emprendedor y de sus edificantes virtudes.

La destructora y horrible anarquía que se desencadenó en el Estado de Nicaragua en el año de 1824, a la que puso término en 1825 el general don Manuel José Arce, Presidente de Centroamérica, obligó a Reyes y a sus compañeros, los religiosos, a emigrar a Guatemala, para incorporarse a la Comunidad de su Orden, en el Convento magnífico de Recoletos de aquella hermosa y querida capital, donde, en el citado año de 25, fueron recibidos con la benevolencia propia del hogar hospitalario y de la fraternidad cristiana. En el Convento de sus hermanos, Reyes, después de cumplir, con escrupulosidad ejemplar, sus deberes monásticos, dedicaba todo su tiempo sobrante al cultivo de las ciencias y de las artes.

En la Biblioteca de los Recoletos leía y releía las obras de los teólogos y canonistas, de los historiadores y oradores sagrados, de los filósofos, de los físicos, de los astrónomos y de los humanistas latinos, franceses y españoles; y, si daba esparcimientos a su ánimo paseándose por los amplios corredores de los claustros o por las ricas y umbrosas huertas del Convento, lo hacía, casi siempre, observando fenómenos celestes, como astrónomo, fenómenos meteorológicos, como físico y fenómenos de la vegetación y de la florescencia, como naturalista. Además, depuraba su gusto en el arte musical y en el pictórico, tan propios del genio eminentemente artístico del pueblo de Guatemala.

En principios de 1828, pidió licencia al padre guardián para regresar a su país nativo, con el objeto de ver a su familia. Es fama que el guardián era severísimo, y aún adusto, y que inspiraba temor a los individuos de la comunidad; sin embargo, de buen grado y con muestras de cariño, concedió a Reyes una licencia de tres años. ¡Hora feliz para Tegucigalpa! ¡Días de bendición para Honduras! —dice, con justicia, el señor Jirón, en sus apuntamientos relativos a la vida de Reyes (*).

(*). Los apuntamientos citados, que están en mi poder, los hizo el virtuoso presbítero don Yanuario Jirón, excura de Tegucigalpa. Tuvo la bondad de obsequiármelos, y de ellos he tomado gran parte de los datos que contiene esta lectura. El Señor Jirón trató en la intimidad al señor Reyes, a su familia, a sus amigos y a sus adversarios: conoció los pormenores de su vida y fue su colaborador en la obra de fundar la Academia, después Universidad de Honduras. Reciba el buen amigo, el sacerdote instruido, que es honra y prez del clero hondureño, el testimonio de mi gratitud por su valioso trabajo; y tenga por recompensa, la única que puedo darle, aunque mucho merece, el asociar su dignísimo nombre al nombre esclarecido de su antiguo y venerado amigo, el doctor Reyes.

Fray José Trinidad salió de Guatemala y tomó la vía de Chiquimula; se detuvo en Esquipulas para visitar al Señor de dicho pueblo, tan reverenciado por los creyentes, de dentro y fuera de Centroamérica, por sus estupendos milagros. Dice el Señor Jirón: que, habiendo salido Reyes a la puerta de su posada, para ver pasar una tropa que entró inusitadamente, quedó ciego en el acto, y exclamó: "¿Será posible, Señor, que aquí, donde tantos han venido a recobrar la vista, pierda yo la mía?"; que, para su recobro, el enfermo ofreció al Señor una misa en acción de gracia: que lo llevaron ciego al lecho, en donde las señoras de la casa le pusieron unos "parchos de vigo y un paño sahumado en alhucema"; y que, al otro día, al despertar, vio perfectamente y se dirigió gozoso a cumplir el voto de la misa ante el altar del Señor de Esquipulas.

Sin otro accidente digno de notarse, siguió el padre recoleto su largo camino; llegó a la ciudad de Gracias a Dios, antiguo asiento de la Audiencia de los Confines, en donde fue recibido y agasajado por el Presbítero don Francisco Pineda, quien le hizo acompañar hasta el punto de su destino.

Al fin, en la tarde del día 13 de Julio del citado año, llegó a la vecina Villa de Concepción o Comayagüela, y allí se detuvo, transitoriamente, hospedándose en la casa cural, debido a algunos disturbios locales; pero, conocida su llegada, que había efectuado como de incógnito, fueron a verle su familia y los vecinos de la ciudad. Ocurrió, entonces, un cuadro verdaderamente conmovedor: la madre, olvidando por un momento la dignidad materna, sólo pensó en la santidad del sacerdote, y, derramando lágrimas de alegría, se arrodilló ante su hijo para pedirle su bendición; después le abrazó tiernamente, una y muchas veces.

Esto me recuerda la escena bíblica en que Jacob oprime entre sus brazos a José, después de muchos años de llorarlo muerto. ¡Qué bellas escenas, para ser trasladadas al lienzo por el pincel de un artista!

Pública ya la llegada de Reyes, los individuos de todas clases sociales acudieron alborozados a la casa cural, para darle la bienvenida. Su familia le buscó hospedaje en el Convento de Franciscanos; pero los frailes presentaron dificultades para recibir a tan distinguido huésped. El día 14, siguiente al de su llegada, después de celebrar misa en la Iglesia de Comayagüela, acompañado de sus parientes y amigos, y con la humildad del romero, entró a pie a esta ciudad, y fue a instalarse en el desocupado Convento de Nuestra Señora de las Mercedes, que había de ser, hasta su muerte, su habitual vivienda. Aquel recoleto, que hacía su entrada apoyada en su bordón de peregrino y sin más equipaje que un hábito de estameña y unas empolvadas sandalias, traía en su corazón un gran tesoro de virtudes, y en su inteligencia la viva luz que haría visibles, para los hondureños, nuevos y hermosos horizontes.

Los tiempos en que el Padre Reyes regresó a su Patria fueron verdaderamente borrascosos. Acababa de pasar la funesta invasión de

Honduras efectuada el año de 27, y, entre conmociones y hechos de armas, se preparaba, como consecuencia, la gran revolución del año de 29, que cambió por completo la faz de Centroamérica. La falta de paz y de bonanza imposibilitó a Reyes para hacer, desde luego, a Honduras, los beneficios que más tarde le prodigó a manos llenas. El año del 31 debía expirar su licencia, y tendría, entonces, que regresar al Convento, para no volver jamás a su nativo pueblo. Mas la revolución del 29 echó por tierra los institutos monacales, y Reyes, en fuerza de nuevos decretos, quedó secularizado y en capacidad de servir toda su vida a su país. ¡Qué aspectos tan diversos y aun opuestos tienen los sucesos revolucionarios! Lo que fue una gran desgracia para las comunidades religiosas, fue una gran fortuna para Honduras. Valiéndome de las palabras expresivas del Evangelio, Reyes había estado bajo el *celemin, oculto,* pero salió a la luz del siglo, florecieron y fructificaron, al calor de la Patria, sus talentos y virtudes, e hizo inapreciables bienes a sus conciudadanos. En el resto del año de 28 y en los de 29, 30 y 31, dadas las circunstancias anormales del país, Reyes se concretó, casi únicamente, al servicio del culto, al que empezó a dar muchos atractivos con sus pláticas y sermones, que siguió pronunciando durante 24 años, y con sus villancicos, cuya música componía, y que eran oídos por numeroso concurso en las alegres fiestas de la pascua y en las de Natividad de María. En sus pláticas y sermones, más se ocupaba en dar enseñanzas morales, que en hacer panegíricos de santos y disertaciones sobre abstrusos temas teológicos. Como hombre ilustrado, no aterrorizaba al pueblo con las llamas del infierno; más bien le mostraba el cielo, y, para llegar a él, la escala mística que proporcionan la verdad conocida y la virtud sentida y practicada. Sus oraciones sagradas —perdidas, casi por completo— me hacen recordar los buenos tiempos del padre Lacordaire y del padre Jacinto, no por la magnificencia de la oratoria, de que Reyes carecía, relativamente, sino por sus altas y trascendentales enseñanzas morales.

En el año de 1830, empezó a tomar alguna parte en asuntos políticos relacionados con los intereses de la Iglesia. El presbítero don Francisco Márquez era hombre de grande influencia política en el Estado, y amaba, con uno de esos amores ardientes y avasalladores que no reconocen obstáculos a Carmen Lozano, dama muy principal de esta ciudad. Quería unir, eternamente, su suerte a la suya, y, prevalido de su posición, de sus valiosas relaciones y de su carácter de diputado, el 27 de mayo del expresado año de 30, obtuvo del Congreso, que se reunía en la Casa de Moneda, un decreto autorizando el matrimonio de los eclesiásticos seculares: decreto rechazado por los clérigos diputados al Congreso y por la mayoría de la gente sensata. Reyes, por medio de su padre, don Felipe Santiago, que era diputado, opuso al decreto un razonado y convincente dictamen. Y sobrados motivos había para ello. El decreto tenía por origen el interés amoroso de un sacerdote, y no la opinión pública; además, fue, en todo sentido, una ley absurda. Se comprende que los clérigos se casen civilmente, cuando, separada la Iglesia del Estado, la ley los autoriza para ello y reconoce los efectos legales de su matrimonio. Pero, establecer el matrimonio de los clérigos *in facie ecclesiae* (En presencia de la congregación. Expresión latina que se usa hablando del santo sacramento del matrimonio católico cuando es público y con las ceremonias establecidas), conforme a los cánones, cuando éstos declaran nulo dicho acto matrimonial, es incurrir en un contra sentido en que sólo pueden caer legisladores desprovistos de las más elementales ideas sobre derecho público civil y eclesiástico.

No obstante, el decreto se llevó a efecto. fray Luis Vega, cura de esta parroquia, contrajo matrimonio con la señorita Eleuteria Espinosa, y el cura de Comayagüela, don Joaquín Molina, con la señorita Nicanor Cantón. Sólo el pobre amartelado padre Márquez no pudo casarse, porque la señora de sus tiernos pensamientos rehusó con obstinación las bodas, y, desesperado y suspenso, como sus compañeros, se retiró al pintoresco pueblo de Güinope, en donde vivió, lleno de infinita tristeza, y en donde sólo con la muerte pudo dar término a la cruel memoria de sus desgraciados amores (*).

(*). Por ser un dato interesante para la historia, reproduzco el decreto a que me refiero en este texto. "La Asamblea Legislativa del Estado de Honduras, teniendo en consideración que el matrimonio produce a la sociedad bienes de que no ha debido privársele por ningún motivo; consultando con las luces del día, y en uso de sus soberanas facultades, ha tenido a bien decretar y DECRETA: Artículo 1: —Los eclesiásticos, seculares del Estado, pueden contraer matrimonio, libremente, lo mismo que todo ciudadano. —Pase al Consejo. —Dado en Tegucigalpa, a 27 de mayo de 1830. —Francisco Márquez, D.P. —Trinidad Estrada, D.S. —Hipólito Flores, D.S. — Tomo 83, página 93 y 94. —Archivo Nacional.

Efectuado el matrimonio del cura Fray Luis Vega, el presbítero don Nicolás Irías, que como provisor y vicario general gobernaba esta Diócesis, nombró al padre Reyes *Cura de Tegucigalpa,* a pedimento de las señoras principales de la ciudad, representadas por la talentosa doña Josefa Cocaña y por doña Dolores y doña Petronila Midence. Mas Reyes, siempre humilde, renunció la cura de almas, e influyó para que recayese el nombramiento en el presbítero José Trinidad Estrada, que ejerció el cargo cerca de cincuenta años, y a quien acompañó, en calidad de coadjutor, haciendo los penosos oficios de confesor y los difíciles de orador en la cátedra sagrada *(*).*

(*). La conducta de Reyes, como coadjutor, me hace recordar las siguientes sentidas frases de un célebre escritor europeo: "¡Qué bellas funciones las de un Cura!... Él es un ministro de bondad... ¡Qué dichoso fuera yo en un pobre curato, haciendo la dicha de mis parroquianos!... No los haría ricos; pero participaría de su pobreza, y le quitaría a ésta el deshonor y el desprecio que la acompañan... Les haría amar la concordia y la igualdad, con que se evita o se hace llevadera la miseria... En mis instrucciones, yo me atendría menos al espíritu dogmático que al espíritu del Evangelio, en donde la doctrina es simple y la moral sublime, y en donde se ven pocas prácticas religiosas y muchas obras de caridad. Antes de enseñarles lo que se debe hacer, yo me pondría a practicarlo, y verían que cuanto yo les digo yo lo pienso".

Por doquiera se le veía, como ayudante del cura, alegre y festivo, ejerciendo su ministerio, tan solícito en interés de los ricos como de los pobres. Como hombre de arreglo, llevaba la cuenta de sus entradas y salidas. En sus muchos años de trabajo, hasta el 43, ingresó a la gaveta de su mesa la suma de $50.000; y, sin contar los ingresos de 12 años más y el valor de los muchos obsequios que recibía; a su muerte, sólo dejó sus modestos muebles a su familia, y a la iglesia de la Concepción, que había adquirido por una capellanía fundada por uno de sus mayores, la legó en beneficio público. No atesoraba; sostenía el culto a sus expensas, y los pobres formaban parte de su numerosa familia. Reyes era el tipo perfecto del sacerdote evangélico.

Reyes no sólo era el verdadero padre de los necesitados, sino, también, el prudente consejero de las familias, cuya paz restablecía o afirmaba. Además, como hombre ilustrado, se oponía, siempre, a las falsas ideas y preocupaciones del pueblo, hijas de la ignorancia y del fanatismo. No fanatizaba; moralizaba e ilustraba. De esta conducta dio pruebas, evidentes y repetidas, aun, en los momentos de pública tribulación. El 20 de enero de 1835, llamado vulgarmente el año del polvo, ocurrió que, de repente, se oscureciera el sol, se sintieran horribles sacudimientos de tierra, ya de oscilación, ya de trepidación, y se oyeran retumbos prolongados y pavorosos, que semejaban truenos ensordecedores de una tempestad deshecha.

La luz se extinguió, por completo, a causa de una abundante lluvia de polvo que caía sin cesar al grado de que, para verse las personas, de cerca, se acudía a hachones de ocote, o velas que pronto se apagaban. El pueblo, consternado, sintió los terrores del siglo X: creyó llegado el juicio final, y hombres y mujeres, ancianos, adultos y niños, a voz en cuello, hacían pública y general confesión de sus culpas. Así lo creían, también, los sacerdotes, que oían, en desorden, a sus aterrados penitentes. Pero Reyes, sacerdote que sabía física y geología, logró devolver al pueblo la calma, impidiendo las generales y públicas confesiones. A todos decía: "No os aflijáis, ni deis escándalos; no es el día del juicio; un volcán cercano ha hecho erupción; el peligro ha pasado, y el polvo dejará de caer dentro de poco tiempo". Reyes era un oráculo para su pueblo, y éste, creyéndole, dejó de creer en el juicio final y de decir a gritos sus pecados. A poco se confirmó, por los hechos, el dictamen del hombre de ciencia. El polvo fue disminuyendo, una pálida luz fue alumbrando, y a los tres días el sol apareció en todo su esplendor. Después se supo que había hecho erupción el volcán de Cosigüina, en la costa del Pacífico del Estado de Nicaragua, limítrofe del de Honduras. ¡Cuánto afligen la ignorancia y el fanatismo religioso! ¡Cuánta consuela y fortalece la ciencia!

Incansable en sus labores, ya en beneficio del culto, ya de la sociedad, en el citado año de 35 reedificó la capilla del templo de La Merced, y después las de los templos de San Francisco y de El Calvario. Ayudó eficazmente, al señor don Antonio Tranquilino de la Rosa, en la obra importante de reparar nuestra hermosa Iglesia Parroquial, que estaba en ruinas, a causa de los sacudimientos de tierra de 1809: prestó, asimismo, su ayuda, al señor Rosa, en la construcción que éste hizo, por su cuenta, del antiguo cementerio de esta ciudad: también edificó los pequeños templos de Las Casitas, de Soroguara y de Suyapa, famosa esta última, para los creyentes, por su diminuta y milagrosa Virgen; y, por fin, hizo esfuerzos, aunque malogrados, para construir el hospital de esta ciudad, cuyos cimientos quedaron hechos cerca de la Iglesia de El Calvario. Por doquiera hay, ciertamente, recuerdos del padre Reyes: en nombre de la fe, se le recuerda, por la exaltación que dio al culto; en nombre de la razón, por sus obras en pro del bien público, y de los derechos y fueros de la humanidad.

En febrero de 1837, hubo grandes fiestas en Tegucigalpa, con motivo de la restauración de la iglesia parroquial: Reyes, que era el alma de los regocijos públicos, estuvo a grande altura. Pronunció el sermón panegírico de la dedicación del templo, y, haciendo el encomio de la suntuosidad de la obra y de la munificencia de sus promotores, exclamaba elocuentemente: *¡Videte quales lápides, videte quales homines! (*).*

(*). Mira qué piedras, mira qué hombres

El orador sagrado, que era también filarmónico compositor, dio para su estreno, en la solemne festividad de dedicación, su afamada misa de "El Tancredo". Tanta alegría, como acontece en la vida, tuvo una compensación dolores y desventuras. El cólera asiático estaba en acecho, y, no obstante las medidas sanitarias tomadas por la municipalidad, en septiembre del mismo año hizo su invasión la terrible de epidemia. ¡Por todas partes consternación y duelo! Tegucigalpa perdió a sus hijos más benéficos, entre ellos, al señor don Antonio Tranquilino de la Rosa y a su hijo don León. También el padre Reyes fue atacado del cólera; pero logró salvarse, después de estar entre la vida y la muerte. ¡Dichosa salvación la del hombre ilustre que, años después, debía fundar el primer establecimiento literario de la República! La Archidiócesis de Guatemala había quedado sin Arzobispo en 1829, por el echamiento, de la tierra, de fray Ramón Casaus y Torres: en El Salvador, había corrido mal viento el obispado establecido revolucionariamente por el memorable padre Delgado, que se puso la mitra entre acerbas contestaciones canónicas y trascendentales disturbios públicos; y en Honduras, desde la muerte de fray Vicente Navas, o de don Manuel Julián Rodríguez (1810), según el cronista Juarros, hubo sede vacante.

Casi vencida la revolución liberal del general don Francisco Morazán, se atendió al restablecimiento o colocación de los príncipes de la Iglesia. Por medio del presbítero don Jorge Viteri y Ungo, que fue en misión a Roma, se hizo, en 1840, el arreglo, que sigue: Fueron nombrados: arzobispo auxiliar de Guatemala, el doctor don Francisco de Paula García Peláez; primer obispo del Salvador, el comisionado señor Viteri, y obispo de Honduras, el Padre Reyes.

"La noticia se comunicó a esta ciudad —dice el Señor Jirón, con esa sencillez y naturalidad propias del buen cronista— y causó extraordinario regocijo, y se celebró con repique general de campanas, y con alegre música que se llevó a casa del preconizado obispo, presidida la concurrencia por el señor cura Estrada, que, con mucha razón, se mostraba sumamente satisfecho. Mas, en medio de tan justa alegría, sólo el padre Reyes estaba triste, y temblaba, en presencia de la alta dignidad que se le anunciaba, y pedía a Dios lo librara de ella".

Para la efectividad del obispado, se necesitaba de la consagración, que ofrece, a veces, grandes dilatorias; e interpretando las ideas del señor Jirón, Dios, valiéndose del general Francisco Ferrera, presidente del Estado, que llevaba entre ojos a Reyes por sus ideas independientes, y de la camarilla que a aquel aconsejaba, hizo llegar al Vaticano la falsa noticia de que Reyes había muerto. El Papa Gregorio XVI, creyendo cierta la noticia, y en vista de la nueva terna que le remitió el Gobierno de Honduras en uso del derecho de patronato, nombró obispo de la diócesis al presbítero don Francisco de Paula Campoy y Pérez, quien fue consagrado en Guatemala el año de 1845 *(*)*.

(*). "Tenía, entonces, 47 años, y era natural de Cartagena de Levante en España. Vino a América en calidad de familiar del señor García Xerez, obispo de Nicaragua. El año de 25, fue preciso hacer salir de Nicaragua, para tranquilizar el país, al obispo Xerez, y traerla a Guatemala. Xerez y Campoy se alojaron en el Convento de los frailes de Santo Domingo. Muerto el obispo de Nicaragua, Campoy se dirigió a Honduras y sirvió el curato de Los Llanos de Gracias. Era Vicario, en Sede Vacante, el célebre canónigo Irías. A la muerte de Irías, Campoy apareció como provisor y gobernador del obispado de Honduras. El título de Campoy era un nombramiento que en él hizo el expresado señor Irías.

No había cabildo en Comayagua, y Campoy tuvo que dirigirse al cabildo metropolitano, el cual aprobó su nombramiento. El Señor Campoy no se creía seguro aún, y solicitó la aprobación de fray Ramón Casaus y Torres, obispo de Rosén y Arzobispo de Guatemala, quien se hallaba en La Habana. El cabildo metropolitano y el arzobispo Casaus quedaron muy complacidos de la conducta del señor Campoy, lo que le valió muy buenas recomendaciones para el obispado de Honduras".

En ese año de 1945 regresó a Comayagua, en donde se hallaba Reyes en calidad de detenido por orden del general Ferrera. Este mulato de hierro, este sacristán sublime por su valor, que se había educado en casa de Reyes, no sólo le arrebató la mitra, como se ha visto, juzgándole enemigo de su política, sino que, además, le sometió a vejámenes y duras represiones. Y nada más injusto que tales procedimientos. Reyes, con su genial franqueza, reprobaba enérgicamente los malos actos del Gobierno, así como aplaudía los que le parecían buenos. Esta franqueza fue su crimen, y el origen de enemistades que le causaron grandes sinsabores, y de persecuciones que sufrió con la conformidad que inspira una conciencia recta y tranquila.

Tanto en 1845, en Comayagua, como en 1846, en esta ciudad, trató al señor Campoy con muestras de profundo respeto y de sincero cariño. No guardó rencor a sus enemigos, que inventaron la noticia de su muerte para privarle del obispado; y por tal beneficio del cielo, que así lo estimaba, cantó, en acción de gracias, una misa solemne en la iglesia de La Merced. Desde entonces, no volvió a hablar de incidente tan vergonzoso, que exhibe los ruines manejos de nuestra política; y se cuenta que sólo una vez, en el año 51, en que hizo una visita en León de Nicaragua al señor obispo Jorge Viteri, emigrado de El Salvador, recordó el suceso, con motivo de mostrarle Viteri el retrato de Gregorio XVI, diciéndole: "Conozca usted al Papa que le hizo Obispo de Honduras". La verdadera grandeza está en olvidar las ofensas. Elevarse sobre la envidia y miserias humanas es la mayor de las elevaciones.

Llega el momento de referirme a una de las labores más costosas y trascendentales de Reyes, cuyo solo mérito bastaría para inmortalizar su memoria. Poco tiempo después de su regreso de Guatemala, en las horas que le quedaban libres, y que bien hubieran podido ser de justo vagar, se dedicaba a instruir en ciencias y letras a los jóvenes que mostraban deseos de aprender. Fueron sus primeros discípulos don Yanuario Jirón, don Agapito Fiallos, don Máximo Soto, don Alejandro Flores, don Lorenzo Motiño y don Leandro Carías. Ya instruidos sus discípulos, como no había Universidad en Honduras para obtener títulos académicos o profesionales, se dirigieron en su mayor parte a la ciudad de León de Nicaragua, a fin de terminar sus respectivas carreras. Bien pronto alcanzaron con notable lucimiento sus primeros diplomas áulicos, debidos a la enseñanza que les había dado su generoso maestro. Pero he aquí que, en 1844, el general salvadoreño Francisco Malespín llevó una guerra a Nicaragua, desastrosa en sus muchos resultados. Todo era, en ese tiempo, desconcierto y destrucción. Los discípulos de Reyes, amedrentados, tuvieron que regresar con penalidades sin cuento a su nativo país, viendo frustrados sus esfuerzos y los sacrificios de sus pobres familias. Lo de siempre: cuando se toma el fusil, se dejan el libro y la pluma; cuando se abren los cuarteles, se cierran las universidades y academias.

Los golpes rudos del militarismo desatentado hieren o matan a los trabajadores que cultivan las ciencias y las letras, que proporcionan el alimento material y moral de las naciones. Ojalá que alguna vez, en Centro América, la fuerza militar deje de ser la destructora de las ideas y de los derechos, y se limite a ser, cualquiera que sea el partido que triunfe en las contiendas sociales y políticas, la salvaguardia de los individuos, de la producción que alcanza el trabajo, y de la acción de la ciencia y de las letras, ejercida desinteresadamente por los que más estudian y padecen, oscuros y perseguidos en vida, y, muchas veces, después de muertos, glorificados por la Historia y aun por sus mismos detractores.

Entre los jóvenes que regresaron de Nicaragua, se contaban Yanuario Jirón, Máximo Soto, Miguel Antonio Rovelo y Alejandro Flores. Viéndose sin ocupación provechosa y cortadas las alas de sus aspiraciones, ¡pobres aves que rastreaban!, les ocurrió buscar un ideal para su inteligencia, a la par que un noble objeto para sus actividades y energías. Convinieron en formar una Academia, en que pudiesen enseñar Latín y Filosofía, en sus diversos ramos, y obtener el dirección del Padre Reyes *(*)*.

(*). El Doctor don Máximo Soto me refirió, hace 20 años, que, después de salir del baño de la ya aterrada poza de EL TABACAL, en el Río Grande, o sea Choluteca, que desagua en el Pacífico, ocurrió a él y a sus compañeros, fastidiados por la inacción, fundar la Academia de estudios y comunicar el pensamiento al doctor Reyes, para que le diese vida y prestigio con sus persuasiva palabra y autorizado nombre.

El Padre acogió la iniciativa, con entusiasmo, y aun el título de la Academia, dado por los proponentes: *Sociedad del Genio emprendedor y del buen gusto;* título que, a la verdad, era impropio y hasta pedantesco, aplicado a un establecimiento literario constituido para la enseñanza del latín y de la filosofía.

El 14 de diciembre de 1845, en la que hoy es Casa de Gobierno, se instaló solemnemente la Academia, bajo la presidencia del padre Reyes, y en presencia del vecindario notable, que manifestaba su grande y legítima satisfacción.

Reyes, en calidad de Rector, pronunció un breve pero elocuente discurso de inauguración, y, haciendo justicia a sus alumnos, convertidos en profesores, dijo de ellos, entre otras cosas: "Unos jóvenes que, uniendo a sus talentos una infatigable aplicación al estudio, han merecido los honrosos títulos literarios con que los condecoró la acreditada Universidad de León de Nicaragua, consagran hoy a la Patria sus tareas y vienen a pagarle las primicias de sus luces, haciéndole un servicio de clase superior a la de cuantos pueden prestarle sus más amantes hijos. Su misma ilustración les ha hecho conocer que las ciencias contribuyen, sobre manera, a hacer felices a los hombres y a los pueblos, y que, en los países donde por fortuna se han adoptado los principios democráticos, son de absoluta necesidad; y he aquí el don precioso que vienen a ofrecerle. Ven la falta de establecimientos de enseñanza; advierten, no sin dolor, que en Honduras las ciencias están todavía encerradas bajo los pergaminos y capilladas, y no pueden ser indiferentes al malogro y desperdicio de talentos privilegiados que se quedan sin cultivo, cuando debieran ser la honra de la Patria" *(*)*.

(*). Los primeros alumnos de la Academia fueron: don Valentín Durón, don Adolfo Zúñiga, don Salatiel Andino, don Crescencio Gómez, don Sinforiano Rovelo y don Miguel Bustillo, Z Padre Reyes enseñaba Física y Matemáticas, Máximo Soto, Filosofía, y Yanuario Jirón y Alejandro Flores, Gramática Latina. Miguel Antonio Rovelo cooperaba, eficazmente, a la enseñanza de dichos ramos.

La buena semilla siempre germina, para dar, a su tiempo, flores y frutos. La humilde Academia o Sociedad del Genio emprendedor y del buen gusto, bien pronto hizo notables progresos y se convirtió en Universidad de la República. Apreciando el buen éxito de los trabajos de la Academia, el padre Reyes propuso a la Municipalidad de Tegucigalpa que solicitase del Gobierno Supremo la autorización debida para elevar el Establecimiento, que tenía carácter privado, al puesto oficial de Universidad. Hubo oposiciones, como sucede, casi siempre, cuando se trata de operar adelantamientos sociales que chocan a los bien hallados con el atraso, quienes ven, en el movimiento y en la luz de una transformación, la pérdida de las ventajas que creen proporcionarles la quietud del estacionamiento y la oscuridad de la ignorancia. Mas triunfó la grande iniciativa de Reyes: la Municipalidad presentó su solicitud, y el hábil político, Jefe del Estado, doctor don Juan Lindo, que también fundó la Universidad de El Salvador, expidió el correspondiente decreto de autorización.

El memorable día 19 de setiembre de 1847, en la Iglesia de San Francisco de esta ciudad, se inauguró, con público regocijo, la Universidad de Honduras. Presidieron acto tan solemne el consabido Jefe del Estado, doctor don Juan Lindo, y el señor obispo don Francisco de Paula Campoy y Pérez: asistió todo el vecindario distinguido de la ciudad, y se pronunciaron oportunos discursos por el señor Lindo, el señor Campoy, el rector y algunos de los catedráticos.

Al siguiente día de la inauguración, se graduó de bachiller en Filosofía el joven Sinforiano Rovelo, obteniendo el primer título que extendió la naciente Universidad. Al Padre Reyes corresponde la alta honra de ser el fundador de la Universidad hondureña, pues a su iniciativa, afortunadamente hecha y dichosamente realizada, se debió su establecimiento. Fue también el autor de sus Estatutos que han regido, con algunas modificaciones, hasta la publicación del nuevo Código de Instrucción Pública. Si Reyes hubiera vivido largos años, habría recibido la más grata y cumplida recompensa, viendo los opimos frutos de su obra civilizadora. De la Universidad han salido, concluyendo o no sus estudios en ella, Máximo Soto, el primer médico legista de Centro América; Yanuario Jirón, aventajado teólogo; Samuel Escobar, brillante orador sagrado; Céleo Arias, Valentín Durón, Crescencio Gómez y Vicente Ariza Padilla, jurisconsultos de primer orden; Adolfo Zúñiga, publicista y escritor sobresaliente; Julio Contreras, filósofo elocuente y humanista; Rafael Alvarado Manzano, jurisconsulto y docto educador; Juan Ramón Reyes, poeta inspiradísimo; Álvaro Contreras, tribuno y periodista, el más fecundo de la América Central, y varios otros de distinguido mérito, que sería prolijo nombrar en esta ocasión.

Lástima grande que, debido a las ideas de la época y a los escasos elementos de la Universidad, no hayan salido de su seno geógrafos, historiadores, físicos, matemáticos, naturalistas, economistas y estadistas, de que tanto necesita Honduras para que alcance a comprender sus verdaderos intereses materiales y morales. Empero, la obra de Reyes fue grandiosa, y espléndidos sus resultados. ¡Que el sacerdote evangélico reciba las bendiciones de la posteridad agradecida, y que sea imperecedera la gloria del padre legítimo de las letras hondureñas!

Fundada la Universidad, dedicaba Reyes su tiempo a la enseñanza, al ejercicio de su ministerio, a sus esparcimientos poéticos y, siempre que le era dado, al cultivo de sus numerosas relaciones. Era una vida de trabajos y de afectos, que no daba lugar al vacío de la inteligencia ni al triste vacío del corazón. Del confesionario, pasaba a componer canciones, villancicos y pastorelas *(*)*.

(*). El Padre Reyes dio, impropiamente, creo que a sabiendas, pues era versado en latín, castellano, francés, inglés e italiano, el nombre de Pastorelas a sus dramas bucólicos. En rigor, deben llamarse Pastorales, del latin PASTORALIS, que es el nombre castizo que corresponde a las obras dramáticas, cuyos interlocutores son pastores y pastoras. Cierto es que existe la palabra pastorela, derivada de la Italiana PASTORELLA; pero tal vocablo significa tañido y canto sencillo y alegre, a modo del que usan los pastores, y de ninguna manera un drama corto en que son autores individuos del campo. Expuesta esta advertencia, y reconocida la impropiedad de la palabra pastorela, en el sentido en que la empleó el padre Reyes, continuaré usándola, tanto porque la aplicó a sus composiciones bucólicas el poeta tegucigalpense, como porque su uso está universalmente aceptado en Honduras y en las demás Repúblicas de Centroamérica. Que corra el vocablo, como corren otros muchos, todavía más impropios.

De la cátedra, a escribir su Compendio de Física, en que todos aprendimos los rudimentos de la ciencia, y buenos artículos, como el firmado Sofia Seyers, que publicaron los periódicos de la época; y del escritorio, a dar expansión a su genio comunicativo y jovial. Entretenía y deleitaba: a las damas, en las tertulias y bailes, con su amena conversación y felices ocurrencias: a los caballeros, jugando sin interés a las cartas o empeñando partidas de billar; y a todo el pueblo, con los alegres paseos a la Laguna, con las competencias y emulaciones de los gremios en las fiestas de Mercedes, con los nacimientos en Navidad, y con las encantadoras veladas en la plaza de El Calvario, durante el tiempo de la pascua de resurrección.

Disgustos, penas, y desengaños no le faltaron, aun siendo tan dulce y benéfico. Tuvo enemigos gratuitos que le prodigaron insultos, y algunos de sus familiares, que no tomaron buen camino, muchas veces llenaron su alma de indecible amargura; pero a todo hacía frente con su resignación y prudencia. Varón justo, se encastillaba en su conciencia y su saber, y, haciendo el bien, hallaba honesta distracción para su espíritu y consuelo para sus pesares.

También es digno de notarse que, comunicándose con todas las clases sociales y mucho con las damas, y viviendo en una pequeña ciudad, en que hay muchas lenguas que hablan y pocas cabezas que piensan, ni aun sus mayores enemigos pusieron en duda su desinterés, sus virtudes privadas y la severa moral de sus actos. Jamás, ni una sospecha empañó el espejo en que podía verse la imagen pura del sacerdote inmaculado. Sus ideas independientes, y hasta agresivas, en el terreno de los principios, le atrajeron enemistades, denuestos y aun persecuciones; pero su conducta, clara como la luz y limpia como el agua que sale del primer manantial, fue su sólido e impenetrable escudo. El odio y la calumnia no pudieron hincar en ella su diente envenenado, ni ensuciarle con la baba biliosa de sus impotentes iras. ¡Raro fenómeno, en una sociedad pequeña en que todo se adultera, en que domina la ruin envidia, en que los comentarios torticeros abundan, y en que tener talento, ciencia, disposición y nombre, es un gran crimen!

Si la Iglesia le nombró Sinodal del Clero, en cuyo cargo mostró sus grandes conocimientos en cánones y teología y en materias litúrgicas, y si todos los prelados le dieron licencias absolutas en prueba de completa confianza, los pueblos del Estado, en mérito de su patriotismo y de sus luces, también le dieron sus votos espontáneos para que fuese su representante, entonces que aún había alguna fe en asuntos de política. Siete veces fue diputado de la Nación, y figuró, en primera línea, en el célebre Congreso centroamericano reunido en Tegucigalpa el año de 1852.

¡Qué de recuerdos! Era el 15 de setiembre, aniversario de la Gran Patria. Se hallaban reunidos con el pueblo, en la Iglesia Parroquial, los representantes al Congreso, los primeros personajes de los fraccionados y mutilados pueblos de Centroamérica. El orador sagrado que iba a pronunciar el discurso político religioso en día tan fausto y solemne se excusó a última hora, por tener justificado inconveniente. Los diputados conocían a Reyes de nombre, pero no le habían visto sujeto a pruebas; pruebas que, por el hecho, y no por la vocinglería, dan la medida de la importancia real de un hombre. Todos se interesaron en que subiese al púlpito. Reyes, pálido y conmovido, sube a la cátedra sagrada, y, bajo las alas del Espíritu Santo, y bajo el pabellón celeste y albo de la Patria, improvisa, conmueve y arrebata. Con unción religiosa, como Jeremías llorando sobre las ruinas de Jerusalén, lloró sobre las ruinas de la Patria; y con ardiente nacionalismo, como Mazzini, fulminó anatemas sobre los destructores de la Unidad Nacional, y predijo con palabras de fe, de aliento y de esperanza, la reorganización de Centroamérica. ¡Magnífico espectáculo! El Recoleto estaba en el Sinaí; el patriota en la tribuna del publicista. José Francisco Barrundia, de alma espiritual y de imaginación de fuego, quería aplaudir en plena Iglesia; Gerardo Barrios, cojeando, quería levantarse, fulguraban sus ojos y casi echaba mano a la espada; Enrique Hoyos, bilioso y polemista, se estremecía y palidecía; Justo Rodas calculaba y se inquietaba; Pedro Zeledón meditaba y se entristecía; Buenaventura Selva, pensando en las leyes, fruncía el entrecejo; José Guerrero tocaba los frecuentes latidos de su pulso; Rafael Pino poetizaba en silencio y sonreía lleno de esperanza, y Pedro Francisco de La Rocha hacía esfuerzos para vencer su laboriosa digestión, y entreabría los ojos, en que empezaban a lucir rayos de entusiasmo; y en medio de escena tan grandiosa, de rodillas, el pueblo hondureño lloraba!

Al bajar Reyes del púlpito, todos los diputados le abrazaron con la más tierna efusión. Era el abrazo fraternal de los primeros personajes de Centroamérica, en ciencias, letras y política. Pero ¿qué importa? Luego debía de venir la guerra con todos sus horrores. El abrazo de hombres tan distinguidos no era el abrazo de los pueblos. ¡Pobres pueblos! Por cada cincuenta mil habitantes, hay un hombre ilustrado y patriota. Estadística cierta, pero tristísima. ¿Qué mucho, pues, que la gran masa, con la inmensa sombra que proyecta, no deje ver las pocas luces de la inteligencia, que, de tarde en tarde, disipan, por un momento, las tinieblas de nuestro estado social? Reyes tomó asiento en el Congreso, y fue muy apreciado de sus colegas, por saber y por su elocuencia, de que dio repetidas pruebas en las grandes discusiones que tuvo aquella Asamblea Constituyente, la que al fin, como fruto de sus trabajos, decretó, en 13 de Octubre de 1852, el Estatuto Provisorio de la República de Centroamérica.

La guerra debía de seguir, como una consecuencia fatal de aquel supremo y malogrado esfuerzo del patriotismo centroamericano. El padre Reyes, a más de ser el hombre benéfico y el propagador de las luces de su país, fue, al propio tiempo, su poeta nacional. Nos ha dejado himnos patrióticos, poesías amatorias, felicitaciones e invitaciones, cantos elegíacos, villancicos, epigramas, y, sobre todo, sus famosas pastorelas.

En sus cantos patrióticos tiene, a veces, magnífica entonación, conceptos elevados, y versos admirables; pero con frecuencia se oblitera el nervio de su inspiración, se apaga la llama de su entusiasmo, decae lastimosamente, y los destellos de su genio se amenguan, por las sombras de ideas vulgares y de versos duros y hasta prosaicos, de todo en todo insoportables. Refiriéndose al general José Trinidad Cabañas, cuerpo de pigmeo y alma de gigante, decía:

Su frente no domada, siempre airosa
laurel de vencedor lleva, ¡aun vencido!

He aquí unos versos dignos del Tirteo español, Manuel José Quintana. Después de la guerra franco-prusiana, hizo furor, como dicen los galiparlistas, el calificativo de glorioso vencido, que se dio en Francia al Mariscal del Imperio, MacMahon. Diecinueve años antes, refiriéndose a un soldado republicano, Reyes había expresado la misma idea, con más vigor, novedad y brillante. Pero vienen los decaimientos, y concluye la composición, dedicada a Cabañas, con estos pésimos pareados:

¡Manos puras, valor y humanidad,
honran en lo alto a Trinidad!

Por el concepto, honran mucho, tales versos, al Bayardo centroamericano, al caballero sin tacha y sin miedo; pero, por lo prosaicos, por lo pedestres, no honran al poeta que había dicho, de manera sobresaliente:

¡Laurel de vencedor lleva, aun vencido!

En sus poesías amatorias, hay ideas oportunas, delicadezas de sentimiento y versos dulcísimos; pero, en lo general, sus versos están vaciados en el molde de los poetas del tiempo de Meléndez Valdés. Abundan las juguetonas Galateas, las queridas Nices, las Filis

23

adoradas, las Anardas bellas e ingratas, los Febos enamorados, los pechos encendidos, los Etnas en erupción: literatura convencional, artificiosa y, de fijo, pasajera; copia servil de lo clásico, con ribetes de campestre, que no revela la conciencia del profundo sentidor, que no expresa las naturales inspiraciones del alma, y que no conmueve diciendo, con ingenuidad, las incertidumbres, las tristezas, los duelos, las alegrías y las esperanzas que, en uno y otro día, embargan al propio corazón.

Y no hay que culpar a Reyes por sus ficciones de sentimiento lírico. Es un axioma, en el arte, que "sólo lo bien sentido puede ser bien expresado". Reyes tenía un ideal religioso y celeste, e ignoraba lo que son las amorosas pasiones de este mundo: sobre amor mundano escribía versos, a modo de muchos niños que dan sus lecciones de memoria sin comprenderlas. No hay que tener demasiadas exigencias. De haberlas, tanto valdría exigirle que, en Honduras, hubiese hablado sanscrito en vez de castellano. Se ve, en sus felicitaciones e invitaciones, que olvida el artificio. No imita; se inspira en los motivos y circunstancias la localidad que le hacen cantar. El poeta aparece natural, y sus versos rebosan de vida, y tienen oportunidad, soltura y bello y particular colorido. He aquí una muestra, en la invitación que, en 9 de febrero de 1848, hicieron los estudiantes para el paseo a la Laguna:

Al sexo amable y hermoso,
Y al público, se convida
Al paseo,
En que será delicioso,
Lleno de espíritu y vida,
El recreo.

Cuanto de más lisonjero
Hay, en la naturaleza,
Miraremos;
Un placer puro y entero,
Que destierre la tristeza,
Gozaremos.

Respiraréis, Ninfas bellas,
Si suspendéis las labores

Por un rato,
Bajo pabellón de estrellas,
El ambiente de las flores,
Que es tan grato.

Abre el teatro sus escenas,
A la faz plácida y viva
De la luna;
En sus márgenes amenas,
Nos verá, en danza festiva,
La laguna.

Os presentará la tierra,
En los paisajes más bellos,
Sus verdores,

Donde veréis la becerra
Paciendo y gozando, en ellos,
Sus amores.

Y, si entonan vuestras voces
Canciones tiernas, divinas
Y muy suaves,
Veréis acudir veloces,
A sentarse en las encinas,
A las aves.

Allí, libres estaremos
De la enfadosa y tirana
Etiqueta,
Y todos allí tendremos
Igualdad republicana,
Muy completa.

Allí no habrá Señorías,
Y nadie osará llamarse
Su Excelencia;

Nadie, en nuestras alegrías,
Pretenderá disputarse
Preeminencia.

Tregua a los negros pesares
Y los amargos cuidados
Justo es demos;
Y entre bailes y cantares,
Al placer sólo entregados,
Descansemos.

Versos tan deliciosos, que corren murmurando dulcemente como el libre arroyuelo, deben leerse, cual deseaba el literato venezolano Cecilio Acosta, que se leyesen los versos de Garcilaso, en medio de un jardín de tomillos que tenga nardos por cerca.

Sus cantos fúnebres tienen preciosas ideas sobre lo fugaz y vano de los días de la vida, y sobre las promesas consoladoras del cielo y de la inmortalidad. Empero, vuelve a aficionarse a imitaciones de mal gusto: entre algunos originales conceptos y bellos rasgos de poesía, figuran mucho las parcas, los agudos filos y las guadañas de la muerte.

Con motivo del fallecimiento del señor obispo don Jorge Viteri y Ungo, decía, en 10 de septiembre de 1853, en un canto elegíaco:

La muerte que no acata preeminencia,
Ni al valor ni a la ciencia,
Que al humilde pastor y al soberano
Hiere con igual mano,
Acaba de cortar, con duro filo,
De una vida preciosa el débil hilo.

Hay en esta elegía algunos versos buenos, como el primero, y algunos duros, como el último; pero lo malísimo es la imitación, ya muy manoseada, del pálida de Horacio. El poeta reaparece inspirado, espontáneo y atractivo, por el sentimiento y por la novedad de la expresión, en sus villancicos. La majestad de Dios, la pureza y los dolores de María y la inocencia y la dulzura de Jesús, fueron hermosas e inagotables fuentes en que bebió su inspiración el espíritu de Reyes, aquel espíritu místico, apegado, sobre todo, a los ideales del cielo.

Lindísimos son sus villancicos, aunque tachables por algunos de sus versos. Oigamos quejarse a la tórtola:

Una tortolilla,
Sencilla y sin par,
Que puso su nido
Cerca del Portal,

Viendo a medianoche
Mucha claridad,
Creyó que era el día
Y empezó a cantar:
Sola estoy, decía,
Mas mi soledad
Se divierte un poco
¡Cantando ay, ay, ay!

Pero luego advierte
Que la claridad
No viene de Oriente
Sino de un pajar,
Donde una Alba hermosa
Daba de mamar,
Asido a su pecho,
A un Sol celestial.

Sola estoy, decía,
Mas mi soledad
Se divierte un poco
¡Cantando ay, ay, ay!

Deja los polluelos
Y al Portal se va,
Y junto al pesebre
Se sienta a cantar:

Hacia ella su mano
Extiende un zagal,
Y ella, mansa y tierna,

Se deja tocar.

Sola estoy, decía,
Mas mi soledad
Se divierte un poco
¡Cantando ay, ay, ay!

En este villancico, como en otros muchos, hay bellezas literarias. La viudez de la tórtola es vulgar, así como es común que haya muchas viudas que diviertan su pena; pero la tórtola equivocada (que también las tórtolas se equivocan) por la claridad del pajar; pero ella, atraída por la influencia de lo divino (que no ha de atraer sólo a los hombres); pero ella, que deja a sus polluelos, y que, mansa y tierna, se deja tocar y vuelve a su triste canto; todo esto tiene originalidad, tiene imágenes que podrían trasladarse al lienzo, tiene unción religiosa, tiene el óleo santo de la verdadera poesía.

Sus epigramas fueron, casi todos, improvisados, y, en su mayor parte, son dignos de aprecio. Pudiera lastimar a personas que viven, y esto me veda la reproducción de un ejemplar. Yo hubiera deseado que el sacerdote evangélico, ni aun por pasatiempo, como lo hacía, compusiese epigramas. Hay en el epigrama, por lo común, algo de burla de humanas flaquezas; y la burla y el sarcasmo no están bien en los labios de quienes, por su instituto y por sus votos, sólo deben pronunciar palabras de caridad, de amor y de consuelo. Hoy el epigrama que punza, y cuyo autor puede reconocerse, ha sido, más que nunca, reemplazado por el anónimo que infama entre las tinieblas de lo ignorado y bajo los auspicios de la irresponsabilidad. ¡Cuánta vileza en sus autores, y cuánta inmoralidad social!

En donde el padre Reyes se muestra como poeta de primer orden, me atrevo a decir inimitable, dadas las aptitudes y aficiones que privan hoy en día, es en sus pastorelas, que por cierto son sus obras más preciadas *(*)*.

(*). Compuso ocho Pastorelas, intitulados: Ester, Neptalia, Zelfa Rubenia, Micol, Elisa, Albano y Olimpia. Todas están desfiguradas por los malos copistas, que dejan tan mal paradas las obras literarias, como maltrechos quedaban los cuerpos de los infelices que cayeron en manos de los familiares y verdugos del Santo Oficio. De un endecasílabo han formado dos y hasta tres versos, y de dos o tres eptasílabos han forjado versos de catorce y de veintiuna sílabas.

Aparte de estas monstruosidades, han truncado escenas y alterado muchas consonancias y asonancias. En cuanto la sintaxis y ortografía, puede decirse que, por lo común, corren parejas con las que lucen en las cartas amorosas de las muchachas de aldea, y aun de algunas apuestas niñas de la ciudad. Y tanto mal no puede remediarse por completo: los originales de las pastorelas se han perdido; así es que, para formar concepto de su mérito y publicarlas, se requiere, en mucha parte, recomponerlas, descubriendo o interpretando el pensamiento del autor, arreglando y completando los versos, y dándoles los acentos, consonancias y asonancias que debieran tener. Ojalá que, no embargante mi poco saber literario, pueda yo llevar a cabo tan difícil trabajo, que ya tengo emprendido, y publicar del mejor modo posible, para honra de las letras centroamericanas, un volumen que contenga obras de tanta valía y que tan populares son en algunas de las Repúblicas de Centroamérica. También compuso nuestro poeta nacional "Las Posadas de José y María" y la "Adoración de los Reyes", no inferiores a algunas de sus bellas pastorelas.

En Las Pastorelas no se presenta el poeta imitador servil o de circunstancias: es el poeta que, inspirado en la Historia Sagrada, que conocía profundamente, canta con naturalidad y dulzura las escenas de los campos y de las montañas de Honduras, y que critica, ya con feliz donaire, ya con punzante agudeza, los vicios y defectos de las gentes tenidas por cultas en su nativo pueblo.

Para sus críticas, representaba, en sus pastores y pastoras, a los TIPOS de las personas distinguidas por su importancia política o social. Se necesita conocer a los personajes y familias de Tegucigalpa para apreciar la oportunidad, la intención y el chiste de las producciones pastoriles de Reyes, en que, como filósofo y crítico, dio una grande enseñanza política y social.

Por punto general, sus composiciones pastoriles son magníficas, porque guarda muy bien, dentro de la variedad, la unidad del pensamiento que en ellas domina; porque sostiene, admirablemente los caracteres de sus pastores; porque embellece sus escenas con oportunas, exactas y primorosas descripciones, y porque maneja el diálogo con tal facilidad y tal soltura, que hacen recordar, a cada paso, los diálogos de Alejandro Dumas en sus populares novelas, y de Manuel Bretón de los Herreros en sus admirables obras dramáticas.

Aparte de los enunciados méritos, los versos de las pastorelas, por falta de ripios —que son patrimonio de ruines versificadores—, por

29

sus cortes no violentos, por su candorosa espontaneidad, en especial en los asonantados de los romances, y por su ritmo que deleita el oído, son de todo en todo excelentes, y parece que provocan a vivir la vida del campo, a buscar, siguiendo el sentir amable del maestro Fray Luis de León, "una descansada vida, lejos del mundanal ruido, y a seguir la escondida senda por donde han ido los que en el mundo han sido".

A veces sus versos son tan naturales, tan fáciles y cadenciosos, que uno llega a creer que no ha habido trabajo alguno, ni menos arte alguno, en componerlos. Tal es el distintivo de la buena versificación, de la que enaltece a Gaspar Núñez de Arce, en España, y al inmortal José Batres Montúfar en Centroamérica. Donde se dejan ver conceptos especiosos, esfuerzos y artificios en la expresión, el arte está perdido: a la poesía, que debe volar libremente como las aves felices, se la ve arrastrándose, a estilo de perezoso y repugnante reptil, y los versos resultan insufribles y condenables ante el tribunal del buen gusto y de la crítica sensata. Más vale escribir en mala prosa que hacer versos ramplones. La prosa sin altos conceptos y sin propia forma, todavía puede alcanzar perdón; los malos versos jamás. Personificándolos, por vía de gracia, diré que tienen para sus culpas las interminables penas del infierno de los católicos. Por una eternidad, estarán privados de la bienaventuranza de la gloria.

Poco entendido en achaques de crítica, y, aunque fuese muy entendido, la índole de este trabajo me vedaría juzgar por extenso las obras de Reyes. Empero, debo manifestar que las pastorelas, si bien abundan en belleza, tienen también graves defectos. En ocasiones, los pastores y pastoras de Reyes saben mucho, tienen gran cultura intelectual y largos alcances, que no dan la vida y los usos de los campos. Pudiera hacérseles la observación que el atinado crítico don Antonio Alcalá Galiano hizo respecto del poeta don Juan Meléndez Valdés y de otros de su linaje: sus campos huelen a ciudad.

Viene bien decir que Reyes disimulaba el defecto, con el empleo de ideas felices, con lindas descripciones y con su facilidad de dialogar; pero, para la buena crítica, aunque disimulado, el defecto queda subsistente. También prolija, a veces, expresiones de estilo bajo, que traen a la memoria los cuentos de Bocaccio y las ocurrencias de Quevedo. Graciosas son, en verdad, pero inoportunas, tratándose de gentes sencillas e inocentes, y de escenas que preparan a la adoración del Mesías, del Cordero inmaculado.

Algunas de sus pastorelas están recargadas de cantos, y el mucho canto, cuando representa actos ordinarios de la vida, no es natural, y cansa y hasta fastidia. A mí sea por mi ignorancia, sea por mi mal gusto, me hace el efecto de las óperas, por las que muchos tanto se desviven. Gozo con la armonía y con la melodía, y aun me forjo la ilusión de que uno enamora, tiene citas y hasta se casa, cantando; pero tener celos cantando, tener riñas cantando, odiar cantando, vengarse cantando, y suicidarse o morir cantando; todo esto —hecha excepción del mérito de la armonía y de la melodía—, como copia artística de la vida, o me hace reír, por lo ridículo, o me hace bostezar, por lo continuado de... tan insigne tontería. Yo me identifico con el actor que representa un drama, si quiera sea mediano; jamás con un buen tenor, por mucho que recree mi oído. Aquél representa con naturalidad la vida real, recordada, sentida o presentida por todos; éste la música de los sonidos, que tienen limitada esfera, y que no debe usurpar sus las palabras, llamada a expresar la inmensa mayoría de los afectos, de las pasiones y de las ideas que forman los hilos de la trama de la vida individual y social. fueros a

Dejando a un lado impresiones solamente mías, y tal vez juicios disparatados o temerarios, voy a reproducir, por vía de muestra, algunos preciosos versos pastoriles de Reyes. Helos aquí:

Olimpia. —*Luego que vio a Isabel, la hermosa joven,*
Con una voz angélica y suavísima,
Dijo: "La paz de Dios contigo sea
Y habite en esta casa y su familia".
El primer movimiento de la anciana
Fue estrechar en sus brazos a su prima;
Mas, repentinamente, quedó inmóvil
Y en éxtasis profundo sumergida.
Oyendo aquel saludo y viendo el rostro
De su joven parienta, en quien yo misma
No veía un ser humano, sino un ángel,
Un serafín, no sé si deidad diga,
Cuya faz irradiaba luces suaves
Que los ojos recreaban y no herían.
Yo temblé de respeto, en su presencia,
Y casi la adoraba de rodillas.
Entre tanto, Isabel vuelve del pasmo

Y, cual si hubiera inspiración divina,
A la joven dirige estas palabras
Que por mí fueron casi no entendidas:
"Yo te saludo, afortunada joven,
Mujer entre mujeres bendecida,
Así como es bendito el sacro fruto
Que ya tu seno virginal abriga.
¿Y de dónde me viene esta ventura?
¿De dónde a mí, tu sierva, tanta dicha
De que se digne visitar mi casa
¿La que es madre del dueño de mi vida?
Desde el momento que a mis oídos llega
Tu voz encantadora, prima mía,
El niño que a mis canas Dios ha dado
Salta en mi vientre y de placer se agita.
Feliz eres mil veces, porque creíste,
Y en ti a la letra se verán cumplidas,
Sin que nada les falte, las palabras
Que de orden de Jehová te fueron dichas".

Isbela. —*Y, a la verdad, que son muy misteriosas*
Esas cosas que dejas referidas.

Zerafila. —*¿Qué habrá visto Isabel en esa joven,*
Para que así la alabe y la bendiga?

Rutilia. —*Yo he alcanzado que Isabel la tiene*
Por la futura madre del Mesías.

Olimpia. —*Y lo presumo yo, por lo que he dicho,*
Y porque fui testigo de su vida
En treinta soles que pasó conmigo
En casa de Isabel y Zacarías.

Zefalia. —*Dinos: ¿cuál era el porte de esa joven?*
¿Cómo su vestidura?

Olimpia. —*Muy sencilla.*

Zefalia. —¿Iba en su seguimiento grande tren
De criados y de criadas?

Olimpia. —Sólo iba
Con ella una mujer de edad madura.

Rutilia. —¿Iba muy bien montada?

Olimpia. —En una asnilla.

Isbela. —Yo no sé qué pensar.

Débora. —Lo que yo pienso,
Es que no puede ser esa María
La madre de un gran rey, porque debiera
Acompañarla grande comitiva,
Ser llevada en carroza y adornarse
De diamantes y telas damasquinas.

Olimpia. —Y yo, que vi las gracias de esa joven
Y que no cesaré de repetirlas,
¿Pudiera creer que Dios la desechara
Porque no viera en ella telas ricas,
¿Pudiera creer que Dios no la ha elegido,
Cuando a las bendiciones de su prima,
Llevando al cielo sus hermosos ojos,
Lleno de luz el rostro, y las mejillas
Bañadas de purpúreos resplandores,
Y en fuego celestial toda encendida,
Respondió con un cántico inspirado,
Sublime en los conceptos y poesía.

Zerafila. —¿Y sabes tú el cantar?

Olimpia. Como un milagro
Fue que yo lo aprendiese, Zerafila;
Y siéndome tan grato, lo repaso,
Como un dulce recuerdo, cada día.

Isbela. —*Dínoslo, Olimpia, que, por lo que has dicho,*
Juzgo ha de ser composición divina.

Zefalia. —*Dilo, que me parece que estoy viendo*
Las gracias y bellezas de esa niña.

Olimpia. —*Escuchad, pues, pastores. De este modo,*
A los elogios que Isabel le hacía,
Modesta, espiritual y fervorosa,
A los dones de Dios reconocida,
Como del Santo espíritu agitada,
Respondió la doncella bendecida:
"Gloria —dijo— al Señor, el alma mía
Exclama enajenada;
A Dios, que es su salud y su alegría,
Se eleve transportada,
Que, sin ver de su esclava la bajeza,
Colmola de bondades,
Y admirarán su espléndida grandeza
¡Del mundo las edades!
De corona inmortal ornó mi frente;
Cubriome con su manto
Aquel temido ser omnipotente,
¡El que es tres veces santo!
El que agita del mar y de los vientos
La indómita pujanza,
Y vuelve a los furiosos elementos
La paz y la bonanza;
Cuya munificencia y cuyos dones,
Sin límite, se extienden
Sobre una y diez y cien generaciones
¡De los que no le ofenden!
Desplegó el indomable poderío
Del brazo prepotente,
Y en medio aniquiló al mortal impío,
¡De su furor demente!
Derrocó a los magnates poderosos
Del solio enaltecido,

Y a los puestos de honor, esplendorosos,
¡Exaltó al abatido!
Al pobre enriqueció, y a los hambrientos
Colmó de sus favores,
Tornándose desnudos, macilentos,
¡Los ricos opresores!
De su misericordia ilimitada,
Y recobró Israel esclavizado
Su brío y su altiveza,
Pompa hizo, en su largueza,
Según lo que a Abraham fue prometido
y a nuestros genitores,
Que hasta que el fin del mundo haya venido,
Tendrán sus sucesores".

Ricas, en poesía y colorido, son las descripciones que hace Olimpia; pero quedan como empequeñecidas por lo grandilocuente y majestuoso del cántico de la Virgen: "Magnificat, anima mea Dominun" (mi alma engrandece al Señor). De cuantas paráfrasis conozco de este sublime canto, la mejor, en mi concepto, es la de Reyes. Si sólo hubiera parafraseado el Magnificat, esto bastaría para su reputación de poeta. En el arte no es la cantidad sino la calidad de la producción la que hace que un individuo tenga un nombre bien puesto en el campo de las letras. Como a los guerreros de la Edad Media les bastaba una grande hazaña para adquirir un blasón, a los prosistas y poetas les basta una obra acabada, por corta que sea, para adquirir ejecutorias en la república literaria. Por su entonación y valentía la paráfrasis de Reyes es comparable a la Imitación de los Salmos que, en el mismo metro, hizo el afamado Ventura de la Vega.

La paráfrasis del poeta del humilde Guacerique no va en zaga de la Imitación de los Salmos del poeta del soberbio río de la Plata

Para dar una idea más amplia, ya que no un juicio crítico, de las pastorelas de Reyes, he de notar que hay en ellas una abundante variedad de metros. Tal vez el poeta haya abusado un tanto de su facilidad de versificar; quizá pensó que en la variedad está el gusto, como se dice vulgarmente; pero sea de esto lo que fuere, con sus versos de distintas medidas, aunque pródigo en la variedad, evitó el defecto de la monotonía que, en las obras de arte, adormece el espíritu y lo aleja de inesperados y gratos despertamientos. La poesía es hermana legítima de la música y de la pintura. Cuando faltan sonidos varios, y transiciones rítmicas en las notas, el oído no puede recrearse. Cuando en los cuadros faltan distintas combinaciones de luz y de sombra, la vista no puede tener impresiones que hagan experimentar el sentimiento de la belleza artística. Pero ¿qué límite debe tener el uso de elementos varios en las producciones del arte? Para esto no hay una regla de exactitud matemática. La selecta escuela, los escogidos modelos y el cultivado gusto, son los que deciden del mérito de los trabajos artísticos, ya tengan por medio el plectro del poeta, la escala del músico, la paleta del pintor, o el cincel del estatuario.

Como final de reproducciones de versos pastoriles, copio los siguientes heptasílabos combinados con endecasílabos, que la pastora Rubenia, animada de tierna amistad y embargada por dulce melancolía, canta al lado del sepulcro de Prisila.

¡Oh bosque solitario,
Alegre en otro tiempo,
Do la bella Prisila
Condujo tantas veces sus corderos!

¡Cuántas veces oíste
de su voz el acento!
¡Y cuántas repetiste
su graciosa expresión, en suaves ecos!

¡Cuántas veces sus plantas
hollaron este suelo,
y cuántas, en los árboles,
con sus manos grabó divinos versos!

Mas ¡ah! que ya descansa
en profundo silencio,
y no la veréis más,
tristes cipreses y elevados cedros!

(Pastorela Rubenia. —Acto primero. Escena primera—.)

Estos versos, aunque carecen de unidad en la forma, porque hay consonancias y asonancias, lo que es censurable, y aunque hay un agudo en el último heptasílabo, no obstante, por la ternura que expresan, hacen recordar a Garcilaso de la Vega, cuando se lamenta diciendo:

¡Oh dulces prendas, por mi mal halladas
Dulces y alegres, cuando Dios quería!

Reyes tuvo por modelos las obras de Virgilio, de Garcilaso, de Lamartine, de los Moratín, de Meléndez Valdés y de Martínez de la Rosa. ¡Qué fuente de inspiración para aquella alma sentidora y tierna!

Dejaría de dar a conocer a Reyes, tal como fue, si no trajese a la memoria, aunque con pena, un grave defecto moral que tuvo en su calidad de poeta. Atendía a cualquiera solicitud encaminada a que hiciese versos, ya en favor, ya en contra de los personajes políticos de su época. Unas veces los condenaba a sufrir en el infierno de la execración pública, y otras —a los mismos hombres— los encumbraba más allá de las nubes, y les señalaba un puesto en la gloria. En una felicitación dirigida en su cumpleaños al general don Francisco Morazán, le decía, en el año de 30:

A tanto beneficio
La Patria agradecida
quiere manifestaros
que tu virtud y méritos estima.

Por eso, a vuestras sienes
nuevamente dedica
los laureles gloriosos
que para Beneméritos destina.

Vive, pues, largos años;
prolónguese tu vida,
para ser de la Patria
el honor que la colme de alegría.

Sobre el eterno bronce
Vuestro nombre se escriba,

Y que nunca se borre,
Y en la memoria de los hombres viva.

Poco tiempo después, el mismo autor de las anteriores estrofas, dirigió, al mismísimo General, los siguientes versos que tomo de una composición llena de horribles denuestos:

Soy el General valiente
que, con mi fuerte ganzúa,
hasta el castillo de Ulúa
penetrara fácilmente.

Mi cortejo es la garduña (*)
De GANZUINOS (**) lisonjeros,
Mentirosos y embusteros,
Y todos ellos de la uña.

(*): La garduña fue en España una gran sociedad de bandidos perfectamente organizada, que en el reinado de Felipe IV cometió mil atentados y crímenes.

(**): Supongo que el nombre GANZUINO, que he subrayado, sería un apodo dado a algunos de los servidores del General Morazán; pero todavía es más probable que Reyes haya inventado esa palabra derivándola de GANZÚA, vocablo castizo, pero no su derivado. Sea de esto lo que fuere, Morazán y sus compañeros no fueron hombres de ganzúa. El Presidente de Centroamérica luchó mucho como héroe, murió como mártir, y dejó sólo deudas contraídas por motivos políticos y que le honran. Su viuda y su hija vivieron casi de limosna, merced a los auxilios que les dieron los nobles hijos de San Salvador. Estas afirmaciones puedo demostrarlas con documentos. Cuando publique la Historia del General Morazán que, si incurrió en graves errores políticos, fue intachable como hombre probo, se verá en dicha obra la verdad de los hechos.

Como trataba al general Morazán, asimismo trataba al general Cabañas, a Gerardo Barrios y a los demás personajes políticos de su tiempo. Preguntado varias veces, en confianza, por la causa de tales inconsecuencias, contestaba en tono festivo: "Los poetas son como las campanas, que apenas acaban de repicar alegremente, cuando ya doblan al muerto". Ingeniosa es, por todo extremo, la respuesta; pero no es propia de un ciudadano de sólidas convicciones morales y políticas, y es indigna del alto ministerio de la poesía, y más siendo ejercido por un sacerdote de grandes virtudes evangélicas. El buen ciudadano no debe endiosar a los hombres eminentes de su Patria, cuando están en lo alto, ni arrojarles cieno cuando les llega la hora del infortunio: debe hablarles, cuando están arriba, el lenguaje severo y persuasivo de la verdad y la justicia, y reconocer sus méritos sin adulación y sin bajeza; y debe, cuando están caídos, no insultar su desgracia, sí tener palabras de piedad y de consuelo.

Estos deberes todavía más estrictos, tratándose del sacerdote y del poeta. El sacerdote, así como no debe exaltar mundanales vanidades de los poderosos, de la misma manera, cuando desciende del poder, por enormes que sean sus faltas, como a hermanos desvalidos, debe prodigarles los dones de la misericordia. El poeta, sumo sacerdote de la religión del arte, que se eleva sobre las circunstancias del momento y las impurezas de la realidad; el poeta, que profetiza y que vuela por los espacios infinitos de las impersonales ideas y de las sublimes inspiraciones, no debe manchar sus nacaradas alas en los hediondos estercoleros de la adulación, ni en las cloacas inmundas de las calumnias y de las difamaciones.

Cierto es que Reyes, sin propio intento, y sólo por complacer, prestaba su musa para lisonjear o para denigrar; más esto apenas constituye una circunstancia atenuante. En el fondo faltó a su alto ministerio de ciudadano y de poeta. El talento y el numen no deben tener inconsideradas complacencias; de lo contrario, sus producciones alcanzan el mérito, si es que mérito puede llamarse, de las obras de prestidigitadores y de juglares. El talento y el numen deben huir de la mentira y de la farsa, y tener por granítica base la conciencia, la justicia y la lealtad. Por eso sobreviven los genios educados en la escuela de los principios, siempre cumplidores de su deber, y siempre enamorados de un ideal que aliente y dignifique sus trabajos e inspiraciones.

Me lastima haber apuntado el notable defecto de Reyes; pero de ello no me arrepentiré. El biógrafo y el historiador no iban de ser apasionados panegiristas de santos, ni aun tratándose de personalidades como la de Reyes; deben presentar las fases oscuras y las fases luminosas de los hombres escriben. Si así no lo hacen, la biografía y la historia tienen que convertirse en fábulas; y la sociedad, para su enseñanza, cuya necesita de verdades y no de ficciones. Por otra parte, en el terreno de la verdadera filosofía, nunca puede exhibirse a un hombre como perfecto en toda su vida y en todas sus acciones. De tal aserto puede ser un ejemplo el mismo virtuoso y benéfico Reyes. Historiar la vida de un hombre sin defectos, impecable, sería historiar la vida de un dios; y no hay dioses en nuestro planeta. La humanidad tiene el mal incurable de la contingencia, y este mal deben señalarlo los historiadores y biógrafos, aun ocupándose de los hombres modelos, para que, mostrados los errores de los menos imperfectos, sirvan de advertencia saludable a los individuos, a las familias y a los pueblos. Si semejante procedimiento no se adoptase, la Historia dejaría de ser para las sociedades y para las naciones, ¡un alta, provechosa y trascendental enseñanza!

En todos los hombres puede advertirse una vocación particular que es como el distintivo de su personalidad. La vocación de Reyes le inclinó, decididamente, al cultivo de la gaya ciencia. Como he notado, fue compositor mediano, en la lírica, y productor admirable, en la bucólica. La poesía pastoril fue su fuerte; y sin duda él lo comprendió así cuando su musa la dedicó, primordialmente, a la invención y formación de pastorelas.

No obstante la marcada vocación poética de Reyes debido a sus múltiples aptitudes, hizo buenos escritos en prosa, ya difundiendo ideas científicas, como en su Compendio de Física, ya promoviendo reformas en el sistema de educación como en su interesante artículo que aparece bajo la firma de Sofía Soyers.

Se ejercitó poco en la prosa, y pudo llegar a ser un gran prosista. Tenía para ello eminentes cualidades: espíritu sintético a la par que analítico, mucho caudal de conocimientos en ciencias y letras, profundo conocimiento del idioma, y esa flexibilidad graciosa, que dan la imaginación y el buen gusto, para presentar las ideas en formas naturales y animadas, y llamar la atención de los lectores.

Mas no llegó a ser un prosista sobresaliente, porque no se aplicó al objeto, porque no fue su negocio, como dicen los norteamericanos. Faltó a Reyes el estilo propio y sostenido que distingue al gran escritor, y que hace que se le reconozca siempre en todas sus producciones. De ello Reyes no es responsable; no trató de ser buen prosista sino de ser buen sacerdote, poeta bucólico, y propagador de las ciencias y de las letras. Dados sus tiempos y los escasos medios de que dispuso, cumplió dignamente su misión, y hay que hacerle justicia.

Para juzgar a los hombres hay que fijarse en el medio social en que viven. Reyes tenía las más variadas y sorprendentes facultades. Era filarmónico, y, en Tegucigalpa, la población más culta de Honduras, no había un piano; y él introdujo el primer piano. Era escritor, y no había una imprenta, y él introdujo la primera imprenta llamada de "La Academia". Era literato, y no había una biblioteca; y él fundó la de la Universidad. Era entendido en astronomía, física y química, y no había elementos, ni aun rudimentales, para un observatorio, para un gabinete de física, y para un laboratorio de química. Reyes se encontraba en el vacío. Suplían, al aristocrático piano, la popular guitarra; a la imprenta, los manuscritos de pésimos pendolistas; a la biblioteca, unos pocos y maltrechos libros, que eran antiguallas en la Europa moderna; a los telescopios, los ojos del observador que veía los astros con el aumento de la luz de su alma; a los instrumentos de física, las fuerzas del empeño del trabajador que estudia; y a los experimentos químicos, hechos por los procedimientos modernos, las observaciones empíricas sobre la composición y descomposición de los cuerpos. ¡Ah! si Reyes hubiese vivido en estos nuestros tiempos, en que hay abundantes y preciosos elementos para la ciencia, tendría un puesto de honor en el banquete de los sabios, que olvidan el *beefsteak* para el estómago, por buscar el pan de la inteligencia de los hombres que vigoriza y eleva el espíritu de la humanidad. ¡Qué divina eucaristía! Con ella debe comulgar la especie humana. Dios, que nos ha dado sentimiento y razón, no debe ofenderse porque comulguemos de un modo tan conforme a los instintos e ideales de nuestra pobre naturaleza.

Por hacer reflexiones, tal vez inconducentes, voy alejándome de mi objeto. Reproduzco, pues, sin más digresión, el precioso artículo de Reyes sobre la educación de la mujer, para que pueda formarse juicio de sus cualidades de prosista:

"Yo, débil mujer, me atrevo a levantar la voz reclamando los derechos de mi sexo, en medio de un pueblo que apenas los conoce: yo, sin misión expresa de mis compañeras, hablo en su favor a una sociedad que se cree iluminada con los resplandores del siglo XIX, y que no va a retaguardia en la marcha de la civilización y del progreso, pero que, en orden a nosotras, no tiene ideas que vayan en consonancia con sus adelantos.

No pido tanto como las mujeres parisienses; no me quejo de que en el siglo de las democracias se tolere y se sostenga la aristocracia varonil, ni de que, abolida la esclavitud, esa aberración tan depresiva de la especie humana, no se haya también emancipado la mujer, quedando ella sola esclava en medio de tanta libertad; ni tampoco hago reparar que el principio, tan decantado, de la igualdad civil y política, no se haya extendido hasta nosotras.

No pretendo, como las socialistas francesas, que seamos asociadas a la administración gubernativa, que se nos dé el derecho de concurrir con nuestros votos a la elección de los funcionarios públicos, ni que nos declaren hábiles para obtener los destinos de la Patria. No me avanzo hasta ese punto, aunque, en verdad, no veo que haya un motivo ostensible y justo para que, en el siglo de la luz y de la razón, se sostengan principios y costumbres que nacieron en los tiempos más oscuros de la ignorancia y de la barbarie; aunque no hallo razón suficiente para que se dé a los varones el privilegio exclusivo de optar por los empleos, de dictar leyes y de gobernar a los dos sexos; aunque podría esperarse, tal vez, que sería mejor la suerte del género humano dependiendo de la mujer que dependiendo de los hombres, de los que tenemos experiencia de que han trastornado y desfigurado el mundo moral, de tal manera, que ya no es aquel que el Creador destinara para la raza humana.

Y es la razón, que la mujer, siendo más tímida, más sociable, más sensible y dulce, no emprendería guerras por cuestiones frívolas, no haría derramar la sangre por añadir un galón a su vestido o adquirir un nuevo título para denominarse, ni subiría a los empleos formando escala de miembros humanos y de cadáveres; y porque, con un corazón de madre, sería más propicia a la humanidad que muchos de los que se llaman Padres de los Pueblos, que, sin el cariño y la ternura de tal nombre, tienen la severidad y el azote prontos a descargarlos sobre sus hijos. Reclamo únicamente, la igualdad de educación. Reclamo se considere que las almas no tienen sexo, que el ingenio y talento femeninos son tan perfectibles como los del varón, y que es claro que, formados con tanta igualdad de facultades, si no puedo decir con mayores dotes, es contrariar la voluntad providencial dejar perecer sin cultivo sus inteligencias.

Esto supuesto, ¿por qué en Honduras no se toman otros cuidados, para formar a la mujer, que los que se ponen en la educación de un pájaro, o de otro de esos seres privados de razón, cuyo destino es proporcionar placer y desahogo a los hombres? ¿Por qué no se nos da en la sociedad otro papel que el de muñecas automáticas, con quienes los varones entretienen sus ocios, a quienes no creen capaces sino de conversaciones pueriles, sobre modas, trajes y amoríos? ¿Por qué se nos deja ser siempre el objeto de afectadas lisonjas, cuando nos tienen presentes, y, lo que es más cruel, el blanco de la burla, del sarcasmo y de la deshonra, allá en particulares reuniones? Si fuésemos más ilustradas, no se burlarían tan fácilmente de nuestra credulidad; nos tendrían más respeto, y no se atribuiría a pedantismo el uso que solemos hacer de algunas frases o palabras que hemos aprendido en la lectura de algunas novelas.

Yo veo establecer en todas partes escuelas primarias; veo afanarse porque haya Liceos y Academias para la instrucción del sexo privilegiado; veo levantarse, con este objeto, generosas suscripciones, dictarse providencias y gravar a los pueblos con nuevos impuestos. Pero ¿quién ha pensado en las pobres mujeres? Ni el Legislador ni el Gobernante, ni ninguno de cuantos se liquidan en cumplimientos refinados ante las Señoritas; ninguno —digo— ha hecho una proposición en nuestro favor, ni una oferta, ni una libación siquiera, ni un brindis en los banquetes, porque se añada a nuestro sexo una nueva gracia, el nuevo atractivo del saber. A no estar persuadidas de que esta exclusión es obra solamente de las preocupaciones, de la rutina y de la inadvertencia, creeríamos que la política de los hombres, respecto de nosotras, era la misma de la de las naciones europeas respecto de sus colonias: tenernos siempre embrutecidas para dominarnos, sin más reglas que su caprichosa voluntad; y que no nos concedían otras aptitudes que para ayas de sus hijos y para los ministerios de cocina. Mas no dudo que este reclamo va a revelar las ideas que deben tenerse de las mujeres, a obligar a que se reflexione que, si Dios en la repartición de los dones intelectuales no ha hecho diferencia entre los sexos, dándolos tan grandes y poéticos a las Staeles, Genlis y Avellanedas, como a los Dumas, Sues y Lamartines, es una conclusión lógica que no ha sido su intento destinar los unos a la cultura y perfección, y los otros a malograrse en la oscuridad; pues, a querer imponer una especie de ley sálica, nacieran las hembras privadas de capacidades mentales, como lo están del valor y de la fuerza, porque no las creo propias para soldados.

Piénsese, además, en la utilidad y ventajas que reportarían los varones de la ilustración de las mujeres. La primera edad de los niños toda es de las madres: ellas les comunican el idioma, les dan los primeros pensamientos, forman sus primeros sentimientos y afecciones, y presentan a su alma las primeras imágenes. ¿Qué diferencia, pues, entre un niño cuya madre no le da más que lo que tiene, es decir, preocupaciones vulgares, ideas falsas, frivolidades pueriles, sentimientos innobles y lenguaje rústico e incorrecto, a otro que, como Lamartine, logre tener una madre maestra, que sepa formarle el gusto para la ciencia y el corazón para la virtud? Cuando se presente en las escuelas o en las aulas irá ya iniciado en los conocimientos que adquirió con las caricias maternales, y con una disposición precoz para recibir todo género de enseñanzas.

¡Qué de consuelos no hallará el hombre en el seno y compañía de una consorte instruida! En su casa tendrá un manantial de placeres, y no se verá forzado a buscar otra sociedad más amena para libertarse del fastidio, de la monotonía y sandeces de una mujer que no tiene otras ideas ni otras conversaciones diarias, que las del baile, el paseo y otras cosas de este jaez, cuando no lo importune con chismes o lo mortifique con imprudentes celos. Grande será la satisfacción de un hombre estudioso, al asociar a su esposa, como Dacier, a sus meditaciones, y consultarle sus dudas en materias científicas; y más grande la de un padre que ve a su hija conducida en triunfo, como Corina, y adornada la frente con los lauros y coronas de Minerva, más que con los brillantes atavíos de un lujo vano.

¡Ah! Si desde que se trabaja por la enseñanza de los varones se hubieran hecho iguales empeños por la de las mujeres, no cabe duda de que hubieran ya probado que, en un tiempo dado, había en ellas más adelantos y progresos. Más recogidas, más aplicadas, más pundonorosas y sumisas, no se disiparían, como tantos jóvenes, no se entregarían, como ellos, a la vagancia: lejos del juego y de los placeres que distraen la atención y enervan la mente, no verían sus libros y sus laboratorios con tedio enfadoso; y, de este modo, no darían lugar a reconvenciones y quejas, ni a que con descrédito se dijera que hacían al Estado gastos inútiles, y a sus padres encorvarse sin fruto bajo el peso del trabajo.

Compañeras: reuníos conmigo para declamar, doquiera, contra ese culpable olvido de nuestra educación; contra esa preferencia estúpida que, en esta parte, tienen sobre nosotras los varones; contra esa tiranía sexual que nos despoja de nuestros derechos más sagrados. Si logramos que se nos atienda, ya no seremos, como hasta ahora, esclavas de nuestros mismos hermanos, seres medios entre el hombre y el bruto; se perfeccionará nuestra razón, y nuestra sensibilidad natural dejará de ser puramente instintiva; el círculo de nuestras ideas se extenderá más allá de las niñerías de las modas y del modo de condimentar las viandas; conoceremos las bellezas que producen las imaginaciones creadoras de los poetas; no veremos la hermosa naturaleza con la indiferencia del salvaje y de la bestia; y no es difícil que haya quien, como Mistres Trolop, se alce a alcanzar el vuelo de los genios pintores, describiendo las costumbres y los paisajes de los pueblos.

Y si la naturaleza no nos hubiere favorecido con el don de la fugaz belleza, o cuando la mano del tiempo haya destruido los hermosos contornos de nuestro cuerpo, y no podamos agradar a la ligera juventud, que no busca otras cualidades en nosotras, no por eso seremos, como ella piensa, seres nulos y de ningún valor, no desapareceremos del mundo, no se nos definirá una negación, un error de la naturaleza: seremos, sí, una flor que no muestra a los ojos el brillo de los colores ni la elegancia de la figura, pero que exhala una fragancia balsámica, y que contiene excelentes virtudes curativas; seremos un fruto que, bajo áspera y ruda corteza, lleve deliciosos néctares y sabores que recrean y sustentan. Y si no nos vemos, como Penélope, rodeadas de importunos y románticos amadores, en cambio tendremos, como Ninón, un cortejo de sabios y personas más interesantes por su ilustración, que, en vez de cansarnos con estudiados requiebros, nos hagan ocupar el tiempo con más provecho.

Sin educación, nuestra suerte, como ven y sienten, es siempre desgraciada; y cuando haya pasado nuestra juventud, nos veremos aisladas en medio de la tierra, destinadas, cuando más, al triste y ridículo papel de pedagogas que acompañemos a los jóvenes que van a lucirse a los espectáculos, donde bostezaremos en un rincón, reventando de envidia, ¡y haciendo dolorosos recuerdos de un pasado que nunca ha de volver...!

Reclamemos, repito, no la consagración de los principios de la Señorita Lenz, ni menos que se nos deje salvar los límites que nos puso la naturaleza, sino lo que se nos debe en conformidad con las miras de Dios, y que se evidencia en las facultades con que nos ha dotado. Si los hombres se alzan con el saber; si nos dan un *no ha lugar* a nuestra justa demanda; si se obstinan en tenernos confinadas en la obscura región de la ignorancia... ¡oh! entonces, mírenlos como a sus tiranos, estén ciertas de que no los aman, y que, cuanto les digan por conquistar sus afectos, es sólo fingimiento, es seductora y detestable adulación".

Sofia Seyers.

En vista de los conceptos del anterior artículo, de mucho avance para la época en que fue escrito, y en presencia de otros juicios análogos, formados por Reyes, reconociendo la excelencia de la democracia y la justificación y ventajas de los modernos progresos, ocurre preguntar ¿qué ideas tuvo, como filósofo y hombre de religión, sobre la vida moral de los individuos y la vida moral de los pueblos?

La democracia tiene por base el reconocimiento del derecho humano, en contraposición al derecho divino. O se rigen las sociedades en nombre de los decretos de Dios, revelados por una religión, cualquiera que ésta sea, o se rigen en nombre de las leyes derivadas del conocimiento y apreciación de los derechos de la especie humana. En cuanto a los progresos del mundo moderno, han de ser considerados como productos de la ciencia; pero ésta, con sus enseñanzas, se muestra adversa a las imposiciones de la fe y del dogma. La ciencia discute; la fe no admite réplica. Los que entienden algo de Astronomía, de Geología y de Historia Natural, no hallan cómo armonizar las revelaciones de estas ciencias con las revelaciones de las religiones positivas, ya las profesen discípulos de Confucio, de Moisés, de Sakia, de Zoroastro, de Sócrates, de Jesucristo, de Mahoma, de Lutero o de Calvino.

Los que entienden algo de física y de química, no hallan el medio de aceptar el cumplimiento de los milagros; y los que entienden algo de las evoluciones jurídicas de los pueblos antiguos y modernos, no pueden conciliar las prescripciones del derecho humano con las prescripciones del derecho divino. ¿Qué pensó Reyes sobre estas materias que ofrecen terribles y aun pavorosos problemas? Siendo docto en ciencias y letras, ¿tuvo grandes dudas, grandes vacilaciones, y grandes luchas, en el fondo de su conciencia?

La respuesta es muy difícil, y no me atrevo a afirmar nada sino por vía de suposiciones. Sería en mí una especie de sacrilegio dar el voto decisivo de una conciencia que no me pertenece, y más de la conciencia de un sacerdote intachable y de un hombre versadísimo en la ciencia. Que de un modo asertivo Dios lo juzgue, y que, si hay verdadero escepticismo, la negación corresponda a mi falta de datos suficientes para poder decir: "esta fue la conciencia del sacerdote; estas fueron las sinceras convicciones del sabio".

Hechas tales salvedades, propias del honrado propósito del biógrafo que no falsifica ideas ni acciones, debo confesar: que supongo que Reyes creyó, como otros sapientísimos católicos y no católicos, encontrar la alianza de la tradición y del progreso moderno, la alianza del derecho humano y del divino derecho, y la alianza de la ciencia y del dogma. ¿Podrá haber tal alianza? Este es el problema que se resolverá en futuros y lejanos tiempos. Por lo que hace a Reyes, nada afirmo definitivamente sobre sus creencias íntimas; y por lo que hace a mí, sólo deseo tener la vasta ciencia de Litré, de aquel santo que no oía misa, o la fe ciega de la última y más oscura vieja de mi pueblo. Todo esto quiere decir que dudo, y que hay en lo recóndito de mi alma grandes combates. La ciencia me ilustra, pero me deja un vacío; la fe me consuela, pero me impone una esclavitud. Algo hay, que es Bien Supremo, e imitando al poeta nacional de España, al caballero, trovador y cristiano, José Zorrilla, diré que voy, no por mis viejos versos, sino por mi vieja prosa, a que me juzgue Dios.

Apartándome del terreno vedado de la ajena conciencia, y de las ajenas creencias, hora es de que trate, no sin profunda tristeza, de los últimos años y término de la vida de Reyes. Desde su regreso de Guatemala su casa fue el centro de las más amenas tertulias y de las más francas y dulces recreaciones. Su Señora madre, doña María Francisca, encantaba por su talento, por su instrucción y por las agudezas de su ingenio: su padre, don Felipe Santiago, agradaba por su bondad, por la sencillez de su carácter, y por las muestras de sus dotes musicales; y todos sus amigos y discípulos complacían por la ingenuidad del afecto, por la sinceridad de la confianza, por las ocurrencias felices, por los donaires del festivo decir, y por todos aquellos mil y mil detalles, obras de la amistad y del cariño, que sólo pueden apreciarse cuando se tiene un hogar seguro, una madre que es una providencia, una conciencia tranquila, una inteligencia que comprende mucho, un corazón que ama intensamente, y un círculo de familiares y de amigos que, confundidos en uno solo sentimiento, dan inspiración a la mente y dulce sosiego al espíritu, y que aprisionan al jefe de la casa con cadenas de flores que hacen olvidar los duelos de lo pasado y las incertidumbres de lo porvenir. Tal era el hogar de Reyes, y así comprendo yo mi hogar. Dichas humanas no pueden ser durables. Doña María Francisca murió repentinamente en junio de

47

1847. Don Felipe, a causa de tan rudo golpe, quedó en profundo abatimiento, fue víctima de una enajenación mental, y terminó sus días en el año de 49. Otros individuos de la familia de Reyes pagaron, casi al propio tiempo, su tributo a la muerte, lo mismo que algunos de sus amigos más íntimos, entre ellos uno que había sido su discípulo querido, el virtuoso e ilustrado sacerdote don Agapito Fiallos. La que antes fuera casa de reuniones, de tertulias y de recreos producidos por la civilidad y por el arte, se convirtió en mansión del silencio... Si Reyes hubiese vivido en mis tiempos, habría dicho como Becquer. "¡Dios mío, ¡qué solos se quedan los muertos!".

Idos sus padres y sus mejores amigos, Reyes fue perdiendo las fuerzas de la salud y su genio comunicativo. La muerte le había arrebatado las más caras afecciones, y el sepulcro tiene sus voces para los hombres de corazón y de talento que saben oírlas. Vivía triste; su genio expansivo se disminuía, y todo hacía comprender que sentía la aproximación de su fin. ¡Qué dolorosa previsión para el hombre que siente, ama y piensa con toda su alma! ¡Dichosos los imbéciles que olvidan lo pasado! ¡Dichosos los estúpidos que no piensan en lo porvenir! ¡Dichosos, sí, los que sólo se fijan, por instinto, en las satisfacciones del momento! Mas no; ésta no es una dicha. Que se abrase el cerebro por el fuego del pensamiento; que se destroce el corazón a fuerza de sufrir; pero, con todo y todo, un instante de satisfacción al hombre pensador y sentidor, vale más que un siglo de la vida de un idiota, para la humanidad que vive y vivirá —pese a la ignorancia, pese al sibaritismo, pese a las brutalidades de la fuerza— por las inspiraciones del corazón y del talento.

El estado psicológico de Reyes tuvo que ejercer influencia fatal en alguno de sus órganos, o en alguno de los elementos esenciales que constituyen la vida. Era rico en sangre, y no pudo venir la anemia; tenía perfecto corazón, y no pudo venir la atrofia; tenía buenos pulmones, y no pudo venir la tisis; tenía un cerebro bien organizado, y no pudo venir ni el reblandecimiento ni la locura; tenía un hígado que no podía dar grandes secreciones biliosas, y no pudo venir una fiebre, ni el envenenamiento instantáneo o lento de la sangre. ¿Qué tenía Reyes? ¡La vida en su corazón y en su cerebro! De aquí que se alterasen las funciones de su estómago, y esta fue la gran perturbación de su organismo. Reyes, pensando como teólogo, tal vez no pudo pensar como sabio, y si alguna vez amó con amor profano, contrapuesta estuvo su conciencia de sacerdote. Pudo haber, como dice Hugo, una tempestad bajo un cráneo, y ya que con sus rayos no pudo herir al fraile, pudo, tal vez, destruir el estómago del hombre.

La enfermedad de que fue víctima se exacerbó, de un modo alarmante, desde principios de 1855. Los doctores don Máximo Soto y don Hipólito Matute hicieron esfuerzos para regularizar las funciones del órgano enfermo, pero sólo lograban dar al paciente cortas mejorías. En una de éstas fue a la capital de Comayagua, a visitar al ilustrísimo señor obispo, don Hipólito Casiano Flores, que había venido de consagrarse de El Salvador, y a quien acompañó en su primera misa pontifical. Regresó en junio, y desde entonces no tuvo un día de alivio. Cediendo al voto de los facultativos, fue a la vecina aldea de Soroguara, para probar si en el campo podía recobrar la salud.

En fines de agosto, volvió a la ciudad; pero ya tan enfermo y decaído, que apenas bendijo el agua el día de San Ramón, y no pudo tomar parte en las alegres fiestas de Mercedes, que formaban uno de sus mayores encantos. A mediados de setiembre tuvo ya que permanecer constantemente en el lecho, y preparó su espíritu para el eterno viaje, recibiendo los sacramentos del presbítero don Pío Gómez, reconciliándose en el tribunal de la penitencia con el presbítero don Yanuario Jirón, y haciendo, ante el juez de primera Instancia, la expresión de su última voluntad. Reyes quiso irse de este valle de lágrimas en completa paz con Dios y con los hombres.

Como hombre de observación científica, comprendió bien que su enfermedad era incurable. Un amigo suyo le decía: "Usted recobrará su salud debido a los cuidados de la familia y de los médicos". El padre Reyes contestaba: "No. Cuando un cuerpo se desorganiza solo puede esperarse la muerte. De lo contrario, serían casi inmortales los príncipes y reyes de Europa que cuentan con todos los recursos materiales, y con la ciencia de los mejores médicos del mundo".

Un pálido sol de invierno alumbraba escasamente el lluvioso día del 20 de septiembre de 1855. La celebrada campana del reloj de la Iglesia Parroquial daba, a intervalos, lúgubres toques de agonía. Reyes estaba muriéndose; la ciencia era impotente, y el organismo del Recoleto benéfico iba a volver al seno de nuestra madre común, la tierra. Por los claustros del Convento de La Merced, hoy Universidad Central, discurrían hombres y mujeres de todas las clases sociales, ancianos, adultos y niños, con los ojos arrasados de lágrimas.

Al fin sonaron las diez de la mañana, y…. en los brazos de los sacerdotes y amigos que le acompañaban, Reyes exhaló, con la suavidad de un niño, su postrimer aliento. ¿A dónde fue? ¡Tal vez, para el naturalista, a formar la esencia bienhechora de una flor; quizás para el astrónomo, a formar parte de un rayo de luz de una de las más hermosas estrellas: o acaso, para el creyente ortodoxo, a entonar un eterno canto, lleno de infinita ventura, entre los coros que reverencian y exaltan la majestad del Dios de los cristianos, ¡del Dios de la justicia y de la misericordia!

Nunca olvidaré el luctuoso día 20 de septiembre. Era un niño: erraba como todos, por los claustros, sintiendo una inquietud extraña; pero no lloraba, porque no tenía idea exacta de la muerte. Como a las once y media de la mañana, oyendo el fúnebre clamor de las campanas y los gritos de desesperación de los tegucigalpenses, vi a Reyes sentado en una silla, y a una Señora, Luisa Valdés, que le ponía en frente un aparato que me era desconocido. Con la curiosidad propia de un niño, pregunté: "¿Qué está haciendo tata Padre, y qué la señora con el trasto que tiene enfrente?". Me contestaron: "El padre está dormido, y la Señora lo retrata". Comprendí lo primero, pero no lo segundo, y me fui, saltando, a buscar mariposas y flores. Yo no había visto muertos, así es que, en medio de una inmensa desgracia, iba a tener sonrisas en presencia de las escenas de la vida, cuando debí derramar muchas lágrimas en presencia de la muerte.

Después cambié de idea. A pesar de las amenazas del cólera y de los horrores de la guerra, en que sucumbió, en los campos de Masaguara, el general José Trinidad Cabañas, en lucha desigual con Carrera, vi llegar a numerosas gentes del pueblo que habían huido, y que volvieron, arrostrando dificultades y peligros, para llorar en torno de la tumba de su bienhechor, del primero de los tegucigalpenses. Todos decían: "No hemos de volverle a ver".

Mi madre decía lo mismo; y entonces comprendí lo que es la muerte, y entonces olvidé mis juegos infantiles y me puse a llorar. Conocí que mi antiguo amigo, el de la Iglesia de Nuestra Señora de la Concepción, ya no me apretaría la cabeza entre sus manos, ni me haría sonreír de alegría, con sus obsequios de flores y de centavos para mis juguetes; y presentí que, en cambio, dejaba al niño un legado de tristísimos recuerdos y de acibarabas lágrimas. Bienaventurado seas tú, que te fuiste tranquilo, padre de los pobres y de los niños, y que recibiste el puro llanto de mi infancia, como recibes hoy el amargo lloro de mi precoz vejez.

En correspondencia de sentimientos que no finjo, y perdona mi egoísmo, que es el santo egoísmo de un padre, te pido que, desde tu cielo, bendigas este pobre hogar; que des tu bendición a la compañera de mi vida, y a los pedazos de nuestra alma, a nuestros tiernos hijos.

No obstante el estado de guerra en que permanecía el país, se hicieron a Reyes exequias muy solemnes. Embalsamado su cuerpo, estuvo expuesto durante varios días en las principales iglesias, en donde recibió flores y lágrimas de los tegucigalpenses. En el primero y subsiguientes aniversarios de su muerte, tuvo su memoria homenajes de amor, de respeto y gratitud; y, últimamente, el Gobierno decretó que se erigiese un monumento en recuerdo del Fundador de la Universidad de Honduras. El monumento existe frente a la puerta principal de dicha Universidad. Reyes murió en la pieza que hoy ocupa el Archivo Nacional, y que da al traspatio del edificio. Sus restos están sepultados al lado norte, en el presbiterio de la iglesia parroquial. Si alguna vez los hondureños construyen un panteón para depositar las cenizas de sus grandes hombres, Reyes deberá tener puesto escogido y preferente, en el lugar destinado a recordar la vida y la muerte de los que fueron ilustres y benéficos, y a dar nobles estímulos y nobles ejemplos, exaltando ante la posteridad los méritos de insignes varones que son legítimas y queridas glorias de la Patria.

IMPORTANCIA DE LA INSTRUCCIÓN PÚBLICA

La Historia y la Filosofía de consuno se pronuncian contra la máxima tristemente célebre del soñador Rousseau: "El estado natural del hombre es el estado salvaje". No: el estado natural del hombre es el estado de desarrollo y de cultura. He aquí por qué la instrucción, que es el alma que anima la existencia y el avance progresivo de los pueblos, ha sido desde remotos tiempos una necesidad imprescindible, manifestada bajo formas más o menos completas, más o menos prácticas, más o menos benéficas, pero siempre concurriendo al cumplimiento de los fines morales de las sociedades.

La instrucción, en sus orígenes, producía sus efectos, reduciéndolos a la enseñanza de la religión y del hogar doméstico. Tal la exigían las costumbres patriarcales y la índole teocrática de las naciones de remota antigüedad. La India, la Persia, el Egipto, la Grecia, la Italia y las Galias tuvieron por maestros a sus sacerdotes. Instrucción de ese género, tan de acuerdo con el carácter de los pueblos primitivos aseguraba, a las nociones científicas un depósito en las clases consagradas al sacerdocio. Aunque la enseñanza sacerdotal contribuyó a mantener funestas preocupaciones, y no pocas veces fue el apoyo del despotismo, no hay duda que tuvo el mérito indisputable de ser el elemento contrapuesto al retroceso de la inteligencia. Instruir ha sido siempre civilizar.

Esparta y Roma, pueblos profundamente dotados con las virtudes guerreras, proporcionaron la enseñanza en común, y ora en las riberas del Eurotas, ora en las márgenes del Tíber, se recomendaba a los jóvenes, como el mejor aprendizaje, el temor de los Dioses, el amor de la Patria y de la Libertad, el odio a los enemigos, el desprecio de los esclavos, la obediencia a las leyes, la sumisión a los padres y el respeto a los ancianos. Como puede juzgarse, tal linaje de instrucción nos patentiza ese conjunto asombroso de grandes virtudes y de grandes vicios, que constituyó la trama de la vida de los pueblos guerreros —Esparta y Roma— tan notables en los fastos de la Historia.

Desde que Roma llegó a obtener importantes adelantamientos, y en la época que procedió a la expulsión de los reyes, esa poderosa acción tuvo sus Escuelas en donde se enseñaban los primeros rudimentos de las ciencias. En esta época notamos un gran paso en la educación de los pueblos.

Cuando las costumbres de la antigüedad se adulteraron por la influencia de mil enormes vicios, operándose la tristísima transición de la libertad a la servidumbre, entonces la educación de los pueblos, como era natural, cayó en absoluto descuido; y las Escuelas de Atenas, Antioquía y Alejandría, no fueron bastantes a disipar las densas nubes de la ignorancia y de los vicios que oscurecieron la conciencia de los antiguos pueblos.

Toda la civilización antigua fue conmovida, hasta en sus cimientos, por la irrupción de los bárbaros del Norte. Transformadas las sociedades por la influencia y resultados de ese cataclismo social, era necesario que las tribus bárbaras encontrasen una fuerza benéfica que moderase sus ímpetus desorganizadores, y que, modificando sus instintos, las hiciese hábiles para servir a los fines providenciales de la cultura de las naciones.

El cristianismo, que había derramado ya la fecunda savia de su doctrina sublime en el Imperio de los Césares, fue ciertamente el poder moral que se encargó de la educación de los bárbaros. El cristianismo, ingerido en el elemento bárbaro, impidió la completa ruina de la civilización antigua, y echó las sólidas bases de las nacionalidades modernas, que han vivido y se han desarrollado amparadas por el égida de la doctrina del Cristo, y por las inspiraciones de la libertad individual que brotó fecunda de las selvas de la Germania.

Llegan los siglos medios, y el cristianismo abre sus Universidades en donde se enseñaban la teología, la metafísica, la gramática y la ciencia de las leyes civiles y canónicas. La instrucción de la Edad Media, inspirada por el cristianismo de la Iglesia oficial, adoleció de graves y profundos defectos, hijos del espíritu de esa época. En tales tiempos, la instrucción permaneció cautiva y estacionaria en las Universidades: tuvo un carácter clásico que la alejaba del cumplimiento de uno de los más nobles y trascendentales fines de la enseñanza: la educación popular.

Insistimos: en la época que venimos reseñando, las naciones cristianas no conocieron propiamente la educación de los pueblos. Nadie recibía instrucción privada, fuera de las familias de los barones. En los colegios, la instrucción tenía por objeto cultivar el espíritu, casi siempre de una manera abstracta. En el hogar, la educación, por lo común, se reducía a la práctica de ejercicios, ya piadosos, ya corporales. En fin, los estudiantes aprendían a leer, a escribir y a argumentar, y las personas de distinción aprendían a montar a caballo y a batirse. Nula fue para los pueblos la enseñanza secundaria, ramo importantísimo que hoy proporciona los mayores beneficios de la instrucción pública.

Con el Renacimiento de las letras, con la Reforma y los efectos de la invención de la imprenta, vino a realizarse, un cambio feliz en materia de instrucción pública. Desde entonces, la Filosofía de Aristóteles y la enseñanza servil y escolástica empezaron a caer en descrédito: sobre sus ruinas se elevaron nuevas cátedras que, dando lugar al libre examen, proporcionaron el aprendizaje de muy diversas facultades, hábiles para satisfacer las exigencias naturales de las múltiples aptitudes del hombre.

Tan singular movimiento en la vida moral de las sociedades, constituyó la verdadera restauración del espíritu humano, largo tiempo entrabado por el estrecho sistema de la autoridad eclesiástica.

De entonces acá, y a medida que las instituciones republicanas han ganado terreno, la instrucción pública ha venido en desarrollo altamente progresivo, tomando un carácter cada vez más práctico, y encaminándose a satisfacer las necesidades sociales, políticas, económicas y literarias de los individuos y los pueblos.

Por las ligeras observaciones apuntadas, es fácil comprender que la instrucción pública, en todas las épocas históricas, no ha sido ni debido ser otra cosa que un elemento eminentemente social caracterizado según los siglos, la religión y costumbres de los pueblos, y las formas de gobierno de los diversos países.

Nosotros que vivimos en un siglo investigador por excelencia y profundamente apegado a todo género de adelantos; que nuestro mayor conato debe ser el de mejorar nuestras costumbres bajo la suave influencia de las luces; y que por fin, nos ha cabido en suerte el planteamiento del sistema republicano, estamos en el caso de abogar por la instrucción pública en Guatemala, ocupándonos, desde ahora, de tan importante ramo, en el sentido práctico y liberal que se ve aceptado con aplauso en muchas naciones de Europa y de América, que tienen a honra exhibir los títulos de la instrucción pública como los más bellos timbres de su progreso y cultura.

Creemos haber demostrado la necesidad imprescindible de dar a la instrucción primaria un carácter legalmente obligatorio. Mas esto no basta: se requiere también que la instrucción tenga un carácter gratuito. José Victorino Lastarria ha consignado un principio cuya importancia debe ser indiscutible, más que para todos, para los países latinoamericanos: la primera necesidad social de un pueblo es la instrucción primaria.

En presencia del principio asentado, surge la idea de cómo ha de satisfacerse la primera necesidad social de la instrucción. ¿Se satisfará merced a la actividad, esfuerzos y recursos propios de la sociedad? ¿Se satisfará mediante la acción del Gobierno que proporcione los medios de llevar a cabo el planteamiento y difusión de la enseñanza primaria?

En el terreno de los principios, el fin de la instrucción, el fin científico debe tener su esfera propia: no debe ser un asunto de Gobierno sino un negociado exclusivo de la sociedad, al que sólo deben garantizarse por el Estado las condiciones de su independencia y progreso, las condiciones puramente jurídicas.

Pero tal solución sólo cumple aplicarla a los países que por su avanzado desarrollo moral y material tienen la copia suficiente de inteligencia, de interés cívico y de recursos pecuniarios, para dar vida propia y creciente adelanto al fin científico de la sociedad.

En tesis general puede asegurarse que los países hispanoamericanos están lejos de realizar el organismo propio de la instrucción, lo que en el presente puede considerarse como un ideal, pero ideal que en lo futuro, no lo dudamos, será una venturosa realidad para los pueblos. El publicista Lastarria, refiriéndose a la educación, se expresa en los términos siguientes, que vienen a confirmar nuestras ideas:

"Fue un tiempo en que ella (la educación) era administrada por los ministros de la religión, sus únicos depositarios. Más tarde la Iglesia compartió con el Estado su tarea. ¿Y no habéis visto sublevarse en Francia la gran cuestión de la libertad en la enseñanza? ¿Qué otra cosa era esa cuestión, sino la reclamación formal que la sociedad hacía de esa idea fundamental para darle una existencia en la esfera que le pertenecía, y emanciparla de las leyes a que el Estado y la Iglesia antes la sometían? Mirad cómo se ha operado eso mismo en los Estados Unidos del Norte. Allí la educación es ya un negocio de la sociedad y no del Estado ni de la Iglesia: la educación tiene su esfera que le es propia, y en ella se mantiene, se dirige y se desarrolla.

El Estado no hace más que facilitar, como facilita a las demás ideas fundamentales, las condiciones de su desarrollo.

Más tarde sucederá lo mismo entre nosotros: hoy la educación es un negocio del Estado y casi no puede existir sin la ayuda poderosa de éste. Más tarde se constituirá en su esfera propia, y entonces deberá su vida y desarrollo a la actividad social, y no a la acción del Estado, la cual quedará limitada a facilitarle las condiciones necesarias a su independencia y progreso: entonces vendrá la organización y las condiciones especiales para su sostén.

Acaba de aparecer el primer síntoma de esta nueva era en Chile, desde que las sociedades espontáneamente se han puesto al servicio de esta idea fundamental, organizando, para promoverla, reuniones populares con el nombre de Sociedades de instrucción primaria. Síntoma benéfico que el Estado no debe combatir, sino ayudar en todo sentido, pero sin desnaturalizarlo y sin tomar otra parte que la muy necesaria para impulsarlo y llevarlo hasta sus últimos resultados, sin quitarle su carácter popular".

Si en la muy sensata y desarrollada República de Chile, a pesar del partícipe activo que toma la Nación creando Sociedades de instrucción primaria, ésta aún continúa siendo un negocio que mantiene y dirige el Estado; ¿qué diremos de nosotros, qué diremos de Guatemala que más bien que un cuerpo vivo, parece un cadáver que sólo obedece a la influencia del galvanismo?

Diremos que aquí, más que en ninguna otra parte, es indispensable que el Gobierno tome por su cuenta la instrucción primaria, le dé organización y la dote con amplitud para que sea absolutamente gratuita, requiriéndose este esencial carácter no sólo por el deber que el Estado tiene de contribuir a la formación de ciudadanos —dadas nuestras circunstancias— sino también porque ese deber viene a ser absoluto para el Gobierno, si se atiende a que gran parte de los pueblos carece de los medios de proporcionar por su cuenta la instrucción primaria a sus hijos, y que otra parte de aquéllos, aun poseyendo recursos, necesita ser estimulada para que la instrucción se obtenga, presentándola ésta, no sólo como obligatoria sino también como gratuita. ¿Deberá la instrucción primaria que proporciona el Estado tener el atributo de religiosa, o ser completamente seglar? He aquí una grave y trascendental cuestión que separa a la escuela genuinamente liberal de la escuela conservadora, doctrinaria.

Pensemos con la fe más íntima, que el Estado es una institución en un todo seglar; que lo temporal, en orden al mantenimiento y práctica del derecho, es su dominio exclusivo; que lo espiritual le es completamente extraño, aunque este elemento debe ser siempre digno de consideración y respeto. Bajo la influencia de tales convicciones, creemos que el Estado que proporciona instrucción religiosa, no sólo sale de la órbita civil que le está demarcada por la naturaleza del fin social que representa, sino que también causa con ese procedimiento consecuencias muy adversas al orden moral, político y aun doméstico.

Por compacta que supongamos una sociedad en creencias religiosas, en los tiempos que alcanzamos no puede menos que suponerse la existencia de disentimientos más o menos esenciales en materia religiosa.

Si el Estado a la instrucción civil agrega la educación religiosa, ésta por precisión debe tener algún sistema. ¿Y con qué derecho el Estado puede imponer su credo religioso a los maestros que se encarguen de la enseñanza? Y dado el caso de que éstos renunciando al ejercicio de su libertad de conciencia, aceptasen el credo religioso del Estado, ¿con qué derecho, en calidad de maestros, podrían imponerlo por la enseñanza a sus discípulos, cuando los muchos alumnos de una escuela, ya por la nacionalidad a que pertenecen, ya por las diversas ideas y sentimientos que les inspiran las familias de que dependen, estarán dispuestos, ora sólo a recibir la educación religiosa en el sentido católico, ora en el sentido protestante, ora en el sentido librepensador, sentidos que encierran en su seno variedad indefinida de creencias, cuyos matices implican variedad indefinida de sectas?

Preciso es concluir que el Estado que no se limita a la instrucción civil tiene que violentar la conciencia de los maestros haciéndolos enseñar tal vez lo que no creen, convirtiéndolos de esta suerte en hipócritas, en fariseos: tiene también que acatar el respetable derecho de las familias, imponiendo a sus hijos una educación religiosa que a las veces repugnan, rechazan la fe y sentimientos de aquéllas. En consecuencia, la instrucción que del Estado dependa, sólo debe mirar al hombre como ser moral y civil, sin penetrar en el sagrado de la conciencia religiosa, pues que ésta, en obsequio de la misma religión y de la libertad, sólo debe formarse, sólo debe inspirarse bajo los auspicios del sacerdocio y del hogar doméstico

Aun los doctrinarios coinciden en parte, aunque de una manera contradictoria, con nuestro modo de pensar. M. Guizot ha dicho: "El Estado no tiene obligación de enseñar o hacer que se enseñe en su nombre la religión. Pero incompetencia no es indiferencia; si no le incumbe la religión, tampoco debe desconocer su valor moral, su importancia social: antes, al contrario, por deber lo ha de tener en cuenta, y dar campo a la religión proclamando su libertad.

No es de su incumbencia enseñar la religión, pero deber suyo es llamar a los ministros de la religión, a los depositarios de las creencias religiosas, sacerdotes, pastores o padres, para que la enseñen, no sólo en sus propias escuelas si no en las aulas públicas, fundadas y sostenidas por el Estado".

Basta leer estos párrafos de jerigonza doctrinaria, para comprender a primera vista el tejido de contradicciones y de absurdos que contienen, por cierto muy indigno del alto y reconocido talento de su autor. ¿Qué quiere decir que el Estado no tiene obligación ni derecho de enseñar y hacer que se enseñe en su nombre la religión, aseverándose en seguida que tiene el deber de llamar a los ministros de la religión para que la enseñen en las aulas fundadas y sostenidas por el Estado?

Lo que quiere decir es que M. Guizot se contradice de un modo lastimoso, sosteniendo que el Estado tiene y no tiene el deber de dar la instrucción religiosa. ¡En este sentido es como resuelve la escuela doctrinaria los problemas políticos y sociales!

Por nuestra parte, convendremos de buen grado con el autor de la Civilización Europea en que es un deber del Estado dar campo a la religión proclamando su libertad; pero según nuestro criterio, ese campo y esa libertad sólo se obtendrán por la no intervención del Estado en la instrucción religiosa.

Hemos explicado los principios generales que deben presidir a la organización de la instrucción primaria, para que ésta se obtenga en las mejores condiciones de eficacia, de amplitud y de verdadera libertad. Empero, por más que se evidencie la bondad de ciertos principios, no se consigue verlos cumplidos en la realidad de los hechos, si no se apuntan y llevan a cabo los medios prácticos que hacen factibles y aun necesaria la aplicación de aquéllos.

Por poca meditación que se emplee al considerar el estado que guarda entre nosotros la instrucción primaria, salta a la vista que para lograr su acertado establecimiento y su difusión completa, es indispensable satisfacer tres grandes, palmarias necesidades: necesidad de buenos maestros; necesidad de nuevo sistema y nuevos textos; necesidad de recursos competentes para atender cumplidamente al mantenimiento y progreso de la instrucción.

La necesidad de buenos maestros sólo puede satisfacerse, por de pronto, siquiera con el establecimiento de una Escuela Normal, en la capital de la República. Inoficioso sería discurrir extensamente sobre la importancia y ventajas de un Instituto de este género: la más ligera consideración acerca de lo que entre nosotros pasa, basta para patentizárnosla de un modo satisfactorio.

El arte de enseñar es una ciencia aparte, tan aparte, que un individuo puede ser un sabio, y sin embargo, ser un inepto, un incapaz para transmitir sus conocimientos por medio de la enseñanza. Si esto puede ser así, aun tratándose de individuos familiarizados con el estudio y la ciencia, ¿qué opinión formaremos de la generalidad de los maestros de nuestras escuelas, quienes, por lo común, para ocupar una plaza en el magisterio, no exhiben más título de competencia que la solicitud para ser preceptores, pretensión motivada, en innumerables casos, no por la vocación, sino por el apremio de la necesidad?

Decimos la verdad: nos expresamos con entera franqueza, y en nombre de ésta manifestamos el vivo deseo de que se ponga término a situación tan adversa a la dignidad del magisterio, y a los intereses y fines legítimos de la instrucción de los pueblos. Entre nosotros cualquiera puede ser maestro, aunque no tenga reconocidas las condiciones de organización física, de carácter moral, de vocación y de competencia, cuyo conjunto da la verdadera y provechosa aptitud para ser maestro. Pues bien; el establecimiento de una Escuela Normal que enseña el fecundo arte de enseñar, al verificarlo de una manera concienzuda, depura, como en un crisol, las condiciones físicas, morales e intelectuales que deben reunir las personas que de la Escuela Normal salen a difundir en las ciudades, en los pueblos, en las villas y las aldeas, la luz bienhechora de la instrucción que ilustra, que moraliza y ennoblece al hombre.

Muy laudable es, a la verdad, la acción que ha desplegado el Gobierno estableciendo numerosas escuelas, y aumentando las dotaciones de los preceptores que las desempeñan. Mas como éstos, sin culpa, sin responsabilidad propia, no pueden, por lo común, corresponder a los fines de una enseñanza bien inspirada y difundida con provecho, aún queda en pie la dificultad que a nuestro juicio sólo podrá resolverse con la pronta creación de una Escuela Normal de donde puedan salir maestros de reconocida competencia. Un esfuerzo más estableciendo el Instituto a que nos referimos, y quedará satisfecha una de las necesidades más imperiosas de la instrucción primaria.

Nuestros asertos sobre la importancia y excelencias de la Escuela Normal son deducidos de los principios que profesan todos los hombres de buen criterio que han tratado de la materia que nos ocupa: son deducidos también de las instituciones y prácticas de las naciones civilizadas de Europa y América, en donde hoy día no se comprende cómo puede alcanzarse la instrucción pública sin haber verificado el trabajo previo de formar Escuelas Normales consagradas a ese grande y beneficioso objeto.

Un sabio hondureño, don José Cecilio del Valle, eterna honra, eterna gloria de Centro América, ya en el primer tercio de este siglo reconoció las verdades que venimos recomendando con encarecimiento.

El sabio Valle decía en 1829: "Si hay ciencias y artes para hacer aritméticos, geómetras, etcétera, ¿no habrá para hacer maestros, profesores o institutores? Y si se han abierto clases para enseñar las ciencias y artes, ¿no deberán establecerse para enseñar la que da impulso y hacer progresar a todas las demás?".

Este raciocinio obvio y sencillo había escapado a los siglos. La Francia, que tiene tantas glorias, ha tenido la de concebirlo, perfeccionarlo y plantearlo. Que se establezcan, dijo, el año de 1795, Escuelas Normales, y en ellas no se enseñe la ciencia sino el arte de enseñar; que los sabios más eminentes, Lagrange, Laplace, Monge, Daubenton, Haüy, etcétera, sean los que ofrezcan en la República un sistema de enseñanza que por los principios que lo caracterizan, y por la uniformidad lógica de su aplicación, satisfaga a los verdaderos fines de una educación primaria, prácticamente provechosa. La conciencia del magisterio no está formada todavía: no se conoce con exactitud, entre nosotros, cuánto encierra la misión del maestro de escuela en orden al desarrollo moral y social de los individuos y los pueblos; misión que ha de cumplirse en todos los ámbitos del país cuando se reconozca, uniformemente por los encargados de la enseñanza, cierta suma de principios morales y sociales que imprime, por decirlo así, un carácter fijo y reconocido en la educación, constituyendo el fondo de su verdadero sistema.

Por falta de sistema, la escasa instrucción primaria que se ha podido obtener en la República ha sido casi de ninguna consecuencia en la vida práctica de la sociedad. En las escuelas se ha descuidado formar el corazón, formar el carácter de los jóvenes, a quienes por lo mismo no se ha preparado convenientemente para que entren en los espaciosos campos de la vida práctica con el conocimiento necesario de sus relaciones morales, sociales, políticas e industriales, y consiguientemente, con la idea salvadora de los deberes y derechos que entrañan las naturales relaciones de que acabamos de hacer mérito. En las escuelas se ha creído que con enseñar, de un modo más o menos mecánico, los rudimentos de la lectura, de la escritura y del cálculo, ya está hecho todo; cuando en realidad nada se ha hecho, si se atiende a lo que debe ser la educación primaria, la más importante de todas, para que sea fecunda en beneficiosos resultados, de permanente y decisiva influencia en la suerte de los hombres.

El maestro de escuela ha de formar su conciencia de preceptor abrigando y fortificando más y más el íntimo convencimiento de que la instrucción que debe suministrar ha de ser sistematizada por principios morales y sociales, y en consonancia con éstos, por trabajos concretos, prácticos, encaminados a procurar y obtener la perfección del individuo, considerando las múltiples y diversas relaciones en que ha de verse en el curso de su vida. Por rudimentaria que quiera suponerse la educación primaria, el maestro debe aprovecharse de las primeras impresiones del niño para fijar su inteligencia, siquiera sea muy elementalmente, pero siempre de una manera muy correcta y práctica, en los fines que tiene que cumplir como ser moral, como miembro de una familia, como individuo de una asociación política, como parte, en fin, del gran todo que constituye la humanidad. Así, y sólo así, la gran mayoría de los individuos, que por lo común no recibe otra enseñanza que la de la escuela primaria, saldrá dispuesta para reconocer en todo caso su dignidad personal, saldrá dispuesta para cumplir, bajo la inspiración de una conciencia recta, sus deberes morales, sociales, políticos y domésticos, y ejercen consiguientemente sus respectivos derechos.

Tal es el sistema eminentemente social, eminentemente moral que nosotros deseáramos ver presidiendo a la educación primaria. No dar a ésta una índole, una marcada tendencia social, es trabajar inútilmente en aislar, desde temprano, al individuo, del conocimiento de las relaciones necesarias que le corresponden en la vida, y si se quiere, incapacitarlo, desde el principio, no dándole habilidad para que sepa corresponder a esas mismas relaciones que implican el deber y el derecho, términos fundamentales en los que viene a resolverse la existencia moral del hombre y de la sociedad.

Varios publicistas sudamericanos se han ocupado ya del nuevo giro que debe tener la instrucción primaria en el sentido que queda expuesto; y a la difusión de sus ideas, y a los trabajos más o menos perseverantes de pueblos y gobiernos, se debe la regeneración social que hoy se nota con general aplauso, particularmente en Colombia, Chile y Confederación Argentina. En estos países el espíritu de la colonia está casi para exhalar su último aliento, y es porque la educación ha tomado un carácter social, acorde con las modernas ideas, con las modernas instituciones.

A propósito del cambio que debe aparecer en la materia que nos ocupa, el publicista Lastarria emitió los siguientes juicios, cuya relación con nuestro escrito nos hace reproducirlos:

"La instrucción primaria no es completa, no es social, si no comprende la educación moral del individuo, aunque no sea más que en sus elementos, habilitándole para adquirirla mejor y en mayor escala en el mundo, para dirigir a los suyos en el camino de la vida. De esto depende casi el porvenir del hombre y de la sociedad, porque, como decía aquella alma del Purgatorio al Dante, es preciso confesar que la mala dirección ha perdido al mundo, y no la corrupción de nuestras costumbres.

No basta saber leer y escribir. En Prusia todo el mundo sabe, y lo que es más admirable, en el Paraguay también; y sin embargo, ya veis cuán lejos están esos pueblos de la verdad y de, la justicia. ¡Tan cierto es que la sociedad puede ser ignorante y esclava del despotismo, aunque sepa leer y escribir!".

Consecuencia lógica de lo que dejamos establecido refiriéndonos al sistema moral y social que, a nuestro juicio, debe introducirse en la enseñanza es el cambio radical de los libros de texto que los maestros ponen en manos de la juventud, cuya lectura, cuyo conocimiento, sirven, por decirlo así, de punto de partida en cualquier género de instrucción que se trate de obtener.

Los libros de texto, y más los puramente elementales, por lo mismo que contribuyen de una manera principal y eficaz a formar las primeras ideas del hombre, son los que deben estar en mayor armonía con los principios y tendencias morales y sociales que constituyen el sistema fundamental de la enseñanza.

En la sucesión indefinida de los tiempos, cada época tiene su pensamiento científico, su pensamiento religioso, su pensamiento moral y social, y esas ideas trascendentales que dan la razón de ser a los períodos históricos y a las leyes que determinan el curso de la humanidad, vienen a manifestarse, más o menos tarde, en la educación de los pueblos que en la práctica refleja la conciencia de cada época.

Cuando las diversas actividades sociales, como por desgracia sucede entre nosotros, aún no tienen el desarrollo suficiente para estar emancipadas del Estado, entonces aparece la necesidad ineludible de que el mismo Estado, entre sus fines, tenga una misión educadora: pero misión que si se comprende y se cumple, ha de comprenderse y cumplirse, no haciendo retroceder las sociedades del pasado, para reducirlas a la inmovilidad y al atraso, sino haciéndolas avanzar, inspirándolas en las ideas de la época, y dándoles los móviles, los impulsos que las conduzcan progresivamente a un mejor porvenir.

Admitidas las ideas expuestas, y ya que hemos reconocido que, por las especiales circunstancias de Guatemala, el Estado debe encargarse de la instrucción pública, también debemos reconocer el perfecto derecho que asiste al Gobierno para regular las escuelas que paga y, en consecuencia, hacer que se cambien los textos adoptados hasta ahora para la instrucción de la juventud.

La innovación que apuntamos no es una innovación baladí, señalada por caprichoso influjo de innovar. El cambio radical de textos, en la primera, como en la segunda y tercera enseñanza, es una necesidad política, una necesidad social, diríamos que es una exigencia de la ciencia y del siglo. No debemos olvidar que vivimos en la época moderna y en un país destinado a organizarse republicanamente y que tales condiciones reclaman fundar la ciencia en el libre examen que todo lo analiza, los sistemas de gobierno en el derecho, la religión y la moral en las ideas fundamentales de la conciencia y de Dios, y la vida práctica en el trabajo perseverante del hombre, encaminado a perfeccionar sus facultades, a vencer las resistencias que le opone la naturaleza, para dominarla, y hacerla servir, con sus fuerzas, con sus producciones, en beneficio de cada individuo y de la gran comunidad social que constituye la nación.

Mas las ideas que a la juventud inspira la mayor parte de los escasos e inadecuados textos adoptados entre nosotros, desde fecha remota, no satisfacen los legítimos fines que hemos indicado como únicos dignos de una educación verdaderamente moral, genuinamente republicana.

Aparte de las dificultades que ofrecen los viejos textos, por hacer la enseñanza embarazosa, embrollada y tardía, resalta en casi todos ellos, según su índole particular, ya el espíritu de superstición, en vez del espíritu moral; ya el principio de autoridad, en vez del principio de derecho y de libertad; ya el criterio teórico, contemplativo, para juzgar la vida, en vez del criterio práctico, de acción que hace de lo existente no una teoría, sino un hecho constante en relaciones activas con la sociedad, con el universo entero. Y no podía ser de otra suerte. La mayoría de los viejos textos prohijados por los países jóvenes de América, nos fue importada de la metrópoli, de España, nación autoritaria que en todo ha dejado reflejado el espíritu del fanatismo, del privilegio y de las restricciones.

Hora es de reaccionar activamente contra las viejas ideas y los innumerables vicios del pasado; como la educación bien inspirada es el principal elemento de que puede servirse el Estado para sacar la sociedad de la indolencia y del atraso y encaminarla a prósperos destinos, pensamos que el Estado daría un gran paso haciendo que por una cuerda designación se cambien los textos de enseñanza, de un modo radical, desde la simple cartilla de lectura y el catecismo de las escuelas de primeras letras, hasta los textos de las asignaturas más científicas de la República. Otros países, otros gobiernos, en mucha parte, han llevado a cabo tan hermoso y noble objeto. Los nombres ilustres de Sarmiento, de Lastarria y de Bello están indisolublemente unidos al nombre de la empresa regeneradora que tiende, en América, a obtener la educación republicana, innovando para este fin los textos de enseñanza.

(1874).

DISCURSO EN LA APERTURA DE LA UNIVERSIDAD CENTRAL DE HONDURAS

(Pronunciado el 26 de febrero de 1882).

Señores:

Práctica tan piadosa como significativa fue la de nuestros mayores que, al sentarse a la mesa de familia, rendían gracias al Hacedor de las doradas mieses que, convertidas en pan, le daban sustento para su cuerpo, animación para sus fuerzas, y alegría para su alma. A ejemplo de nuestros mayores, en este día feliz, en que, con la enseñanza que inauguramos se ofrece el sustento de nuestro espíritu, séame dado rendir las más sinceras gracias a los ciudadanos beneméritos que, por vez. primera, y al calor de su patriotismo, hicieron germinar en nuestro suelo la simiente de la ciencia; al doctor José Trinidad Reyes, que patrocinó la creación de este establecimiento de enseñanza; al doctor Máximo Soto, que concibió y formó el primer estatuto de esta Universidad, que fue en su origen una academia privada; y al doctor Juan Lindo, que la elevó a la categoría de instituto público, habilitado legalmente para el aprendizaje profesional.

Unan sus sentimientos a los míos, y demos gracias a aquellos ilustres varones que no han dejado, no, en nuestra tierra, regueros de sangre; que antes bien, con su saber y con sus obras, han dejado regueros luminosos que se han percibido, como iris de esperanza, aun en medio de las asoladoras tempestades de aciagas épocas de desgobierno y de barbarie; y que hoy, que la dulce paz y la hermosa libertad imperan, expanden sus suaves resplandores, y nos hacen ver claros y dilatados horizontes, y nos hacen ver, sereno y diáfano, el puro cielo de la patria.

Manifestada mi gratitud por los hombres que hicieron la primera luz en Honduras, cuando todavía poblaban nuestra tierra las sombras de la noche secular de la colonia, cumplido ya ese voto acariciado de mi alma, me toca hablar del pensamiento que preside al nuevo plan de estudios, de sus peculiares y más importantes caracteres, y de sus trascendencias sociales y políticas. Al hacerlo, me embarga justa y abrumadora desconfianza: pues si en este mismo recinto he podido, otras veces, hablarles de la patria y de las bellas letras, para ello sólo me ha bastado pedir inspiraciones a mi corazón, que habla muy alto; pero ahora tengo que discurrir sobre las ciencias y pedir ideas a mi inteligencia que, si puedo expresarme así, habla muy quedo. Para que su voz se haga oír sobre un tema, de suyo árido y difícil, favorézcanme con toda su benevolencia, hoy más que nunca necesaria para quien no ha de atraerlos con el sentimiento que seduce, para quien, con la frialdad de la reflexión, va a hablarles en nombre de los principios y de los intereses de la ciencia.

Importa, ante todo, que determine, imitando a los geógrafos, a qué altura estamos en la esfera de las ciencias. La vasta reglamentación del Código de Instrucción Pública que hoy empieza a regir, ¿marca para nosotros un alto grado de progreso? Todo lo contrario. Aunque parezca un aserto paradójico, debo asegurar que marca nuestro atraso. Los gobiernos que gobiernan menos, en materia de instrucción pública, son los que corresponden o deben corresponder a las raciones más cultas, en que la ciencia es un negociado de la sociedad que sólo requiere jurídicas garantías; en que la ciencia tiene un organismo propio, en que, como la religión, como la industria, como el comercio, es una actividad social llena de vida y de poder. Y siguiendo estas ideas, entre nosotros se presenta, como en todas partes, con respecto a la ciencia, este dilema de términos indefectibles: o la iniciativa de la sociedad, o la iniciativa del Estado. Nuestra sociedad conserva, como legado, aunque legado funesto, el huraño retraimiento de los tiempos coloniales: nuestra sociedad, después de las luchas enervantes que ha traído consigo una política de parcialidades y de enconados odios, casi ha segado las puras fuentes del sentimiento y de las aspiraciones legítimas; nuestra sociedad aún permanece en ese estado de estupor que sucede a las grandes crisis; nuestra sociedad vive casi inactiva, y, tratándose de grandes intereses comunes, o es egoísta o cuando menos indiferente. ¿Qué hacer, pues, en tal situación de cosas? ¿Esperaremos que la acción lenta del tiempo o de imprevistos y extraordinarios acontecimientos vigorice nuestra sociedad, le infunda nueva vida, y la haga tomar por su cuenta el capital negociado de la instrucción pública? Nada de esto. Tal solución nos expondría a consumirnos en el quietismo de una vida asiática; y digo mal, no sería éste nuestro mayor peligro, pues nuestros pueblos están tocados de la cruel enfermedad de la anarquía: nuestro mayor peligro sería el de aniquilarnos, como algunas veces ha estado a punto de suceder, entre las horribles convulsiones que producen los violentos choques de desatentadas e irreconciliables pasiones. En el Asia, la ignorancia de los pueblos es la quietud que petrifica; en América, es la anarquía que destroza. De mí sé decir, que prefiero ver momias, a ver osamentas dispersas blanqueando las plazas y los caminos públicos. Es apremiante, pues, el dilema que dejo apuntado. Si uno de esos términos no es posible porque nuestra sociedad es inactiva, debemos aceptar el otro con fe y resolución; debemos aceptar la plena iniciativa del Estado.

Esta solución no cuadra con el ideal de la ciencia, pero cuadra con las exigencias de lo practicable, y prepara la realización del ideal. He aquí por qué el nuevo Código de Instrucción Pública reglamenta extensamente, desde los estudios primarios, hasta los estudios profesionales, los rodea de garantías administrativas, de una intervención oficial constante y eficaz, y establece estímulos y apremios de carácter gubernativo. El Código está calcado sobre este hecho de observación: la sociedad no hace nada; el Estado debe hacerlo todo. Esto no es lo mejor, pero es lo hacedero y es preferible al vacío, porque el vacío, en materia de educación, es la muerte de los pueblos, como en lo físico es la extinción de la vida orgánica. Mas el Código, al amoldarse a las circunstancias, no olvida los principios que satisfacen al porvenir de la ciencia, y declara, en sus preliminares, que "el Gobierno tiene como principio descentralizar gradualmente la instrucción pública, y crearle la mayor suma de elementos de existencia y sólido progreso, con el objeto de que el fin científico de la sociedad se realice por medios propios, y, en lo futuro, la ciencia esté tan sólo bajo la garantía jurídica del Estado, y en ningún caso, bajo su dependencia".

Todo plan de estudios, o es nada, o debe tener un sistema. El nuevo Código establece para la enseñanza, lisa y llanamente, el sistema positivo. Esto implica para nosotros una revolución radical en las ideas, pero revolución necesaria y fecunda. De su éxito depende, nada menos, que el porvenir de la República. No creo aventurar frases vacías de sentido. Para comprobar mis asertos voy a hacer un breve pero suficiente análisis de los tres grandes sistemas que, respecto a la enseñanza, han dividido las opiniones del mundo sabio.

Los hombres, después de haber pasado por las varias evoluciones que exigió la formación de la familia, de la tribu y de la ciudad, constituyeron naciones organizadas y regidas por grandes teocracias. Así debió ser, y esto fue un notable progreso: la idea de lo sobrenatural reemplazó al instinto de la fuerza bruta; del despotismo de la materia que no se discute, hubo que pasar al despotismo del dogma, también indiscutible.

Pero el dogma implica una creencia, y la materia sólo revela una fuerza; el dogma tiene un sentido moral, y las creencias que engendró constituyeron, desde la más remota antigüedad, un sistema de enseñanza; sistema conque las castas sacerdotales, rodeadas de privilegios, de misterios y de prestigios, que oso llamar sobrenaturales, han dominado al mundo en los antiguos tiempos, y en mucha parte, en los tiempos modernos.

Ahora bien: ¿es justificable y provechoso para la enseñanza el sistema teológico constituido por la casta sacerdotal y calcado sobre ideas extranaturales? Para su época fue provechoso y justificable, como justificable es la esclavitud comparado con el derecho de dar muerte al vencido; como justificable es el feudalismo comparado con la esclavitud; como justificables son las monarquías absolutas comparado con el feudalismo; como justificables son las monarquías constitucionales comparadas con el absolutismo de Luis XIV o de Felipe II. Pero en nuestra época, después del Renacimiento, de la invención de la imprenta, del hallazgo del Nuevo Mundo, de la Reforma religiosa, de la Filosofía del siglo XVIII, de la Revolución francesa, del planteamiento de la república en América; ¿tiene alguna razón de ser, y alguna utilidad práctica el sistema teológico en la enseñanza? Ninguna razón, ninguna utilidad. Razón de ser tuvo el absolutismo del papado cuando se encarnó en su más genuino representante, Gregorio VII; pero no tiene razón de ser el Syllabus de Pío IX, contrapuesto a los arraigados progresos de la ciencia moderna y del moderno derecho. Si nuestra época es de libre examen, si la libre investigación ha penetrado, por decirlo así, hasta en la médula de nuestros huesos, si las ciencias exactas y naturales, la industria y el comercio forman hoy poderosos organismos con vida propia, y antes casi atrofiados por la acción de la teocracia o del Estado, prueba todo esto que la situación social de los pueblos ha cambiado radicalmente.

La situación social es completamente nueva, y entraña nuevas ideas, nuevas creencias, nuevas necesidades, nuevas costumbres, nuevas aspiraciones. ¿Podrán satisfacerlas dando a la juventud una enseñanza teológica? Formen, si pueden, jóvenes eruditos que diserten en lengua latina, sobre si todo está en Dios, como pensaba Spinoza, o todo viene de Dios, como pensaba San Pablo; sobre las

70

virtudes de la gracia; sobre cuáles son las verdaderas y cuáles las falsas decretales. Fórmenlos de esta suerte, y yo les aseguro que aun en nuestro mismo país, sus eruditos en teología y en cánones serán en sí una esterilidad, y una carga pesada para sus familias, y, lo que es peor, una perturbación para el Estado. En la Edad Media podrían haber vivido, y aun ser provechosos, en buena hora; pero en nuestros tiempos de libertad, de industria y de comercio, son como plantas exóticas que tienen que morir por falta de aire respirable, y si en breve no mueren, tienen que vivir merced a la cuestión social, o merced al uso execrable del trabuco del padre Santa Cruz. No; nadie, absolutamente nadie, ha podido ni podrá torcer las corrientes de las ideas progresivas que dominan en una época; y las ideas de la nuestra han condenado irremisiblemente la enseñanza teológica. Y cuenta con que no merece nuestro desprecio: yo juzgo que fue útil y grande en su tiempo; juzgo, además, que debe estudiarse ese sistema, pero como punto histórico, a la manera que el naturalista estudia los fósiles para reconstruir animales, organismos cuyas especies se han perdido para siempre.

Aunque la razón humana suspenda a veces su vuelo, como para tomar descanso, empero, no descansa; no hace más que reconcentrar laboriosamente su actividad para cobrar nuevas fuerzas, y despliega sus alas para remontarse a inexploradas y más luminosas regiones. Llegó un día en que el dogma y el misterio no lograron satisfacer al entendimiento, en que éste de la región sobrenatural partió a la región natural. La ciencia, desde entonces empezó a perder su carácter divino; comenzó a tener un sentido humano; la revelación dejó de ser la única clave de las verdades científicas, y vino a reemplazarla, en mucha parte, la disquisición metafísica sobre los primeros principios del Universo, sobre los atributos fundamentales de los seres, sobre la esencia de las cosas. A la misteriosa teología sucedió, por una progresión lógica, una abstracta ideología. ¡Qué paso tan gigantesco en la marcha de las ciencias!

Del infinito desconocido se pasó a lo finito para buscar sus primeras causas, y penetrar en la esencia de los fenómenos de la vida y de la naturaleza. El problema científico cambió de términos; la posición del observador fue distinta. Los términos del problema fueron menos elevados, pero más accesibles; la posición del observador menos grandiosa, pero más racional. El hombre, alejándose un poco de lo impenetrable, se hizo más humano, y empezó a comprender mejor su destino.

Tan marcada y trascendental evolución en la marcha de las ciencias, trajo, como era natural, un nuevo sistema para la enseñanza: el sistema metafísico. Debido a este sistema se revelaron en las escuelas un mundo ideal y grande síntesis para explicar la creación de los seres, las fuerzas y el movimiento de la materia; la esencia de los cuerpos y de los espíritus y sus misteriosas comunicaciones, la esencia de las actividades del alma humana, la generación y modo de obrar de sus fenómenos, y las relaciones de todo lo creado con una causa primera, con Dios. Tal sistema como todo lo que es artificioso, tuvo un difícil procedimiento de exposición, tuvo, si puedo decirlo así, su idioma aparte. Esto era muy lógico. Los sacerdotes, poseedores de la ciencia antigua, tuvieron su lenguaje esotérico y exotérico; el uno para los iniciados, para los escogidos, el otro para el vulgo. Los metafísicos emplearon un método análogo; constituyeron una argumentación silogística, como medio expositivo de abstractas ideas, y formaron una vasta dialéctica. Entonces a la sagrada autoridad del sacerdote sucedió la autoridad incontestable del maestro; la razón del discípulo cambió de vasallaje. Ya no se sometía al hombre semihumano, colocado más allá de la experiencia; ya no se doblegaba ante una fórmula misteriosa, pero se rendía ante la legitimidad de un silogismo. El despotismo intelectual venía de menor altura, carecía de prestigios sobrenaturales, pero en cambio era más fácil, mucho más fácil de romperse. ¡Gracias, pues, sean dadas a las tiranías de los maestros dialécticos, porque ellas libraron al mundo de las tiranías de la casta sacerdotal; porque es indudable, señores, que las peores tiranías son las que se ejercen sobre las conciencias, en nombre de Dios!

Pocos, muy pocos, admirarán, como yo admiro, la grandeza de las concepciones de los hombres de genio que, en los dominios de la metafísica, llevados de un nobilísimo afán, han sido como nuevos Prometeos pretendiendo arrebatar el divino fuego del cielo. Pocos, muy pocos, admirarán, como yo admiro, la influencia benéfica que sus laboriosas meditaciones han ejercido en la ciencia, San Agustín, Tomás de Aquino, Abelardo, Malebranche, Leibniz, Spinoza, Kant, me parecen águilas extraordinarias que se han esforzado en volar por lo infinito, pero que han abatido su vuelo, y plegado sus alas sobre los altos peñones de que partieron, porque más allá de la región de la atmósfera no han podido vivir, ni revelarnos siquiera una mínima parte de los inescrutables arcanos que guardan los seres y los mundos, como para evidenciar a cada paso su soberana e indefinible grandeza, y la infinita y abrumadora pequeñez de los hombres. Yo reconozco que la metafísica, aunque a veces inconscientemente, prestó los eminentes servicios de sustraer la ciencia al dogma, y de preparar, con sus disquisiciones abstractas, la era feliz del libre examen, de las observaciones concretas, de los análisis fecundos en resultados para el bienestar, para la felicidad de la especie humana.

Pero la época de la metafísica ha pasado: cumplió su destino, su sistema no puede resucitar, como no pueden resucitar los hombres cuando, después de haber cumplido su fin, la muerte les señala su término fatal. La duda de Descartes, el método de Bacon, la risa de Voltaire, el descreimiento de los Enciclopedistas, los progresos de las ciencias fisicomatemáticas, nos dicen que la metafísica está en su osario, y que no podrá reaparecer. Y hay razón para que no reaparezca; hoy para la ciencia nada vale la legitimidad del silogismo, que no es la verdad; lo que vale es la exactitud de la observación o de la experimentación; en nuestro siglo la ciencia no es dialéctica, es más bien crítica.

Podrá argüirse que ésta es una ciencia rastrera que no se eleva a sublimes concepciones. Acepto cuanto el antojo quiera decir. Pero en cambio, yo los emplazo para que, después de haber estudiado y meditado mucho las obras de los filósofos más ilustres, de Thales de Mileto hasta Sócrates, desde Sócrates hasta Aristóteles y Platón, desde Aristóteles y Platón hasta Cicerón y Séneca, desde Cicerón y Séneca hasta Abelardo y Tomás de Aquino, desde Abelardo y Tomás de Aquino hasta Malebranche y Leibniz, desde Malebranche y Leibniz hasta Cousin, Jouffroy y Balmes; yo los emplazo para que, después de asiduo estudio y de profundas meditaciones, me digan, de un modo asertivo y concluyente, cuál es la esencia de la materia, cuál su origen; cuál es la esencia del alma humana, y cómo se efectúa su comunicación con el cuerpo; cuál es la esencia de las causas primeras, y cuáles sus modos de obrar en la generación y conservación de los seres; en suma, sustancialmente, de dónde venimos, qué somos, a dónde vamos. Después de haber sondeado estos problemas los pensadores de todos los siglos; después de haberse agotado en su examen extraordinarios esfuerzos de reflexión o de ingenio; ¿qué nos queda? ¿Nos quedan fecundas convicciones que satisfacen a nuestra conciencia y a nuestra razón, y que sean como leyes inmutables, reguladoras de nuestra vida? No; nos quedan hipótesis más o menos ingeniosas, más o menos satisfactorias para nuestro orgullo; pero las hipótesis no son ni pueden ser la verdadera ciencia. Y bien; si los más grandes genios que honran a la humanidad, después de estudios seculares, nada definitivo han podido resolver, nada concluyente sobre los problemas metafísicos que ofrecen la naturaleza y la vida: ¿podrán ustedes definir algo? ¿Podrán llevar con éxito, con resultados prácticos, el sistema metafísico a la enseñanza? No podrán hacerlo, porque a ello se oponen la experiencia de los siglos y los dictados de la razón. Tienen, pues, que convenir en que la época del sistema metafísico ha pasado, y en que si ha de darse a nuestra juventud una instrucción verdaderamente científica, sólida y provechosa, hay que proscribir, como fundamento de la enseñanza, al sistema metafísico, hay que buscar nuevos rumbos la ciencia; hay que despojarse de tradiciones de escuela, para emprender la difícil peregrinación que conduce a halagadoras para nuestra vanidad, y estériles para nuestro bien; hay que despojarse de hermosas y seductoras ilusiones; hay que apartar los ojos del cielo de un mundo ideal, y convertirlos a la tierra para ver y examinar la verdad que está encerrada en los prosaicos hechos, como en las toscas conchas se encierran las finas y brillantes perlas que, después de extraídas por los buzos, aparecen radiantes de hermosura en las coronas de los reyes.

Cuando han pasado las ilusiones es cuando el hombre es más sensato: cuando han venido los desengaños es cuando el hombre es más reflexivo y práctico. No obstante, toda caída, y más cuando se cae de lo ideal, produce un dolor infinito; pero toda caída trae consigo una rehabilitación. La ciencia ha caído primero desde el cielo inconmensurable de la Teología; la ciencia ha caído después desde las nubes vaporosas de la ideología. Yo comprendo el dolor que tales caídas producen a los amigos del pasado, a los que creían vivir en el cielo, a los que creían cernerse en el éter. Yo hago justicia a su gran pesadumbre. Los sistemas mueren dejando siempre una orfandad en las inteligencias, tan dolorosa como desesperante, y es que las palpitaciones del corazón no son extrañas a las palpitaciones de la ciencia. Nuestro organismo es un cúmulo de afinidades aun no comprendidas lo bastante, aun no definidas por completo, ni aun en sus manifestaciones más someras. Por esto no tendrán término los destinos del arte. Uno de los poemas más excelsos de lo porvenir será

74

el poema de las ciencias que, con mucho, aventajará al de Homero, porque las ideas científicas, que vivifican e inspiran a un gran corazón, tienen sublimidades y proezas más extraordinarias que la de los antiguos dioses y los antiguos héroes.

Pero me aparto de mi objeto, llevado por mi afición al arte. Perdónenme, señores, voy a reanudar mis ideas. Decía que las ilusiones han pasado, que los desengaños han venido, haciendo al hombre más reflexivo y más práctico, y que toda caída trae consigo una rehabilitación. En el estado reflexivo y práctico que ha sucedido a las ilusiones teológicas y a los desengaños de la metafísica; caídos para la investigación científica y para la enseñanza los sistemas teológico y metafísico: ¿qué sistema repondrá las fuerzas perdidas? ¿Qué sistema forma o ha de formar el nervio, la actividad de los hombres de la ciencia? ¿Qué sistema ha de dar vida y calor a la enseñanza? Después de la caída, ¿qué sistema ha de constituir una rehabilitación? En concepto del Gobierno, expresado en el nuevo Código, el sistema que ha de reemplazar a los ya inadmisibles, es el sistema positivo.

La metafísica se funda primordialmente en lo que está más allá de la experiencia: la ciencia positiva se funda primordialmente en los hechos que están bajo el dominio de la observación; la metafísica plantea problemas que no puede resolver porque carece de medios analíticos; la ciencia positiva plantea problemas que resuelve, porque tiene medios para el análisis: la metafísica es abstracta y las más veces da conclusiones hipotéticas: la ciencia positiva es concreta y da conclusiones hipotéticas: la ciencia positiva es concreta y da conclusiones prácticas: la metafísica es casi estéril para los usos de la vida; la ciencia positiva es siempre provechosa para satisfacer las naturales necesidades del hombre; la metafísica, tan vigorosa, tan ideal, tan atrevida, cuadra con nuestra vanidad; la ciencia positiva, tan definida, tan real, tan modesta, cuadra con nuestros instintos y con nuestra conciencia: la metafísica marca el período de las ilusiones científicas; la ciencia positiva marca el período de la reflexión y de la sensatez. Después de las diferencias apuntadas no se necesita un esfuerzo de lógica para deducir que el criterio de la ciencia positiva es el que debe adoptarse como preferible para la enseñanza. Y esta preferencia no sólo se deriva de las consideraciones generales expuestas: tiene en su apoyo el fundamento de hechos incontrovertibles. Es ya una verdad, que nadie pone en duda, el estacionamiento en que han permanecido las ciencias morales, formando contraste con los maravillosos progresos de las ciencias naturales. ¿Cuál es la clave de este fenómeno patente a todas luces? La clave es conocida. El criterio metafísico ha causado el estacionamiento de las ciencias morales, al paso que el criterio positivo ha producido los portentosos progresos de las ciencias físicas y naturales.

Hay más: observen en la vida los resultados de la instrucción dada bajo los auspicios de uno y otro criterio. ¿Qué suerte tienen en nuestro país, y fuera de nuestro país, los individuos de conocimientos exclusivamente metafísicos? Por lo común, la más adversa a la satisfacción de sus necesidades. Sus conocimientos no los ponen en aptitud de alcanzar, por el trabajo, que es la ley de la vida, los medios de atender a su subsistencia y a la de los suyos, y de contribuir al bien social. Las hipótesis sobre lo esencial de las cosas no conducen a trabajos útiles que el mundo aprecia y remunera. Por lo contrario: ¿cuál es la suerte de los individuos que, bajo el criterio de la ciencia positiva, adquieren conocimientos de práctica utilidad? Podéis notarlo entre nosotros mismos. ¿Quiénes son más útiles y más felices, nuestros bachilleres que, después de cuatro o cinco años de estudio, nos hablan mucho de Ontología, de Teodicea y de Dialéctica, y que no pueden procurarse una ocupación provechosa, o nuestros telegrafistas que, con seis meses de estudio de una de las aplicaciones de la electricidad, prestan servicios importantísimos, y tienen siempre un empleo que satisface a sus necesidades y a las de sus familias? Esta pregunta versa sobre un hecho vulgarísimo, que está a la vista de todos. La respuesta no puede ser dudosa: sería hasta impertinente el expresarla.

Si el fin de la vida es el bien, procuremos el bien de nuestra juventud proporcionándole una instrucción positiva, fecunda en resultados para su felicidad individual, y para el bienestar y progreso de la Nación. Yo sé perfectamente que en contra de tal propósito se dirá, en nombre de las preocupaciones, que la ciencia positiva es una ciencia materialista, impía, contraria a las inspiraciones de la religión y a los dictados de la moral. Nada, sin embargo, tan errado como este modo de raciocinar. La ciencia positiva busca los hechos observables, y esto no entraña un materialismo repugnante; la ciencia positiva es humilde, tiene en cuenta la flaqueza de nuestras fuerzas y sólo aprovecha los medios naturales de observación; lejos de ser impía es profundamente cristiana, porque no obedece a las sugestiones del orgullo. Littré, el sucesor de Augusto Comte, el admirable sabio positivista, no ha negado a Dios, no ha negado lo que está más allá de la experiencia; se ha limitado a decir que sobre lo metafísico nada sabe científicamente, porque carece de medios de observación, porque su razón no puede ir tan lejos.

Esta humildad del sabio no es, no puede ser una impiedad. La ciencia positiva no es una ciencia de negaciones; es, en mi sentir, lo que debe ser, una ciencia de afirmaciones. Bajo este concepto, nada niega a la conciencia que se sienta inspirada por la fe, nada a la moral que consagra el deber. La ciencia que proclama, como primordiales deberes del hombre, el deber de instruirse a sí mismo y de instruir a sus semejantes, es, a mi juicio, la ciencia más profundamente moral, más profundamente religiosa. Creo, pues, en absoluto justificadas la legitimidad y la conveniencia del sistema positivo que el nuevo Código adopta, para que sea como el alma, como la inspiración de la enseñanza.

La ancha y sólida base de todos los conocimientos se halla en la instrucción primaria. He aquí por qué el Código la organiza y reglamenta antes de organizar y reglamentar los estudios secundarios y profesionales.

En consonancia con la Constitución Política, la instrucción primaria ha sido declarada laica, obligatoria y gratuita.

Separada entre nosotros la Iglesia del Estado, éste no puede, a virtud de ninguna de sus funciones administrativas, imponer un credo religioso, cualquiera que éste sea. En materia de enseñanza tiene, pues, que proporcionar una instrucción puramente civil. La conciencia es y debe ser extraña a la acción del Estado. La conciencia de los individuos, que es, por decirlo así, su sentido religioso, no debe recibir las inspiraciones de la escuela oficial, que sólo debe dar ideas, conocimientos. La conciencia de la juventud únicamente debe formar su fe, recibir sus inspiraciones religiosas bajo los auspicios de la familia y del sacerdocio. Tal separación ennoblece al Estado y dignifica la religión; el Estado no podrá ejercer ninguna tiranía sobre la conciencia, y la fe religiosa, inspirada por la familia o por el sacerdocio, será siempre vivificada por la pureza del corazón y por la sinceridad del sentimiento.

El carácter obligatorio de la instrucción primaria es una consecuencia de las circunstancias de nuestro modo de ser social. En principio, así como el hombre es libre para pensar, para creer, para obrar, debe serlo para instruirse. Pero es condición fatal de los pueblos incipientes la necesidad de que para su desarrollo, reciban algunas veces la intervención coercitiva del Estado. Tratándose de la instrucción primaria, esa intervención está legitimada entre nosotros por la necesidad. Nuestros pueblos fueron colonos de la España, y por una especie de salto, que cada día me asombra y maravilla más, pasaron a la vida de la República, sin luz en la conciencia, sin ideales en la mente, sin rectos móviles en su voluntad, en suma, sin educación. Necesitamos, pues, a todo trance que para que la República viva y sea lo que debe ser, la consagración de la inteligencia, de la libertad, del derecho, nuestros pueblos se compongan de ciudadanos conocedores de lo verdadero y de lo justo, apreciadores de sus derechos y obligaciones. Mas este resultado no podremos alcanzarlo sin la escuela primaria, y debido al atraso de nuestra población, la escuela primaria permanecerá casi desierta si los padres de familia no saben que pesarán sobre ellos los apremios del Estado, cuando sus niños no cumplan el deber de concurrir a la escuela, que ha de moralizar su corazón e ilustrar su inteligencia, que ha de ponerlos en aptitud de ejercer, en la vida social y política, las primordiales funciones de la ciudadanía. En los Estados Unidos de América no se comprende que pueda haber apremios para que los padres de familia manden sus hijos a las escuelas. Allí la educación ha fortificado el buen sentido de todas las clases sociales, y, desde el estadista hasta el campesino, todo el mundo comprende su interés y obra como debe. En nuestro país, en sentido inverso, no se comprende cómo pueda dejarse una completa libertad a los padres de familia, tratándose de la educación primaria de sus hijos. Tenemos, por lo tanto, que aceptar, contra la rectitud de los principios, una verdadera anomalía, pero anomalía justificable, porque son buenos los procedimientos anómalos que no hacen retrogradar a los pueblos, que, subordinados a un noble y alto fin, los llevan, aunque por vías tortuosas, a la región de la luz y de la libertad. Esa es nuestra tierra prometida, pero antes ¡ay! tenemos que pasar por áridos desiertos.

También, como una necesidad de nuestro estado social, y como una justa compensación, la enseñanza primaria es y tiene que ser entre nosotros gratuita. La enseñanza es un servicio como otro cualquiera, y en rigor debiera remunerarse. Pero el Estado tiene un alto interés en que se formen ciudadanos útiles; la República puede vivir, aunque sin lustre, sin filósofos, sin historiadores, sin literatos, sin ingenieros, sin jurisconsultos, pero la República no puede vivir sin ciudadanos; la escuela primaria, donde éstos empiezan a formarse, es para la universalidad de los pueblos, y la mayoría de éstos carece de recursos. Este cúmulo de circunstancias hace, pues, que la instrucción primaria sea gratuita, que el Estado, respecto a ella, ejerza una acción protectora, desinteresada, que no tenga en mira más que el bien social.

Es de notarse que en la reglamentación de la instrucción primaria, relativa a su dirección e inspección, el Código acude a la acción de empleados del orden administrativo y municipal, en vez de crear un organismo aparte, con empleados especiales llamados a ejercer las altas funciones de la dirección e inspección de la enseñanza primaria. Este sistema es el que da en otros países los más satisfactorios resultados, y dichosos seríamos si pudiéramos verlo planteado entre nosotros. Pero a ello se oponen, por ahora, dos razones capitales: carecemos de fondos para crear un organismo aparte de dirección e inspección, y además, doloroso es decirlo, no hay muchas personas que pudieran encargarse, con solicitud, del cometido importantísimo de trabajar afanosamente por la consolidación y progreso de la instrucción primaria. Y ya que he expresado un sentimiento de pena, producida por la falta de colaboración social en orden a la enseñanza primaria, viene a cuento hacer hincapié sobre este punto de vital interés. Me dirijo, en particular, a las clases propietarias, inteligentes y civilizadas del país.

Apenas hace seis años que todos los individuos que en Honduras pensaban algo, reflexionaban algo, o poseían algo, tenían en el alma el espanto o la desesperación. Temían, a cada paso, la repetición de irrupciones salvajes llevadas a cabo ¡quién lo creyera! en nombre de los principios políticos, irrupciones que sembraban por todas partes la desolación y la muerte. Recuérdenlo bien. Turbas incultas azuzadas por un caudillaje todavía más inculto, por largos años, nos mantuvieron en una vida de horrores, en que sólo se hablaba, con trémula voz, de asesinatos, de incendios, de saqueos y de otros más horribles crímenes que el pudor se resiste a mencionar. Aun los niños, que luego se distraen, conservan todavía en la memoria aquel grito fatídico que los hacía temblar... ¡Los indios!

Ahora bien; esos males no existen porque se han aplicado a nuestras llagas sociales los cauterios de leyes previsoras, severas e inflexibles; pero esos males podrán repetirse cuando falten, en el

Gobierno del país, imparcialidad, entereza y previsión. Conviene, pues, que reflexionemos, y los invito a reflexionar. ¿Quién desangraba, empobrecía y deshonraba a nuestra sociedad? ¿Quién conculcaba todo derecho, y pisoteaba todo deber? ¿Quién turbaba el sueño de nuestras noches y la serenidad de nuestros días? ¿Quién? ¿Era la persona del malaventurado caudillo, o la persona del pobre indio? No; era algo peor; era la ignorancia que se servía de esos instrumentos.

Pero sucede que en sociedades conmovidas por las pasiones, y trabajadas por alzamientos vandálicos, llega a perderse hasta la rectitud del instinto, y a apoderarse de los ánimos una especie de distracción profunda. Se siente el mal, se palpa, se llora hasta con lágrimas de sangre, y sin embargo, no se halla el remedio que puede curarlo. Me ha sucedido, bajo la influencia de un gran sentimiento, estar profundamente distraído, tener en el bolsillo o en la mano lo que más deseo, y sufrir y no hallar el anhelado objeto. Así está nuestra sociedad: está profundamente distraída, ha sentido sus acerbos males, y presiente los que pueden venir; y, sin embargo, señores, el remedio está en sus mano, y pueden aplicarlo si quieren: sacudan su distracción, e instruyan a los pueblos: he aquí el remedio heroico de la sociedad que ayudan a forman. Si se necesita una prueba de hecho, voy a darla. ¿Saben de dónde salió Cabañitas, el cerrajero esforzadísimo, cuyas hazañas ha historiado bellísimamente el primero de nuestras estadistas, que es también una de nuestras primeras glorias literarias? ¿Saben de donde salió aquél héroe humilde que, hace pocos años, salvó a todo un pueblo de los horrores de la barbarie? Salió de la escuela primaria, en donde supo que en la sociedad debe haber orden, derechos y deberes que respetar y hacer cumplir. ¿Saben, por lo contrario, de dónde salieron los indios García y Vásquez, el "Corta-cabezas"? ¿Saben de dónde salieron aquellos nuevos vándalos que llevaban por doquiera la destrucción y la muerte? Salieron de la ranchería salvaje, en donde aprendieron a matar y a rugir como las fieras, y a tener sangrientos festines como los de los cuervos.

No tomen a mala parte el que les haga recuerdos tan tristes, más que tristes odiosos, en este día consagrado a solemnizar las letras que tienen por cortejo la paz, la justicia y la benevolencia. Si algún reproche hubiere, que no lo espero, a mis reflexiones sobre el pasado, me probaría que nuestra dolorosa historia para nada sirve y que no están dispuestos a meditar sobre sus enseñanzas, a sacar partido de sus elocuentes lecciones que nos dicen que instruyamos a los pueblos, para que pongamos radical remedio a los acervos, a los horribles males que de antiguo nos aquejan. Convenzámonos; nuestra historia nos demuestra que la instrucción primaria es un negociado que a todos nos corresponde de un modo tan inmediato, tan directo, a la manera que nos corresponden nuestros particulares intereses, que atañen a nuestra individual conservación y a nuestra felicidad personal. Cuando al caer la tarde veo a los pobres niños del pueblo salir de la escuela primaria, con sus cartapacios bajo el brazo, y yo me digo, emocionado por la alegría, esto me pertenece, esto es mío, esto formará parte de mi existencia y de mi suerte: estos niños que se instruyen prometen paz para mi patria, orden para la sociedad en que vivo, producción para nuestra industria y nuestro comercio, adelantamiento para nuestras letras, en suma, bienestar común que aseguran mi felicidad individual.

Por lo contrario, cuando al mediodía, a las horas del trabajo, veo errar, por las calles, a niños ociosos, o los veo, en empobrecidos barrios, mecerse en las hamacas, con todas las voluptuosidades de la pereza, yo me digo, con tristísimo y profundo desaliento, ¡esto me pertenece, esto es mío, esto formará parte de mi existencia y de mi suerte: estos niños que se embrutecen darán la guerra civil para mi Patria, el desorden para la sociedad en que vivo, la ruina para nuestra industria y nuestro comercio, el retroceso para nuestras letras, en suma, todo género de desgracias y calamidades en que tomaré parte sufriendo personales infortunios! Se los digo por última vez, señores, la instrucción primaria constituye para nosotros un interés vital: en ella está cifrada la suerte de nuestro provenir. Esperen todo lo bueno y honroso de los pueblos que se forman en la escuela; pero teman todo lo malo y oprobioso de los pueblos que se forman en las asonadas de pandilla, y en las orgías de la taberna. Prueben que conocen su interés, que saben atenderlo, y que aman a los pueblos, cooperando a su enseñanza. Que no se den abrazos y apretones de mano a la plebe, que la experiencia prueba que esa política es tan necia como contraproducente. Que no se adule la ignorancia, que esta adulación es la más estúpida y criminal de las adulaciones. ¡Den, en cambio, instrucción, mucha instrucción a los pueblos, que la experiencia de todos los países cultos prueba que esa política es la de la honradez, la de la cordura, la del buen sentido práctico, la del grande, noble y generoso patriotismo!

La segunda enseñanza, antes del reglamento provisional, emitido en 15 de agosto de 1878, era entre nosotros casi desconocida. La segunda enseñanza se limitó, durante muchos años, a proporcionar algunos conocimientos de la lengua latina, algunas nociones de filosofía escolástica, y, como cosa secundaria, en algún tiempo, elementales ideas de determinados ramos de matemáticas puras. Con tal aprendizaje, se alcanzaba el bachillerato en Filosofía. Esta era la preparación que se daba a la juventud para disponerla a estudios mayores.

El Código de Instrucción Pública ha adoptado un nuevo sistema, dando a la segunda enseñanza toda la importancia que merece. Con ella adquirirá la juventud conocimientos lingüísticos, geográficos, históricos, literarios y fisicomatemáticos que la pongan en capacidad no sólo de tener una base sólida para estudios profesionales, sino también de aprovechar su aprendizaje en el sentido de obtener prácticas utilidades. No debe organizarse de otra suerte la segunda enseñanza. No se comprende cómo un joven, sin conocer nuestro idioma, sin conocer, por lo menos el francés o el inglés, sin conocimientos en geografía, en historia, en ciencias naturales, en ciencias fisicomatemáticas, en literatura y filosofía positiva, pueda ser hábil para adquirir, con buen éxito, conocimientos facultativos en cualquiera de los ramos del saber humano. Toda profesión constituye una serie, rigurosamente dialéctica, de conocimientos científicos: la segunda enseñanza forma el término medio de esta serie. Cuando falta un segundo aprendizaje sólido y amplio, sólo puede suplirse después, aunque imperfectamente por un gran talento y una decidida consagración al estudio; pero estas dotes inapreciables no son comunes, y de aquí proviene que, en la generalidad de los casos, nuestros conocimientos facultativos, faltos de sólida base, llevan el sello de la imperfección, lo que ocasiona fiascos en la práctica y carencia de lucimiento cuando se trata de exponer conocimientos profesionales. Tampoco se comprende por qué la segunda enseñanza ha de continuar siendo lo que ha sido, un pequeño conjunto de conocimientos teóricos sin provecho para los distintos usos de la vida. Todo conocimiento debe ser útil, debe ser encaminado a satisfacer una necesidad. Por esto el Código reglamenta los estudios secundarios de tal modo, que quienes lo hagan, pueden servirse de ellos como de un elemento de producción. No todos los jóvenes pueden hacer estudios profesionales, sea por falta de vocación, sea por falta de recursos. Pero bastará que se instruyan en los colegios de segunda enseñanza para que puedan salir a ocuparse últimamente, ya aprovechando sus conocimientos literarios en la prensa o en las oficinas públicas, en el profesorado primario o secundario, ya aprovechando sus conocimientos en matemáticas y teneduría de libros, para servir en casas de comercio o en oficinas fiscales, ya aprovechando, en fin, sus conocimientos en física, en historia natural y en agricultura, para servir en empresas industriales, minerales y agrícolas. La situación de nuestro país requiere muchas aptitudes para el trabajo, para el cultivo de las artes de la paz, ya que por desgracia se han cultivado, à maravilla, las artes de la guerra y de la política funesta. El Código, pues, satisface un gran fin social dando a la segunda enseñanza las condiciones que la hagan idónea para que produzca grandes resultados en provecho positivo de los individuos, y en beneficio práctico de la nación.

La enseñanza profesional ha sido confiada por el Código a la Universidad, cuyo gobierno corresponde a un Rector y a un Consejo Supremo. La Universidad se ha dividido en Facultades, división exigida por la indisputable conveniencia de dar a cada uno de los estudios profesionales una dirección y una inspección especial: teniendo cada uno de los ramos facultativos cualidades y condiciones que les son propias, exclusivas, no puede bastar para su arreglo, para su peculiar enseñanza, la acción del gobierno general de la Universidad. He aquí evidenciada la necesidad de las Facultades, llamadas a consagrar una particular atención a todos y cada uno de los detalles de la respectiva enseñanza profesional.

Se han creado las Facultades de Jurisprudencia y Ciencias Políticas, de Medicina y Cirugía y de Ciencias. Cada una de las Facultades comprende estudios dependientes de los principales, para la adopción de profesiones que pueden obtenerse con pocos años de aprendizaje, y que están más al alcance de la generalidad.

En el plan de estudios de la Facultad de Jurisprudencia se ha atendido a que la enseñanza no se limite a dar conocimientos puramente jurídicos para la formación de abogados: se ha atendido a que proporcione además prácticos conocimientos en las ciencias políticas para la formación de publicistas, de estadistas, de hombres de gobierno, de que tanto ha carecido el país. El Derecho Internacional, el Derecho Político, el Derecho Administrativo, la Estadística, la Economía Política y la Política Económica son ramos de enseñanza de alto interés para nosotros. Fácil es conocer el tuyo y el mío, y la doctrina sobre los delitos y las penas, especialmente con el auxilio de una legislación clara y metódica como la nuestra; pero difícil y muy difícil es conocer y apreciar debidamente los complicados intereses políticos y administrativos del país. Sólo pueden conocerse y apreciarse como es deseable, merced a grandes y especiales estudios que suministran aptitudes para análisis exactos y para generalizaciones inequívocas.

Si en nuestro país de antiguo se hubiesen aprovechado las lecciones prácticas de las ciencias políticas administrativas, otra sería nuestra situación, otra nuestra suerte; se habrían evitado muchos desaciertos políticos que han sido fecundos en desastrosas guerras, ya civiles, ya internacionales; se había evitado, en fin, el desacierto de los desaciertos, ese grande escándalo que se llama los empréstitos de Honduras en el extranjero, empréstitos que pesan, sin que lo merezca, sobre el nombre de un pueblo inocente.

Estúdiese las ciencias políticas y administrativas, y se verá cómo el país consolida y aumenta sus recursos, y cómo el Gobierno se hace poseedor de verdaderos elementos de existencia, de progreso y de respetabilidad. Puesto que viene al caso, voy a dar de ello una demostración práctica que tiene en su abono la evidencia de los hechos. En cinco años se han quintuplicado nuestras rentas; se ha amortizado la mayor parte de nuestra deuda interior, y algunas de nuestras deudas exteriores; se ha hecho una reforma completa de nuestra Legislación; se han mejorado nuestras vías de comunicación; se han establecido los servicios postal y telegráfico, si se quiere, antes desconocidos; se ha dado vida material y moralmente a la prensa; se ha fomentado la industria, la agricultura y el comercio; se ha respetado la propiedad, suprimiendo en absoluto las contribuciones forzosas y los servicios personales forzados y sin remuneración; se ha vigorizado la acción del poder público con una sólida y eficaz organización militar; se han creado por doquiera hábitos de trabajo; y sobre todo, se ha conservado con la mayor solicitud, el bien inestimable de la paz. Tan grandes beneficios no provienen de que hayan cambiado, como por ensalmo, las condiciones sociales y económicas del país, pues en el fondo conserva las mismas de otras épocas, con pequeñas diferencias de accidente: tampoco pueden ser el resultado de la casualidad, porque ésta nada vale, nada significa para quien, de un modo serio, piensa y reflexiona. Nuestra situación actual, relativamente bonancible, es el resultado de un distinto criterio en política y en administración, de un criterio que, en política, ha conciliado la rectitud con la prudencia, y, en administración, los intereses del Estado con los intereses individuales. Casi por incidencia he tocado estos puntos, que estoy seguro que un publicista o un economista os los presentaría, de una manera evidente, aun en sus menores detalles.

En otra época hubo proyectos para establecer la enseñanza de la Medicina, de esa ciencia bienhechora que menoscaba nuestro gran patrimonio de dolores y pesares. Pero tales proyectos escollaron porque se carecía de profesores, y de un hospital en donde las clases de Clínica hiciesen factibles los estudios médicos. Hoy, por fortuna, contamos con hábiles profesores nacionales y extranjeros, y está para abrirse el Hospital General en donde podrán hacerse los estudios prácticos correspondientes a la Clínica Médica y a la Clínica Quirúrgica. Tomando en cuenta estos elementos, el Código ha establecido la Facultad de Medicina y Cirugía, y reglamentado su enseñanza teórica y práctica. El ramo de Farmacia debiera constituirse como subordinado a una Facultad especial; pero, para ello, carecemos por ahora de elementos, así es que los estudios farmacéuticos están reglamentados en calidad de dependientes de la Facultad de Medicina y Cirugía.

El establecimiento de la Facultad de Medicina, además de los frutos que dará por su enseñanza, formando nuevos médicos y cirujanos, satisfará la ingente necesidad que el país experimenta de que se regularicen los servicios médicos y farmacéuticos, tanto en sus relaciones puramente individuales, como en sus relaciones con los poderes públicos. Sin las luces que dan la Jurisprudencia Médica y la Medicina Legal a los legisladores y a los tribunales, éstos tienen, en muchos casos, que andar a ciegas, en menoscabo moral, de la justicia y del derecho.

La Facultad de Ciencias es la última de que debo ocuparme, última en mi exposición, pero tal vez la primera en importancia. Los conocimientos fisicomatemáticos tienen hoy predominio en el mundo, y no sin motivo, pues a ellos se deben los maravillosos adelantamientos de la industria, de la agricultura y del comercio, y el acrecentamiento del bienestar de las naciones. No vacilo en decir que los conocimientos fisicomatemáticos forman el nervio más activo de la moderna civilización. Urge, pues, que entre nosotros haya una verdadera enseñanza de las ciencias del cálculo y de las ciencias físicas. El Código, atendiendo a esta necesidad, ha reglamentado ampliamente los estudios de ingeniería, y además, los estudios necesarios para la formación de peritos mineros, peritos químicos, peritos constructores, peritos agrónomos, etcétera. Estas profesiones nos interesan de un modo especialísimo. Vivimos abrumados por una naturaleza tan rica y grandiosa como áspera y salvaje. Para realizar el progreso, que es nuestro bien, tenemos que luchar con las materiales dificultades que nos opone: para esa ruda lucha necesitamos fuerza y ardimiento, y estos elementos de poder sólo pueden dárnoslos las ciencias físicas y matemáticas.

¡Ojalá, señores, que en esta tierra tan removida por sangrientas y criminales luchas de hermanos contra hermanos, que esta tierra que ha absorbido tanta sangre y tantas lágrimas, sólo nos sea dado ver la lucha tenaz del hombre contra la naturaleza, la lucha ciclópea del trabajo fecundo; y que en premio de tan noble afán, de batalla tan legítima, veamos en las cimas de nuestras colosales montañas, y en las superficies de nuestros anchurosos valles, las palmas y coronas de la civilización!

No figura en el Código la organización de la Facultad de Filosofía y Letras y de Ciencias Eclesiásticas. Que no se extrañe este vacío. El país, por ahora, no necesita para los estudios filosóficos y literarios de una Facultad especial: basta que tales estudios se hagan elementalmente en los Colegios de segunda enseñanza. El aprendizaje superior de la Filosofía y de las Letras corresponde a países cuyo desarrollo material e intelectual reclama grandes estudios clásicos. Honduras no está en este caso. Debemos por lo mismo, concretar nuestros recursos y nuestros esfuerzos a organizar la enseñanza facultativa en relación con las condiciones de existencia y de inmediato progreso del país, en relación con sus necesidades más ingentes y palmarias. Respecto a los estudios eclesiásticos, aparte de que la instrucción debe ser laica, hay además una razón fundamental para que el Código no los prohíbe y reglamente.

Respetables y muy respetables son los dogmas y enseñanzas de las religiones positivas, y de mí sé decir que tengo un particular respeto por los dogmas y enseñanzas de la religión de mis mayores. Pero el respeto no forma para mí una convicción científica. Donde preside la fe, no puede presidir el libre raciocinio, que es el alma de la ciencia. Y como los estudios eclesiásticos, directa o indirectamente, están subordinados al dogma impuesto por la fe, no por la razón, de aquí proviene que tales estudios, en rigor filosófico, no pueden ser científicos. Sólo en un sentido vulgar, y más por acatamiento a la costumbre, puede hablarse de ciencias eclesiásticas, pero en realidad éstas no existen, si es que a la palabra ciencia, ha de dársele su genuina significación. El Código, pues, no sólo en observancia de nuestra Ley Fundamental, sino también en observancia de principios científicos, no ha podido ni debido ocuparse en organizar y reglamentar estudios eclesiásticos.

Se ha adoptado el sistema de que todos los estudios profesionales terminen por las licenciaturas, estableciendo y reglamentando los doctorados como grados distintos y superiores, para cuya obtención se requieren más extensos y profundo estudios. Se ha querido que el título de doctor corresponda únicamente a quienes, con nuevos y especiales estudios, puedan profundizar la filosofía de un determinado grupo de ciencias, y ser eruditos en la historia de su desarrollo y aplicaciones.

El Código, para hacer más fecundos los resultados de los estudios profesionales, y como un medio de conservación de las ciencias y de las letras, y de estímulo para sus progresos, ha creado una Academia científico literaria, constituida, por ahora, con el personal de la Universidad, pero llamada, en breve plazo, a constituirse con la debida independencia de la corporación universitaria.

Si necesitamos de universidades, de corporaciones puramente docentes, también necesitamos de una alta corporación conservadora de las ciencias y de las letras, y a la vez, llamada a dar impulso al movimiento científico y literario, a difundir las ideas científicas formadas en el país o fuera del país, y a honrar, en todo sentido, la dignidad de las ciencias y de las letras.

Mucho, muchísimo, puede hacer la Academia en pro de nuestro adelantamiento intelectual; pero, supuesto el caso de que con sus trabajos sólo pudiera publicar el periódico científico y literario que le corresponde establecer, con esto haría bastante. Las ciencias y las letras carecen entre nosotros de un órgano de publicidad; de aquí dimana que la generalidad de nuestra sociedad, tan necesitada de luces, sabe lo que ha hecho la Comuna de París, pero no sabe lo que ha hecho el Instituto de Francia; sabe lo que ha hecho Alemania en la guerra con los franceses, pero no sabe lo que ha hecho en el mundo con su profunda filosofía y su rica literatura; sabe lo que ha hecho el carlismo en España, pero no sabe lo que ha hecho la Academia Española; sabe lo que han hecho las huelgas en Inglaterra, pero no sabe lo que han pensado y escrito Stuart Mill, Gladstone y Bright; sabe lo que hacen los nihilistas en Rusia pero no sabe lo que han dicho los publicistas y literatos rusos; conocen el horrible crimen cometido por Guiteau, pero no conoce la vida ejemplar del eminente ciudadano míster Garfiel, y sin ir tan lejos, conoce todos los nombres y todas las correrías de los desmoralizados caudillos de Centro América, pero apenas si conoce los nombres de José Cecilio del Valle y de Dionisio de Herrera, de Antonio J. de Irisarri, de José Milla y de Lorenzo Montúfar, de Antonio Grimaldi y de Darío González, de Máximo Jerez, de Enrique Guzmán y de Adán Cárdenas; de tantos y tan distinguidos ciudadanos que han honrado a Centro América cultivando las ciencias o las letras.

También ha atendido el Código a la completa organización de la Biblioteca Nacional, y ha prevenido el establecimiento de bibliotecas en las escuelas, colegios y universidades. Estimular y favorecer la inclinación a la lectura, poner al alcance del público, y especialmente de la juventud, la mayor suma posible de libros instructivos, es uno de los medios más idóneos para acrecentar el progreso intelectual de un pueblo. El libro, y no la espada, es el único que entre nosotros debe hacer revoluciones; pero revoluciones en la esfera de la inteligencia, pero revoluciones que den la vida y no la muerte, pero revoluciones que hagan brotar la luz de las ideas, en vez de sumirnos en el horrible caos de la anarquía.

¡Qué grandes y fecundas trascendencias tendrán, en lo social y en lo político, el desarrollo de la instrucción pública, el cultivo y progreso de las ciencias!

La ciencia nos dará riqueza, bienestar para nuestros pueblos. La ciencia es un agente invisible, pero es el más necesario y poderoso elemento de producción. Los pueblos que saben, tienen que ser muy productores y muy ricos. Que la instrucción se difunda, y de las profundidades de nuestras montañas, de las superficies de nuestros valles, de las espesuras de nuestros bosques, y de los senos de nuestros mares, de todo lo que hoy hace improductible la ignorancia, saldrán innumerables tesoros, saldrá la satisfacción de todas las necesidades individuales y públicas. La historia de la producción de las riquezas es la historia de las ciencias. Reflexionadlo bien; la ignorancia nos tendrá en perpetuo estado de pobreza y miseria. Nuestros pueblos se moralizarán, en gran manera, a virtud de la ciencia. Los pueblos instruidos, los pueblos que tienen un claro conocimiento de sus derechos y deberes, y de sus particulares intereses, no encuentran atractivo en la voz de las pasiones: para ellos la torpe seducción que conduce al mal, no es posible.

Si el caudillaje ha medrado entre nosotros, si ha campeado orgulloso y terrible, ha sido porque se ha aliado estrechamente con la ignorancia. Y si no, fíjense en la táctica del caudillaje. Donde primero busca prosélitos no es en las ciudades y villas en donde hay alguna ilustración; no, primeramente busca asociados en las rancherías salvajes, después en los incultos caseríos, y la montaña inaccesible es el primer teatro de sus operaciones. Pongan al caudillo en un pueblo instruido, y equivaldrá a poner un pez fuera del agua, un ave fuera del aire. Trasplanten con la imaginación el caudillaje centroamericano a los Estados Unidos de América; supónganlo, si quieren, todas las facultades de la elocuencia para persuadir; supónganlo, si quieren, millones de pesos para comprar adeptos. Aun con todo esto, el pueblo norteamericano no barrenaría sus instituciones, no se entregaría a la matanza, no arruinaría su industria y su comercio entregándose al pillaje. ¿Saben qué haría aquel pueblo instruido y sensato con nuestros amotinadores de antaño? Los lincharía.

Capacidad política, capacidad administrativa, de que tanto necesitamos, nos serán dadas por la ciencia, y ésta hará que esas capacidades ocupen el puesto que deben tener. La ignorancia hace que los pueblos desdeñen la luz, y tan sacrílego desdén ha costado a Centro América más de medio siglo de oscurantismo, de revueltas desastrosas, de humillaciones, de lágrimas y de sangre. Todo esto porque el talento y la ciencia han estado como en entredicho. Se prescindió del Sabio Valle, para venir a parar en Arce; se prescindió del ilustre Gálvez, para venir a parar en Carrera; se prescindió del patriota Vasconcelos, para venir a parar en Malespín; se prescindió del pensador Jerez, para venir a parar en Martínez; se prescindió del instruido Alvarado, para venir a parar en un Medina. Se tuvo la luz al alcance de la mano, y se la hizo a un lado, pretendiendo apagarla de un soplo desdeñoso, y después se entró de lleno en las tinieblas. Estas son las monstruosidades de la ignorancia que nos han colmado de desgracias y de oprobios: ¡éstas son las monstruosidades que aún nos abaten, y que nos prometen, ay, como frutos de maldición, dilatadas y terribles expiaciones...!

Por fortuna, estamos en una época de rectificación. Rectifiquemos. Se gobierna, no con intrigas; se gobierna, con ideas; se administra, no con caprichos y pasiones; se administra, con conocimientos prácticos. El Gobierno es una ciencia; la administración es una experiencia científica. Estas verdades tan elementales no se han tomado en cuenta. Cualquiera se ha creído muy apto para gobernar a los pueblos, y éstos a cualquiera han creído capaz para que los gobierne. Y sin embargo, nada más errado, y hasta ridículo. Voy a evidenciarlo con un ejemplo, cuya vulgaridad me perdonarán. Si en épocas pasadas, a individuos que tomaron parte en alguna escaramuza militar, o que ojearon las Siete Partidas y las instituciones del pavorde Sala, se les hubiera propuesto el cargo de jefes de los barbadores de muletos, oficio sencillísimo, habrían respondido, ya alelados, ya indignados: "¿Y qué sabemos de eso?". Pero cuando se les ha ofrecido el cargo dificilísimo de gobernar a los hombres, que requiere inmensa suma de conocimientos, y que atrae inmensa responsabilidad, entonces se han apresurado a declararse sobresalientes para ejercer el Gobierno; se han apresurado a halagar malas pasiones para formarse una aureola de falsos prestigios, a falta de la verdadera aureola de las ideas. ¿Qué es esto, señores? ¿Se puede ignorar lo que es facilísimo, y saber lo que es muy difícil? ¿Hay ciencia infusa en materia de gobierno? ¿O, en fin, se ha perdido el sentido común?

No; ni hay ciencia infusa, ni el sentido común se ha perdido. Sólo ha habido un largo eclipse intelectual, puesto que rectificamos. Rectifiquemos, por última vez: el gobierno es ciencia; la administración es una experiencia científica. ¡Ojalá que estas verdades no se echen en olvido!

La ciencia, en fin, nos enseñará a ser justos. La ignorancia, por lo común acompañada de siniestras pasiones, no deja ver y apreciar los beneficios que reciben los pueblos, ni deja ver y apreciar todas las consecuencias de los males que se les causan. Cuando falta instrucción, se goza de un bien, y no se estima su origen ni las felicidades que proporciona, se sufre un mal y no se investiga su causa, y no se prevén todos sus adversos resultados. La ignorancia no tiene ni bendiciones que alienten, ni maldiciones que intimiden y refrenen. Los pueblos sin educación casi son indiferentes al bien o al mal: tristísimo estado que casi, casi es el estado de nuestra sociedad. Desde el 63 se empezó a desgarrar hasta las entrañas de la patria, y sin embargo, casi nadie para mientes en los martirios de nuestro desgraciado pueblo, por muchos años, desangrado, empobrecido, deshonrado, y en plena escuela de corrupción.

No se hace justicia a estado tan degradante y calamitoso, porque faltan los hábitos de reflexión que sólo da la ciencia. Desde el 76 se ha dado vida a la patria, se han curado sus horribles heridas que parecían mortales, se le ha dado paz, justicia y progreso. Y sin embargo, para la pasión o para la ignorancia, el sumo bien parece cosa baladí, cualquier cosa que cualquiera puede hacer sin grandes trabajos reflexivos, sin esfuerzos, sin abnegación, sin sacrificios. No me extraña ni me duele profundamente de que falte justicia. Desde niño he aprendido a conocer los hombres, las sociedades y las cosas, y sé muy bien lo que es el vulgo; sé que para cualquier geógrafo de villorrio el genio de Galileo hizo el descubrimiento más vulgar, descubriendo el movimiento de nuestro planeta; sé que para cualquier mareante que hace el cabotaje, el genio de Colón hizo el descubrimiento de un simple al descubrir la ruta del Nuevo Mundo; sé que para cualquier matemático de escuela de aldea, el genio de Newton hizo un descubrimiento despreciable, cuando descubrió las leyes de la atracción. Cuando las cosas están hechas, cuando se goza ya de un bien positivo, las cosas aparecen sencillísimas, y el bien, beneficio que cualquiera puede proporcionar. Entonces un patán puede encararse al genio, y reírse de él. En buena hora; denle al patán el encargo de descubrir verdades y de hacer el bien, y entonces tendrán en vez de luz, oscuridad, y en vez de bienes, inmensa cosecha de males. Pero así es el vulgo, dejaría de serlo si no raciocinara como raciocina. Mas, entre nosotros la educación, la ciencia, nos sacará del terreno vulgar, que es el campo de la ingratitud, y nos hará justicieros para condenar, en todo y por todo, los males que recibamos, y para apreciar y bendecir, siempre y por siempre, los beneficios que labren nuestra dicha, nuestra prosperidad y nuestra honra.

Cuando la ciencia haya dado entre nosotros siquiera sea sus primeros y benéficos resultados, estaremos en actitud de recibir el verbo de una grande y poderosa civilización. Y me limito a hablar de aptitudes, porque no me hago la ilusión de creer que, por nuestra propia virtud, aunque mucho se eduquen nuestros pueblos, podremos alcanzar una radical transformación que entrañe grandiosos progresos. La ciencia resuelve para nosotros gran parte del problema, no todo nuestro problema. Con nuestro grande y escabroso territorio, y con nuestra diminuta, insignificante población, aunque logremos ser, si posible fuera, tan emprendedores como los fenicios, tan filósofos y artistas como los helenos, tan sabedores del derecho y de la ciencia como los romanos, tan hidalgos e independientes como los españoles, tan espirituales y cultos como los franceses, tan pensadores y poéticos como los alemanes, tan dulcemente inspirados como los italianos, y tan exclusivistas como los ingleses y norteamericanos; aun con todas estas cualidades, que sólo pueden reunirse idealmente, dada nuestra escasa población, sólo podríamos vivir en paz y tener una refinada, pero muy relativa cultura, mas no poseer una grande y poderosa civilización.

La ciencia ha de prepararnos para este resultado; pero, para obtenerlo por completo, necesitamos que vengan a nuestro suelo grandes corrientes de inmigración que traigan, con nuevos pobladores, el espíritu de empresa y el espíritu de libertad que han formado ese pueblo prodigio que se llama Estados Unidos de América. Cuando aparto la vista de nuestras pequeñeces, y busco un consuelo en los estudios históricos, y en los estudios de los destinos probables de nuestra América, se presenta ante mi mente la imagen viva de los dos pueblos más grandes de la tierra: Roma y los Estados Unidos. ¡Qué admirable paralelo! Roma, que realizó la unidad del mundo, por la más heroica de las conquistas; los Estados Unidos, que harán universal el imperio de la libertad, por la más santa de las enseñanzas.

Roma, que con su vasta legislación, hizo extensivo el derecho a todas las naciones, pero el derecho autoritario; los Estados Unidos que, con el ejemplo de sus instituciones, harán partícipes del derecho a todos los pueblos, pero del derecho indestructible de la naturaleza. Roma, que llevó a su centro, como a un eterno conservatorio en fuerza de una centralización absoluta, todos los dioses, todos los cultos, todas las coronas de los reyes, todas las más valiosas riquezas de los pueblos sojuzgados por sus legiones; los Estados Unidos que, desde su Capitolio, en fuerza de sus ideas y trabajos expansivos, llevarán a todos los pueblos la libertad de adorar sus dioses y de profesar sus cultos, la autonomía de sus gobiernos, y la riqueza y la abundancia producidas por sus legiones de industriales.

Roma, que cayó, bajo la inmensa pesadumbre de los bárbaros, porque su civilización era basada en la fuerza, en el privilegio y en la autoridad, la enervó poniéndola en el estercolero de los vicios; los

Estados Unidos, que no tendrán en su contra bárbaros que los intimiden y anonaden, porque su civilización está basada en la naturaleza, en la igualdad y en la libertad, les dan cada día nuevas e incontrastables fuerzas, y los hará amigos de todos los hombres libres, y los hará ser el pueblo predilecto de las gentes, ser la eterna honra, la eterna gloria del humano linaje regenerado por el trabajo, por el derecho y por la libertad.

A esa regeneración debemos encaminarnos derechamente. Tal es nuestro destino. Quien no lo vea, es ciego. A ustedes, dignísimos encargados de la enseñanza, les corresponde allegar gran suma de elementos para el logro de nuestro fin social, de nuestro fin humano. No trepiden en esas tareas, ni sean parte a llenarse de las preocupaciones, que las preocupaciones pasan, y el bien que hagan no pasará.

En su noble empeño, como representante del Gobierno, yo los acompañaré, yo, que acabo de decir algunas verdades, tal vez amargas, que sobrado sé que comprometen y desprestigian a quien las dice; pero como no he buscado, ni busco, ni buscaré prestigios, adulando a los partidos o a los pueblos, mi única ambición es la de ser buen ciudadano, y creo serlo, diciendo a mi país, para su bien, la verdad, toda la verdad, sin reticencias, ni reservas.

Los creo animados de los más vehementes deseos en pro de la pública educación: sus honrosos antecedentes y su ilustración así me lo dicen; creo que la confusa vocinglería de la ignorancia y del escepticismo no los ha de desalentar ni en lo más mínimo. Iniciamos una ardua, una dificilísima empresa, es verdad; pero justamente las grandes dificultades que habrán de superar formarán su mérito, mérito que legarán a los hijos de sus hijos.

Contamos con pocos elementos, es cierto, pero por ello hubiere escépticos y críticos, díganles que los grandes océanos se forman de gotas de agua; díganles que las montañas colosales de los desiertos se forman de granos de arena; díganles que nuestra misión sobre la tierra es formar, por las ideas, siquiera sea átomos luminosos y que estos átomos formarán el esplendente sol de la verdad que ha de alumbrar el porvenir de nuestra Patria. Por su ilustración, por su perseverancia, por sus abnegados esfuerzos, veo ya, en perspectiva, triunfando la luz sobre las tinieblas. Libren esa gran batalla, y alcancen esa sublime victoria.

Los héroes de los cruentos combates han pasado a la posteridad con una aureola de resplandores, pero resplandores de los rayos siniestros de tempestad asoladora seguida de maldiciones. Ustedes, con su triunfo, héroes modestos de la ciencia, pasarán a la posteridad coronados de los puros resplandores de la aurora que anuncia un nuevo y claro día; y tan sólo recibirán bendiciones, porque no lo duden, únicamente los triunfos de la inteligencia sobre la ignorancia, tendrán el reconocimiento y los aplausos de generaciones más afortunadas que la nuestra, de las generaciones de los futuros siglos.

MI MAESTRA ESCOLÁSTICA
(Fragmentos de un cuadro de costumbres)

Un día, a eso de las seis de la mañana, lo recuerdo como si ayer fuera, sentí una fuerte sacudida en mi débil cuerpecito de seis años. El fenómeno fue producido por las gruesas y velludas manos de mi ayo Julián Patojo, que tal era su apodo, quien tomó empeño en despertarme a toda prisa, y en hacerme dejar mi caliente camita de cedro, y la sabrosa colcha de Juticalpa que me cobijaba, proporcionándome un bienestar indefinible. Julián, que mucho me amaba, por lo menos así me lo decía, me habló entrecortado, casi perplejo.

—Levántate, vamos a la escuela. Mi maestro lo manda.

Su maestro era mi padre, cuyas órdenes respetaba y cumplía como un buen español del siglo XVI, los reales mandatos de Carlos V o de Felipe II.

—¿A la escuela? —contesté yo sin comprenderle bien.

—Sí, a la escuela.

Como tenía plena confianza en Julián que me llevaba, en Navidad, a ver los nacimientos y los títeres; en principio de Cuaresma a tomar ceniza; en Semana Santa, a visitar los monumentos; en Corpus, a contemplar los altares; y en las fiestas de Mercedes y de San Miguel, a admirar las churriguerescas mojigangas, dispuestas por los gremios, y los horribles diablos vencidos por la espada de nuestro Patrono: como gozaba tanto y tanto en las correrías y espectáculos que me facilitaba mi ayo, no hice resistencia para dejarme vestir e ir a la escuela, que supuse cosa divertidísima, excelente, puesto que Julián me conducía; él que era para mí, a usanza de la antigua Roma, una especie de tribuno de las delicias; él, que en materia de gusto, tenía para mí tanto prestigio y tanta autoridad, como autoridad y prestigio tuvo Aristóteles para los escolásticos.

Me vistieron de gala. Me pusieron unos calzoncitos de dril pardo que me daban hasta los tobillos —en aquel tiempo no usaban vestidos cortos ni los niños ni las chicuelas—, una limpia y muy planchada camisita de olán, abotonada por detrás, y con revuelos en las mangas; me calzaron suaves y negrísimas cutarras de polvillo; y me taparon con un sombrerito de vicuña, que era mi mayor lujo, que era más que dominguero, pues sólo salía a luz cuando nuestra argentina campana del reloj daba estrepitosos repiques en las grandes y solemnes festividades.

Ya vestido y emperendengado me dieron mi chocolate con mascadura, consistente en rosquetes de ña Cipriana y panes de manteca de las niñas Vásquez. Entonces no se tomaba café. Se tomaban tragos.... al decir de las viejitas, se entiende, de chocolate. El café se recetaba para curar las indigestiones y dolores de estómago. Análoga suerte corría el té de Castilla (de la China), que servía como sudorífico cuando alguien era víctima de constipado, y por ende se apelaba a los parches de Vigo, aplicados a los sentidos, y a los endiablados *sorbitorios* de orines con *sapovolo,* que desollaban las narices, aún las de piel más dura, de los más animosos pacientes.

Cediendo quizá a la misteriosa influencia de un presentimiento, volví los ojos, con el alma oprimida, al corredor, patio y corral de mi casa; a los naranjos cargados de fragantes azahares y de doradas frutas, a los hojosos y verdes piñones, a las extendidas y lujoriosas ayoteras, y a la milpa susurradora, ya en jilotes, cuyas finas cabelleritas de oro flotaban agitadas por el viento. Julián, silencioso, me tomó de la mano, caminamos una cuadra, torcimos por el callejón de la Casa de Moneda, llamada todavía Caja Real, aún sin haber tal Caja ni tal Rey, pasamos por la talabartería del maestro Lorencito, y bajamos la empinada cuesta de la Hoya o de la Joya, verdadero orificio para los transeúntes.

—Julián, ¿te quedarás conmigo en la escuela?

—Sólo voy a dejarte —me contestó concisamente; mi maestro me necesita.

—¡Pues no voy a la escuela!

—¡Pues vas!

—¡Vuelvo a mi casa!

—No te vuelvas, mi maestro lo manda.

Pronunció la última palabra, y, aunque sin desarrollo reflexivo, comprendí por instinto que se me presentaba un ultimátum. Apelé a la fuga, diciendo: "¡Me vuelvo!, ¡me vuelvo!", pero Julián, como el más hábil de nuestros militares, me cortó la retirada, me echó sobre sus hombros, o me cargó a tuto como se dice en esta tierra, y todo fue concluido. No me quedó ni lo último que se pierde: la esperanza. Aun resuena en mis oídos la frase sacramental de mi ayo, triste y conmovedora por lo que tocaba a mí, respetuosa y cumplida por lo que tocaba a mi padre: "¡Mi maestro lo manda!".

Ya capturado, mis gritos fueron horribles: sólo podría compararse con los chillidos de los lechones que, de cuatro a cinco de la mañana, se degüellan en nuestros corrales, empleando muy lentos y muy bárbaros procedimientos, con el fin humano de darnos alimento sabroso y gran solaz, particularmente en las pascuas de Navidad y de Resurrección.

Seguimos la vía dolorosa; caminamos dos cuadras de la callejuela principal del barrio, dimos vuelta por la casa del manteísta Coello, presbítero en cierne, subimos por un callejón estrecho, húmedo y nauseabundo que conducía a la casa del violinista maestro Pablo, que estaba en su puerta, abrigado voluptuosamente con su capote de barragán; y de allí, cayendo que levantando sobre un tosco y desigual empedrado; y bajo los aleros de la casa del maestro, que ostentaban sus tejas enmohecidas y verdosas, y sus parásitas cabezas de viejo, llegamos a la puerta de la escuela, en donde si hubiera sabido los sublimes tercetos del Dante, habría dicho con terror: ¡dejad toda esperanza!

Yo no entré: me entraron; era un cuerpo superpuesto en las anchas espaldas de Julián. Me dejó casi botado en el duro suelo, formado de viejos ladrillos llenos de profundas grietas, único asiento para los discípulos. Mi ayo, al dejarme, me miró con toda ternura de que era capaz, y dio un suspiro. Me equivoco. No suspiró, bufó. Por esto creo a veces que mucho me quería. ¡Fácilmente se puede fingir un suspiro; con dificultad se puede bufar con la desesperación de un bruto, de un irracional! ¡Cómo si sólo los hombres fuésemos racionales, Razón hay en todo lo que existe, y mucho más en todo lo que vive.

Me hallé de improviso en un nuevo mundo, y no me refiero al del inmortal descubridor Colón, que me permite escribir en este obscuro rinconcito de tierra; me refiero al nuevo mundo de mi escuela, al áspero y despiadado mundo de mi maestra Escolástica.

Mis desaforados gritos y mis violentas contorsiones cesaron al ver a mi maestra, severa, imponente, avasalladora como el Dios de los ejércitos; sólo que en vez de estar sentada en un trono, lo estaba en un butaque forrado de suela negra y lustrosa, por el antiguo uso, y sostenida por tachuelas doradas en otros tiempos en mejores días pero entonces de color gris y plomizo, y con los polvillos visibles del óxido.

La divinidad escolar me sorprendió y me impuso. No grité, sollocé, y con mis ojos empapados por las lágrimas, me fijé en que mi maestra era una mujer de treinta y cinco a cuarenta años; encorvada por su penoso oficio de costurera; de pómulos salientes y rojizos por la tisis que la acechaba; de cejas pobladas y fruncidas; de ojos redondos como los del búho, vivísimos y amarillentos por la irritación de la bilis; de gran lunar canelo y cercano a su chata nariz, lleno de numerosos y ásperos pelos negros, de pronunciado y grueso bozo, que parecía escaso bigote de indio; de labios morado obscuro que nunca tenían una sonrisa; de dentadura de blanco y purísimo esmalte; y de tal expresión, en todo su conjunto, que me hace decir, por la dureza y el rigor que revelaba, que era, sin hipérbole, mi temida y temible maestra, un Rufino Barrios con enaguas.

Si la vista de mi maestra me causó extraordinaria y dolorosa impresión, también me la produjo el aspecto de pobreza, rayana de la miseria que mostraba la honrada casa de mi escuela. La pequeña sala, que estaba entre dos cuartitos llenos de lobreguez, tenía las paredes revocadas con tierra blanca, y su techo estaba cubierto de mal ajustadas tablas, blanqueadas con cal, podridas por las goteras, y en las que no escaseaban telarañas de todas formas, que bien hubieran podido servir, tomadas como objeto de estudio, para dar un curso de geometría.

En cuanto al mobiliario, aparte del butaque de mi maestra, atenuadas las primeras emociones que me sobrecogieron, bien puedo formar el pequeñísimo inventario que sigue: una antigua banca de ocote fino, como de cuatro metros de largo por medio de ancho, en ella ponían las discípulas sus pañuelones y los discípulos sus sombreritos. Sobre la banca, y en medianía de la pared, pendía de un clavo gemal una imagen de Nuestra Señora del Carmen, que, en buena ley eclesiástica, no debió ser bendita, y que, en manera alguna, hacía recordar los pinceles de Rafael y de Murillo; la silla de alto respaldo de cuero crudo, de largos pies y de extendidos brazos, propiedad de la Encarnación, hermana mayor de mi maestra, y una mesa de pinabete, que a duras penas podía sostenerse, y que entre dos reglas carcomidas tenía un cajón o gaveta que se abría tirando de una cabuya en forma de gasa o agarradera.

Al pie de las paredes que formaban el cuadrilongo de la sala, se hallaban sentadas mis condiscípulas, con sus canastas de costura, y mis condiscípulos con sus cartillas de San Juan, sus catecismos por el padre Ripalda, sus catones cristianos y sus cartas manuscritas, según el grado de su aprovechamiento. Allí estaban, con sus juveniles sentimientos, comprimidos por severísima inquisitorial disciplina, Rosa, Luisa, Chica y Lupe Fiallos, Juana Lardizábal, Luisa Vásquez, Rosa Guerrero, Moncha Agurcia, Isidra Estrada, Toña y Lola Coello; y entre los alumnos, recuerdo los nombres de Alejando Molina, Ramón Jereda, Jesús Bustillo, José Antonio Carías, el famoso Chémala y su hermano que, por el gran desarrollo de sus posaderas, ha recibido, no sé si bien o mal, el apodo de Taburete. Algunos y algunas han muerto, encontrando en el seno de la eternidad la igualdad de los que se fueron; otros y otras viven, con varia fortuna. De todos hago la dulce memoria que despiertan siempre en el alma las relaciones de compañerismo de los primeros años.

Por lo que llevo referido se deja ver que mi escuela era mixta, al estilo norteamericano, pues vivíamos bajo el mismo techo escolar niños y niñas de todas clases sociales. También era gratuita. Mi desinteresada maestra no cobraba ni un centavo por su enseñanza. Si los padres de familia le hacían algún obsequio, lo recibía con agrado y reconocimiento; si nada le obsequiaban, quedaba tan satisfecha como si le hubiesen hecho los mayores presentes. Igual carácter tenían las demás escuelas primarias, por lo común dirigidas por señoras y señoritas solícitas y virtuosas, entre las cuales se contaban la maestra Bernardita, las maestras Borjas, la maestra Isidra Díaz, y la maestra Eustaquia Gío. ¡Que en alguna parte reciban la recompensa de sus trabajos en pro de la enseñanza de los pobres niños de su pueblo!

Mi llegada a la escuela fue acogida, en mi entender, con un verdadero, pero reprimido sentimiento de simpatía. ¡Mi maestra no daba lugar a sus discípulos para grandes expansiones del alma! A poco de haber sido echado al suelo, mi maestra me llamó:

—Vení acá charoludo, llorón.

En el lenguaje de mi maestra, plegado de provincialismos, charoludo quería decir de ojos grandes y muy feos. Convengo con mi maestra en lo de feos y muy feos; pero en lo de grandes no puedo convenir, pues nunca los tuve tales, ni espero tenerlos, mientras Dios me preste la vida, pues ha mucho que pasé el período de mi completo desarrollo físico. Por toda respuesta acudí tembloroso y dolorido al lugar que ocupaba mi maestra. Me llevó al extremo opuesto en que estaba la banca.

Me puso de rodillas frente a la Virgen del Carmen, y me juntó las manecitas, colocándolas en actitud de implorar. Yo dejaba hacer, con la docilidad con que una pura e indolente niña deja a un joven retratista, a quien tiene vergüenza, que le dé postura adecuada para sacarle su fotografía.

Colocado convenientemente, mi maestra agregó, dándome un empujón:

—Rezá el Bendito...

Un copioso sudor frío corrió sobre mi cuerpo. No podía rezar el Bendito por la incontestable razón de que no lo sabía. Guardé un silencio que tenía toda la elocuencia de un supremo dolor. Vista mi aflicción, de los frescos labios de una de mis condiscípulas, salieron cual una tierna y débil súplica, estas palabras compasivas:

—¡Si no lo sabe! ¡Pobrecito! ¡Tan chiquito!

—¿Qué?... —replicó mi maestra, irguiéndose indignada.

Ante aquel horrible, ¿qué?, todas las juveniles cabezas se inclinaron, como movidas por un solo resorte, y no se oyó ni el más leve rumor.

Pudo percibirse el aleteo de una mariposa.

Recobrada la disciplina, a tan poca costa, mi maestra me dijo el Bendito y alabado sea el Santísimo, tres o cuatro veces; y yo seguía su fuerte y llena voz con mi triste vocecita ahogada por los sollozos.

Después añadió, menos enojada:

—Mañana será otro día, ñor quejitas. Ahora vamos a ver la lección.

Tomó de la banca la cartilla que me había dejado Julián, y me dio, muy despacio, las tres primeras letras del alfabeto, y me despachó, diciéndome:

—Ahora a sentarse y a estudiar.

Volví algo repuesto a mi asiento, es decir, al suelo; puse la cartilla sobre mis juntas piernas; y fijé con empeño la mirada en las letras del alfabeto, para grabarlas en mi cerebro con alma, vida y corazón. Casi siempre me ha perdido el sentimentalismo, que en vano he tratado de dominar a fuerza de estudio, de reflexión y de cálculo.

Cuando *Natura non dat, Salmantica non prestat.* Este aforismo de muy baja latinidad es un aforismo de sabios. He aquí, pues, que me hallaba medio consolado, aprendiendo mi lección, cuando, al tomar dos bocados de mi almuerzo, que se me atragantaron, me conmovió el recuerdo de mi hogar, de mi paraíso perdido. Recordé mis juegos infantiles al aire libre, los sonoros violincitos que fabricaba con las cañitas de maíz, las flautas y clarinetitos que formaba con los tallos huecos de las ayoteras, y los globitos que lanzaba al espacio, sirviéndome de pequeños carrizos que, con levísimo soplo, empujaban el líquido espeso, amargo y corrosivo del piñón.

Hacer tales recuerdos y volver al llanto, todo fue uno. Sin que yo lo advirtiera, cayó silenciosamente sobre la primera página de la cartilla, San Juan y su corderito, y el alfabeto fueron inundados. Cuando me di cuenta de tan horrible desgracia, quise salvarlos, pero mis medios de salvamento, que consistían en grandes frotaciones fueron contraproducentes. El Bautista, en mis manos, no sólo perdió la cabeza, perdió todo su cuerpo; el cordero pereció su santo precursor..., y a la vez no quedó legible ni una sola letra del alfabeto. Serían las cuatro y media de la tarde, cuando mi maestra me llamó para que diera la lección.

Hice un esfuerzo, y la di como aprendiz de oído de música, de memoria. Mi maestra, que era muy ladina, no cayó en el lazo. Me hizo repetir la lección, se fijó en la cartilla, cuya primera página era una completa ruina. Sentí su enorme dedal de plata sobre mi cabeza, y aturdido oí estas palabras aterradoras:

—¡Conque me engañas, charoludo! ¿Qué se hizo San Juan? ¿Qué se hizo el abecedario?

Casi inconsciente, repuse:

—Si..., si yo no fui...

—¿Y quién tiene la culpa, ¿quién la tiene? —replicó, aplicándome un nuevo dedalazo.

No supe ya qué contestar.

Y, sin embargo, la respuesta era sencilla:

—La culpa es de mis lágrimas.

En la vida todo tiene compensación. Si así no fuera, el alma no tendría fuerza bastante para el dolor ni para el placer. Compensé las amarguras del primer día de mi escuela oyendo, en mi hogar, al amor de la lumbre, los sabrosos cuentos de Nina, que era una de aquellas buenas y fieles criadas, tan sólo conocidas en el tiempo viejo. Lo maravilloso del Pájaro del Dulce Encanto, los horrendos crímenes de la Reina Envidiosa, las hazañas y diabluras de Pedro Urde malas, las travesuras y porquerías del astuto Tío Conejo y las candideces y desdichas del imbécil Tío Coyote; narraciones tan variadas e interesantes, ora me hacían abrir la boca, lleno de admiración, ora me hacían desternillarme de risa. Nina era una gran narradora, a quien hubiera puesto muy por encima de Hoffmann y de Andersen, y de los mismísimos Alejandro Dumas y Edmundo de Amicis. Nina era, en mi concepto, un portento de sabiduría, de habilidad y de gracia en el decir. ¡Pobre Nina! Si vivieses me distraerías en mis largas noches de insomnio, como me deleitabas con tus cuentos cuando niño.

Al día siguiente, convencido de que por la razón o la fuerza, como dice la leyenda de las monedas chilenas, de que tanto carecemos, debía ir a la escuela, con el valor de un héroe y la resignación de un mártir, fui con Julián muy temprano, a comprar una nueva cartilla en la "Achinería de Monsiur", situada en el mentidero, o sea en nuestra pequeña Calle del Comercio. Monsiur era un laborioso, amable y decidor negro antillano, de blanquísima dentadura, como los de su raza, y por más señas, cojo como el autor de este cuadro. Monsiur era nuestro Appleton; era el librero de Tegucigalpa. Proveía a las escuelas de textos, cartillas, catecismos y catones; y su establecimiento era tan notable, que en él se hallaban la Aritmética, por Domínguez; la Moral, por Escoiquiz; la Historia de la Religión, por el padre Mazo; novenas escogidas para las viejas, La voz de la naturaleza para las niñas, Bertoldo y Bertoldino para los literatos y ¡qué adelanto!, ¡los últimos Almanaques de Guatemala!

El programa de enseñanza de mi escuela, lo mismo que el de sus congéneres (entiéndase de las escuelas más adelantadas), era muy corto y elemental: Lectura, en letra de molde; lectura, en letra de carta; doctrina cristiana; tabla de multiplicar; escritura, con pluma de ave, o con pluma de acero.

En cuanto al sistema disciplinario y penal, puede asegurarse también que era sencillo, aunque no corto, y un tanto pesadito; faltas levísimas, uno o más dedalazos en la cabeza; faltas leves, hincarse sobre gruesa arena o granos de maíz, por una o más horas; faltas más graves, la misma pena, con la añadidura insignificante de tener los brazos en cruz y con un "tenamaste" en cada mano; faltas más graves, palmetazos en las manos y disciplina en la espalda; faltas gravísimas, palmeta o chirrión en las posaderas descubiertas.

Por reincidencia en las faltas graves, más graves y gravísimas, sentar al criminal en una silla, con la cabeza enflorada y con dos enormes orejas de burro. Esto equivalía al sambenito de la Santa Inquisición o a la vergüenza pública decretada por las antiguas leyes españolas. Estímulos, premios o recompensas, en la escuela, 0, 0, 0.

Pero es necesario ser justo. Cuando uno concluía la cartilla, el catecismo o el catón, había recaudo de la maestra para que diesen al discípulo, en casa, melcochas, horchata y agua de canela.

Pasaban los días, las semanas y los meses, y yo seguía penosa y lentamente el programa de enseñanza de mi escuela. Como el esclavo llega a habituarse a despiadada servidumbre, así llegué a acostumbrarme, triste y resignado, al régimen impuesto por mi maestra. Desde la infancia sentí las más grandes opresiones del corazón. No tenía la amplia y dulce libertad de que tanto necesita el niño para jugar, para saltar, para hablar con desparpajo, para ser comunicativo y alegre. Sin duda de aquí proviene que haya en mí un fondo de tristeza y de amargura que me fuerza a apartarme de los hombres, de los aparatosos espectáculos y públicos paseos; del bullicio del mundo. A veces esa tristeza, esa amargura, degeneran en una verdadera enfermedad, que más me enferma cuanto más la estudio. Esa enfermedad es la cruel misantropía.

Casi todas las escenas que presenciaba en mi escuela, tenían subidos tintes de melancolía. ¡Cómo recuerdo el campanazo de las doce! La Encarnación, recta y delgada como un fino espárrago, salía de la cocinita con un sartén de frijoles brutos, un plato desportillado con seis tortillas y dos tajadas de queso, de muy notable transparencia.

—Colaca, Eugenia, está el almuerzo. Mi maestra dejaba su costura y la Eugenia, su hermana menor, de dulce carácter y de bella presencia, con las mejillas encendidas por la tisis pulmonar, salía tosiendo de su lóbrego cuartito.

Aquellas tres mujeres tomaban en la mano sus dos tortillas, les echaban unos frijoles, que sazonaban espolvoreando las tajaditas de queso; y sin hablar, ora de pie, mirando vagamente al cielo, ora sentadas en el umbral de la puerta de la salita, almorzaban tranquilamente. Si en algo pensaban, ¡sólo Dios lo sabe! ¡Honradas mujeres! ¡Con qué resignación cargaban la pesada cruz de la pobreza! Durante años, jamás las oí manifestar un deseo, exhalar una sola queja, rebelarse, en algún modo, contra la suerte que les imponía las mayores privaciones. El almuerzo sólo era interrumpido, algunas veces, por, un golpe de tos de la Eugenia, que dejaba sus tortillas a medio comer, porque la pobre se asfixiaba.

—¿Sufres, Eugenia? —preguntaba mi maestra.

—Sí, Colaca.

La Encarnación daba un profundo suspiro y llevaba la sartén y el plato a la cocina; mi maestra conducía del brazo a su hermana y se fijaba, como sin interés, en el suelo, para ver si había mucha sangre en los esputos de la enferma. La Encarnación, abatida, iba a apagar el fuego que causaba gasto y a buscar chiribiscos para renovarlo; mi maestra volvía a su butaque, y sombría y firme seguía cosiendo para ganar el pan de cada día. Ña Eugenia, con calentura e intenso dolor en su pulmón izquierdo, seguía tosiendo, sin quejarse, sin pedir nada. Puesto que nada pedía pensaba en la Providencia o, supongo, en la Fatalidad. ¡Tales escenas me desgarraban el alma!

La monotonía en los usos y prácticas de mi escuela, sólo se interrumpía los viernes de Cuaresma en que mi maestra, al amanecer, se bañaba con sus discípulas en el Río Grande; y los días en que llegaba maestro Pablo con su violín o don Bernardo Filiche a tomar chocolate a eso de la siesta.

—Mi maestra está fresca —decíamos los viernes llenos de alborozo; y, en efecto, la frescura de su cuerpo como que refrescaba su alma, tornándola en suave y bondadosa. En días tan felices no había rezongos ni coscorrones, podíamos jugar algunas horas Cucumbé y Nana abuela, en el patiecito de la casa, y la maestra hasta nos dirigía la palabra con cariño, por lo común, para contarnos alguna anécdota picante, como dice el padre Balmes, o algún divertido chascarrillo del linaje de los de mi amigo Federico Proaño, tan celebrado por el inolvidable Juan Montalvo.

El maestro Pablo llegaba de ordinario, por la mañana, después de haber oído misa entera, y con devoción, en la iglesia de Nuestra Señora de las Mercedes. Era recibido con inusitadas muestras de alegría, se repantigaba en el sillón de cuero, templaba su violín, y nos hacía oír los más caprichosos preludios. En nuestras aflictivas circunstancias, ni el célebre Paganini nos habría dado tantos goces como nuestro admirado maestro Pablo. La animación crecía y crecía a medida que el artista multiplicaba sus preludios; y, al fin, mi maestra daba la anhelada voz de mando diciendo:

—¡Vaya, muchachas!

Era de ver el júbilo retratado en todos los semblantes, como transfigurados por el arte divino de la música. Unas cantaban:

Flor dorada que entre espinas
tienes trono misterioso.

Otras:

Perdí mi corazón ¿lo habéis hallado,
ninfas del valle en que penando vivo?

Y otras:

No quiero que a otras mires, ángel mío,
mi bello trovador.

Pero el entusiasmo rayaba en delirio, cuando el maestro rascaba casi con furia su violín e iniciaba, para coro, el cantarcillo popular, de legítima procedencia española, o de abolengo:

Mañanitas, mañanitas
¡como que quiere llover!
así estaban las mañanas
cuando te empecé a querer.

Eres clavel, eres rosa,
eres clavo de comer;
eres azucena hermosa
cortada al amanecer.

No soy clavel, no soy rosa,
no soy clavo de comer;
no soy azucena hermosa
sino una infeliz mujer.

Hasta Chémala, agitando piernas y brazos, unía su vozarrón al concierto o desconcierto, y se hacía sobresaliente, y daba un do de pecho en aquello de:

Ya tocaron la Diana,
mi Coronel lo mandó;
abrí tus ojitos, mi alma,
Chatilla, ya amaneció.

De repente un olor a chorizo asado y a frijoles y queso fritos se transmitía de la vecina cocinita del maestro a la sala de la escuela. El maestro, que tenía muy buenas narices y muy buen estómago, cosa extraña entre los músicos, lo percibía en el acto. Guardaba el violín en el bolsón, se levantaba a toda prisa, y decía, dominado por su apetito, con la precipitación de un derrotado:

—Adiós, Colaca, la Dolores me espera; voy a almorzar.

Y nosotros quedábamos con la mayor de las tristezas, con la tristeza que deja el exceso del placer. Yo, casi muerto en vida, como Carlos V en el monasterio de Yuste, ¡bien pude hacer la exclamación que puso en los regios labios del monarca el inmortal Mariano José de Larra!

—¡Idos mis días de dicha y de ventura!

Cuando llegaban visitas, hacíamos una rápida evolución, girando sobre nuestro propio cuerpo, para presentar la espalda a la visita y tener la cara frente a la pared. Evolucionábamos de esa suerte para no ver lo que no nos importaba, ni acostumbrarnos a tragar palabras, según decía mi maestra. En esto tal vez andaba un tanto desacertada, pues con el rabo del ojo lo veíamos todo, y como no nos tapaban los oídos, y la distancia era muy corta, nos poníamos al corriente de la conversación. Se verá, por lo dicho, que mi maestra no era muy fuerte en materia de óptica, y mucho menos en materia de acústica. La evolución era, de ordenanza, hacerla con la mayor presteza cuando entraba de visita don Bernardo Filiche, el grande y buen amigo de mi maestra. Don Bernardo no era tal Filiche, sino Reyes, pero a su cuerpo delgadito y pequeño y a su cara seca y muy blanca, los hacedores de comparaciones le hallaron semejanza con el cuerpo y la cara de un señor Filiche, uno de los primeros cómicos de la legua, que allá por los años de treinta y tantos, vino de España con su compañero Carballo, quienes llegaron sin hembras a este Real de Minas, hicieron subir a las tablas, con empeño del ilustrado público, a la preciosa Eusebia Manzano, madre del histórico Machetón, y a la linda Marta

Bustillo, madre del Dulce Teo. Por comparación, pues, mis desocupados paisanos, tan dados a decir y a maldecir, para eterna memoria, "filicharon" (y perdone la Academia Española, de la cual soy individuo), a nuestro don Bernardo.

Después de cariñosísimo saludo, y de hablar del calor, o del frío, o del tiempo, mi maestra preguntaba dulcificando su voz, cuanto le era posible.

—¿Ya tomaste tragos, Bernardo?

—No, Colaca; vengo a tomarlos con vos.

Mi maestra se levantaba contentísima, salía presurosa bebiéndose los vientos, y hablaba unas pocas palabras con Ña Encarnación, encargada del arte culinario. Acto continuo Chémala salía a todo escape, cual un caballo de bombero, con dirección a las pulperías de don Camilo, y a poco regresaba bañado en sudor, jadeante y mal oliente, trayendo en un plato con ramajes verdes o cachurecos, dos tablillas de cacao Guayaquil, dos panes de yema o dos cemitas, y una onza de mantequilla olanchana, bien envuelta en una áspera tuza. ¡Momentos felices para nosotros!

Mi maestra tomaba sus tragos o el chocolate, con Filiche, platicaba con vivísimo interés, y hasta con fruición no pecaminosa, como dirían los teólogos, y nos olvidaba por completo. ¡Qué dicha!, podía respirar con libertad. Dios, me perdone: pero, aunque Filiche era casado y velado, según la ley de las Cortes de Toro, y aunque mi maestra era refractaria a los tiernos sentimientos, sospecho que en aquellas dos almas había algo así como el germen de un amor...

(1892).

DON JOSÉ MILLA Y VIDAURRE

Jamás se olvidan las impresiones experimentadas en aquella edad dichosa, en que despierta el alma a la vida del sentimiento y de las ideas. Allá, por el año de 1864, en las horas de esparcimiento que me dejaban mis asiduos cuanto malogrados estudios de Filosofía escolástica, leía, con el más vivo interés, sintiendo ciertas extrañas palpitaciones del corazón, *La hija del adelantado,* preciosa novela histórica de José Milla (Salomé Jil), cuya narración, llena de colorido y de poesía, me hacía ver, rebosando de vida, a doña Leonor de Alvarado, tan joven como hermosa, tan hermosa como enamorada, y a doña Beatriz de la Cueva, a *La sin ventura* —cuya firma autógrafa después he visto—, muriendo con el alma presa de todos los dolores en medio de la primera catástrofe de que fue teatro en el siglo XVI, la Ciudad de Santiago de los Caballeros, la Antigua Guatemala, edén perdido, que a no haberse conjurado en su contra la naturaleza, aun fuera, después de México, la población más importante de la América española.

Nada engendra tantas ilusiones como el gusto por las letras; nada causa tan imaginarios y desinteresados afanes como la afición a lo bello; nada produce tantos y tan dulces ensueños como la predilección por el arte; fenómenos todos que son manías ridículas, extravíos risibles para quienes sólo viven del tanto por ciento, para quienes, con el alma petrificada, respirando en la atmósfera de un frío mercantilismo, ignoran ¡ay! que el culto a lo bello y a lo grande es un oasis en el desierto de la triste vida, y las ilusiones y los ensueños que produce, bálsamo preciadísimo que atenúa los crueles dolores que causa la desnuda, repugnante, y a veces, odiosa realidad de la existencia.

Una de mis ilusiones de adolescente, inspirada por la lectura de *La hija del adelantado,* fue la de conocer al autor de la obra tan bella, y que, en mi supina ignorancia, consideraba exenta de todo defecto, y, por ende, libre de ser objeto de la más leve crítica. Me solazaba con los recuerdos históricos, y con las creaciones del sentimiento y de la imaginación del autor; no veía, no podía ver su obra al trasluz de los principios y de las exigencias del arte. A los dieciséis años, aun con instrucción, de la que he carecido y carezco, no se puede ser crítico; sólo se puede sentir y admirar. Parece que entonces el dulce sentimiento de la benevolencia llena todo nuestro ser, como para que más tarde sea menos amarga la hiel que, a fuerza de desilusiones, de desengaños, llega, en la edad madura, a envenenar el fondo de nuestra alma.

En el año de 1867, vi realizada mi acariciadísima ilusión: conocí a José Milla. El autor de los *Cuadros de costumbres* y de *La hija del adelantado* daba lecciones privadas de Literatura a los jóvenes más distinguidos de Guatemala y de las Repúblicas vecinas, entre quienes se contaban Antonio Batres, Marco Aurelio Soto, Salvador Falla, Vicente Sáenz y Ricardo Casanova, hoy sacerdote, y sin duda, el sacerdote más instruido de la América Central.

¡Cómo tengo grabado el recuerdo de aquellos días y de aquella fecha en que conocí a José Milla! Era una sombría tarde del mes de junio; el calor primaveral aún se sentía, y las primeras recias lluvias de invierno iban a caer. Después de haber recorrido, en estudiantil paseo, la bella alameda del Teatro de Guatemala, formada de frondosos amates y de copados naranjos, que perfumaban el aire con las ricas emanaciones de sus miles de azahares, llegué, acompañado de Marco Aurelio Soto, a la modesta casa de Milla, que vivía a la sazón cerca del barrio de la Merced. Llegué con toda la timidez y hasta con el encogimiento propio del estudiante provinciano. Iba a cumplir un gran deseo; pero temía encontrar algo grande que me avasallase, y esto me daba pena, mucha pena; más la presentación cordial de Soto, mi cariñoso amigo, y la buena acogida de Milla, del hombre modesto, afable y civilizado, me hicieron olvidar bien pronto mis secretas inquietudes, mis penas de estudiante, motivadas por la presencia del literato que había admirado a través del tiempo y de la distancia.

Milla, que en aquella época tenía una altísima posición política y literaria, aun viendo en mí lo que debía ver, a un imberbe y pobre estudiante, me recibió con su genial benevolencia, y accedió gustoso a mi deseo, manifestado por Soto, de ser su discípulo en la clase de Literatura.

Nunca olvidaré las lecciones que Milla nos daba, de cinco a seis de la tarde, en su cuarto escritorio, y a la moribunda luz del sol poniente que penetraba a través de los limpios vidrios de la ventana de la habitación. Nos explicaba los preceptos del arte del bien decir, las reglas del arte poética, y por vía de ejemplo, pasaba en revista los escritos en prosa y verso de los más afamados clásicos de la literatura española, que conocía profundamente. En mí se operaba, si puedo decirlo así, un trabajo de absorción; recogía en lo íntimo de mi pensamiento todas sus lecciones; pero, a la verdad, aparecía como distraído y como aturdido, hablaba muy poco, y con justicia me hubieran podido dar el calificativo de muy tonto. Hay épocas en que la vida sólo es una fuerza interior. ¡Ay! nadie sabía lo que pasaba en mi alma. Acababa de dejar mis nativas montañas de Honduras, acababa de dejar mi patria, mi pobre hogar, mi familia, mis amistades de la infancia, y los afectos más íntimos que formaban en mi corazón un fondo de inextinguible amor y de infinita ternura: me encontraba en una sociedad nueva, desconocida, pobrísimo y desvalido estudiante, con recuerdos dolorosísimos de ayer, y con amargas incertidumbres para el día de mañana; me encontraba con el alma enferma, desolada, deshojada en flor; y no obstante, con esa fácil, prodigiosa asimilación de la juventud, lo entendía todo, lo comprendía todo; pero ¡ay! en los labios, enmudecidos por honda y secreta pena, expiraba la palabra, apenas nacida, y sólo había interesantísimos, inmensos dramas, allá en lo recóndito de mi alma afligida, afligida por los dos más grandes dolores, el dolor de la nostalgia, y el dolor de la esperanza interrumpida y acibarada por las más crueles incertidumbres: ¡Qué pensar en el porvenir, desvalido, sin nombre y sin fortuna, es el dolor de los dolores, es un dolor infinito!

En tal estado de ánimo continué siendo el discípulo de José Milla, atesorando cada día más amor a las letras que son, para los que tienen una sensibilidad delicada, el consuelo de los consuelos. ¡Benditas sean las letras! Ellas reflejan en el páramo de la vida algo de lo ideal y de lo eterno, algo que hace desligarnos de las pequeñeces y miserias del mundo, algo que sobre la dura prosa de la tierra nos deja ver la poesía del Cielo, algo que si nos engaña, nos engaña de inocente manera, algo que nos hace soñar despiertos, algo que nos da dulcísimos ensueños que valen más, mucho más, que todas las grotescas realidades de la ambición, del cálculo, de la mentira...

A vuelta de muchas vicisitudes que sólo a mí me interesan, vino en mi ayuda la reflexión, y me hice hombre. Terminé mi carrera de abogado, y tal vez, por mi mal, me inicié en la vida política. La lógica de las ideas, de las edades y de las circunstancias, me separó de mi maestro de literatura. Vino la revolución de 1871 en brazos de la opinión pública; Milla tan docto, tan lleno de experiencia miraba al pasado; yo, tan indocto, tan inexperto, miraba al porvenir; él se impuso voluntario al destierro, y fuese al extranjero a acrecentar, todavía más el caudal de su rica inteligencia; y yo, joven y entusiasta, quédeme trabajando, en la escasa medida de mis fuerzas, alentado por ciega fe, cifrada en la regeneración social y política de Centro América.

¡Qué de cosas han pasado! ¡Qué de transformaciones se han operado; y qué de desengaños han venido desde aquella época en que, apenas salido de la escuela del señor Milla, ¡tuve ocasión de tomar alguna parte en la propaganda de las ideas que formaron el honroso programa de la revolución del 71!

En medio de los azares de mi vida, y a despecho de mil vicisitudes, no he podido dejar mi afición a las letras, ni prescindir de los sentimientos de gratitud y de alto aprecio que supo inspirarme el maestro entendidísimo, cuyas obras y cuya enseñanza se relacionan con grandes y eternos recuerdos de mi juventud.

Tan grandes y tan íntimos recuerdos viven aún al calor de la reflexión. He estudiado las obras de Milla y he reflexionado sobre ellas; y si hoy no las considero como producto del genio creador, las considero, en su mayor parte, como hijas de un verdadero talento, de una vigorosa imaginación, de una instrucción sólida y variada, y de un delicado gusto en materias literarias.

Nadie que haya leído *La hija del adelantado, Los nazarenos, El visitador, Los cuadros de costumbres, El libro sin nombre, Un viaje al otro mundo, pasando por otras partes,* y el primer tomo de la *Historia de la América Central,* podrá negar a José Milla dotes de eminente escritor. Nadie podrá negarle un ingenio fecundo, una imaginación amena y chispeante, una erudición vastísima, un selecto y delicado gusto, un estilo lleno de intención y de agudezas, y un lenguaje puro y correcto que valió él honrosísimo título de miembro correspondiente de la Real Academia Española. Nadie que haya leído y estudiado las muchas obras, de diverso género, de José Milla, del escritor más fecundo de Guatemala, podrá negar que tan insigne hombre de letras es una honra, es una gloria nacional de Centro América.

Y hombre tan importante, que vivió en medio de una honradísima pobreza, porque Milla fue siempre probo; y literato tan esclarecido que, a costa de penosísimas vigilias, escribía la grande obra de la Historia de la América Central; y maestro tan desinteresado y benévolo y cariñoso, ha muerto, ha desaparecido para siempre, dejando un gran vacío en los puestos casi desocupados de las letras centroamericanas, vacío sólo comparable, en su grandeza, a la grandeza de la indecible pena de todos los que sabíamos estimar a José Milla, por su talento, por su probidad, por sus estudios, por sus obras, por ser, en fin, el ilustre decano de la literatura centroamericana.

Ni tiempo ni tranquilidad de espíritu tengo para escribir algo que sea digno en la reputación literaria, y de la grata memoria de José Milla, del que fue mi maestro generoso. Los conceptos expresados no forman propiamente ni una necrología, ni una semblanza, ni un apuntamiento biográfico, ni un juicio crítico, con respecto a la persona honorable de José Milla. He hablado de mis sentimientos, de mis impresiones, con relación a su persona y a sus obras, y de sus dotes y de sus virtudes con relación a mis sentimientos y a mis impresiones; he empleado, no el lenguaje lógico y correcto del que reflexiona: he usado del lenguaje desordenado, pero natural y sentido, del que sufre profunda pena en el fondo del alma. No sé qué calificativo, según el arte, puede darse a estas líneas, ni me importa saberlo. Lo único que sé es que debo mucha gratitud al que fue mi bondadoso maestro, y que debo expresar tan noble sentimiento; lo único que sé es que José Milla, uno de los pocos, de los muy pocos, que han merecido y merecen el nombre de escritores en la América Central, ha dejado huérfanas a las letras centroamericanas; lo único que sé es que todos los hombres de esta generación desgraciadísima, que no nos entregamos, en cuerpo y alma, al culto de la falsa política del éxito, que amamos todo lo que es honrado, noble y bello, debemos sentir, con dolor entrañable, el eterno eclipse de una de las inteligencias que más enaltecen a nuestra América Central.

¿Pero hay verdadero y eterno eclipse tratándose de los hombres de ideas? No. La luz de la inteligencia, aunque velada por la muerte o por la ingratitud de las rencorosas pasiones de los contemporáneos, reaparece, día por día, en el oriente de la vida de las presentes y de las futuras sociedades. José Milla, querido maestro, has muerto; pero la luz de tu inteligencia, reflejada en tus obras, aparecerá siempre radiante de esplendores, en el hermoso oriente de las letras centroamericanas.

(1882).

113

ARCADIO ESTRADA

Raro es, a la verdad, encontrar en los diversos estudios sociales reputaciones tan altas, tan justamente merecidas, que quienes las poseen como signo luminoso de distinción honrosísima, no necesiten, para que se les reconozcan por el común sentir de los hombres, haber dicho su postrer adiós a esta vida terrestre, de dudas, de agitaciones de pruebas de dolores, de animosidades y combates; haber traspasado los silenciosos lindes del sepulcro para espaciar su espíritu, ya desligado de humanas pequeñeces allá, en las inmensas, misteriosísimas regiones de la eternidad.

El don excepcional de que el hombre en la vida goce del mismo preclaro concepto de que ha de gozar su memoria, cuando se hayan extinguido los últimos latidos de su corazón, cuando se haya apagado la última luz que reverbera en sus ojos, cuando hayan huido los últimos instantes de la existencia, dejando en pos de sí sólo un recuerdo; ese don excepcional es obtenido únicamente por los hombres privilegiados que al genio o al talento, han sabido asociar grandes virtudes, grandes y meritorias obras.

Uno de esos hombres privilegiados fue nuestro amigo Arcadio Estrada sobre cuyos inanimados restos, para nuestro dolor, pesa la fría losa de la tumba, pero sobre cuya memoria no pesará jamás la losa más fría de la indiferencia y del olvido. Arcadio Estrada, hombre nacido cual la vestal de los antiguos tiempos, pero para conservar y alentar el fuego sacratísimo de la ciencia, fue un hombre de su tiempo, de su época. Fue más que esto: por sus ideas progresivas, hasta lo sublime, avanzó más de un siglo a su propia época. Desde temprana edad nuestro amigo comprendió que la profesión de abogado conduce a todo, como lo ha dicho un escritor célebre, y se dedicó, lleno de levantadas aspiraciones, a la carrera nobilísima del foro. Inútil es decir que el alumno imberbe anunciaba al adulto de gran talento, que el adulto revelaba lo que sería el hombre completo de dilatadas y grandiosas ideas.

Estrada penetró por fin en el templo de Temis: recibió dignamente la investidura de abogado. Reconocidos sus talentos, su gran saber, su probidad neticia, llegó a ocupar el sillón de la magistratura, ya como Juez de Primera Instancia, ya como individuo de la Corte de Apelaciones; y todo, a pesar de la prevención, si se quiere, de la ojeriza con que le vieron los hombres del pasado régimen, quienes encontraban en Estrada la protesta científica, la protesta económica, la protesta política y social, manifiesta en las ideas del pensador, adverso al gobierno de ineptos frailes y de hechizos próceres: al gobierno de la teocracia y del privilegio.

Sucede con frecuencia, y más entre nosotros, apenas emancipados de la educación colonial que nos esteriliza, que mata en flor los talentos de juventud; sucede, decimos, que los jóvenes que se consagran al estudio de las leyes que, por nuestra mengua, son en su mayor parte las vetustas leyes romanas y españolas; sucede que esos jóvenes, en razón directa de su perseverancia y de su concentración en las materias de su estudio, pierden las aptitudes más indispensables y preciosas para la vida práctica, que significa producción constante de hechos morales y materiales encaminados a dar movimiento y progreso a nuestra sociedad, no necesitada de rancias y vagas teorías, sino de hechos fecundos en la vida práctica, individual y social.

Estrada, hábil piloto en el revuelto mar de la ciencia en fuerza de su talento, supo evitar el escollo en donde se han estrellado tantas y tan bellas inteligencias. Conocía, y conocía muy profundamente nuestra desacorde, viciadísima legislación, hecha para imperios absolutos, y adaptada, en mala hora, para países republicanos; pero si conocía los Códigos Romanos, los Códigos Españoles, las Leyes de Indias, con su cortejo de indigestas glosas, comentarios e interpretaciones, si conocía todo esto, no dejaba fascinarse por la pueril vanagloria de poder penetrar en el laberinto legislativo y salir de él con facilidad, sino que sus profundos conocimientos de lo que nosotros tal vez llamaríamos fatales antiguallas, sólo le servían, en su mayor parte, para inspirarse y fortalecerse en la creencia de que Guatemala y los demás países latinoamericanos necesitan de legislaciones propias, que sean la expresión de su índole peculiar, de sus necesidades e intereses, de sus formas de gobierno, y de las tendencias y aspiraciones progresivas, humanitarias de la época en que viven y se agitan las modernas sociedades. Estrada, pues, no era como la mayoría de los abogados, un repertorio viviente de leyes y de glosas inútiles, aprendidas y recordadas sin crítica ni discernimiento. No; Estrada, entre los muchos abogados centroamericanos que conocemos, era uno de los pocos, de los muy pocos que merecieran el título de Jurisconsulto. Para Estrada, la legislación y la jurisprudencia no eran un hacinamiento de principios vagos y de leyes escritas, comentadas al capricho, sino ciencias verdaderamente tales,

116

que deben depurarse en el vasto crisol de la Historia y de la Filosofía, y obedecer indefectiblemente a la ley suprema del progreso humano.

Pero nuestro amigo no debe ser juzgado tan sólo como el hombre de la ley, como el verdadero poseedor de la ciencia del Derecho. ¡Ah, no! El temple de su alma no era el que corresponde al vulgo de las gentes. Alma apasionada, susceptible de todos los nobles impulsos, de todos los sentimientos más humanitarios y expansivos, no podía hacer de la ciencia el solo ídolo de su pensamiento y de su culto; su corazón generoso lo estimulaba siempre a interesarse con amor y con fe en la suerte de sus conciudadanos, de los pueblos, de la humanidad; a constituirse con los medios que le dieron su inteligencia y su saber, en impugnado declarado del despotismo militar y teocrático. Sí. Estrada fue uno de los opositores más sinceros y perseverantes que tuviera el régimen de los treinta años. Era prohibido escribir. Pero Estrada, a impulsos de la opinión, ocupaba el banco del diputado, y en diciembre de 1867 escribe y presenta a la Cámara su famoso informe y proyecto de ley sobre instrucción primaria, escrito notabilísimo que obra en nuestros archivos para eterna vergüenza de los que explotaban la ignorancia, para convertirla en instrumento de dominación tiránica, y para eterna gloria del pensador guatemalteco que aspiraba a explotar la inteligencia, la luz del saber, para convertirlas en instrumentos de vida, de adelanto y venturas patrias. Era casi prohibido hablar; hasta la palabra estaba a punto de expirar en los labios de la oposición. Mas, Estrada, al lado del gran opositor, García Granados, se subleva siempre contra los avances del poder, y deja oír su suave, pero vibrante e inspirada palabra, haciendo la protesta enérgica contra los fusilamientos llevados a cabo, económicamente, por el Mariscal Cerna en el fuerte de San José.

Estrada, en el curso de sus largas campañas parlamentarias, no mostró, no podía mostrar las dotes de eminente orador. Le faltaban muchas condiciones físicas para serlo: su actitud no era oratoria; su palabra, aunque abundante, facilísima, era débil, y a veces llegaba su tono hasta la languidez. En lo moral, sus ideas y observaciones eran siempre notables, muchas veces profundas; pero era tal la aglomeración de conocimientos, de diversas especies, que atesoraba en su rico cerebro, que en pocas ocasiones podía notarse la ilación constantemente sostenida en el discurso, prenda que, a la verdad, constituye el carácter propio del orador experimentado y superior en las lides de la palabra. Por encima de estos inconvenientes, Estrada revelaba de continuo las convicciones más sinceras, más íntimas, más puras, expresadas en correctas frases, llenas de sentimentalismo, que, por ser inspiradas por el corazón, llevaban la persuasión al auditorio que nunca deja de sentir y de aceptar en su ánimo la influencia de la fe, del sentimiento y la esperanza.

Desde 1868, año en que se verificó la reelección del Mariscal Cerna, empezó a fermentar activamente la revolución tan ansiada por Estrada, como el único medio de dar en tierra con los poderes tradicionales, cada vez más reñidos con la opinión de los pueblos, y por ende, cada vez más próximos a su definitiva ruina.

Las vías legales habían sido vistas con soberano desprecio por los ministeriales, y eran ya totalmente ineficaces para los opositores. Era, pues, inevitable la revolución armada, y ésta triunfó espléndidamente el 29 de junio de 1871. Estrada contempló con entusiasmo la coronación de la obra en que había sido activo cooperador. Ancho campo se presentó entonces a su vista para explotarlo en beneficio de las ideas de libertad y progreso que había anhelado ver reconocidas y planteadas en las patrias instituciones.

¡Pero cuánto dista el hombre ilustrado, el pensador profundo, de ser en todos casos, el hombre de gobierno, el emprendedor de prácticas y reformas que hace frente a la preocupación, a la ignorancia y al egoísmo, que se sobrepone a todo, y lucha, sin darse punto de reposo, hasta destruir los esfuerzos de los amigos del pasado, para consolidar así, y solo así, instituciones que tiendan al bien presente y a grandes destinos para lo porvenir!

La distancia a que nos referimos entre uno y otro tipo, la hemos visto realizada en nuestro amigo. Estrada fue Ministro de Relaciones Exteriores y de Negocios Eclesiásticos del nuevo Gobierno de la República, y terminó sus días con el cargo de consejero de Estado; y en esos elevados puestos, a pesar de haber sido útil, utilísimo con sus luces, con sus conocimientos, cuando se trató de las medidas de reforma que han renovado la faz de Guatemala, abriéndole espaciosos horizontes de mejor porvenir, Estrada se mostró vacilante, indeciso, y a seguir por norma su criterio, las leyes de reforma serían aún el desider tum (aspiración o anhelo que aún no se ha cumplido), del partido liberal de la República.

¡Qué de veces a los amigos íntimos de Estrada nos preocupaba hondamente sus dudas, sus vacilaciones, sin podernos dar una explicación satisfactoria acerca de ellas! Qué de veces nos decíamos:

118

¿por qué el hombre radical, el pensador más avanzado vacila, al tratarse de poner en planta la reforma que él mismo ha reconocido siempre como antecedente necesario para obtener el triunfo de las ideas progresivas que profesa?

Sin embargo, reflexionándolo bien, hay dos causas que explican el contraste que apuntamos en la vida pública de nuestro amigo. Estrada si poseía una inteligencia superior, poseía también una sensibilidad harto impresionable, tierna y delicada. Podía, pues, soportar con vigor el combate en el despejado campo de los principios, de las ideas, pero no podía resistir, por su índole sentimental, la ruda lucha en el escabroso terreno de los hechos, en donde se hieren intereses, en donde se agitan las pasiones, en donde se suscitan las manifestaciones de profundos resentimientos, de concentrado encono, y tal vez hasta de implacable venganza. Luchas de tal linaje, crueles muchas veces, pero fatalmente necesarias, sólo están al alcance de las fuerzas del hombre de Estado que asocia las ideas a la acción de los hechos, por más que éstos, bajo algún concepto, vengan a hacer patentes muy tristes realidades. Pero Estrada no era hombre de esa talla; era un gran pensador, era un ideólogo profundo. Si aquí nos hubiésemos educado bajo la institución de una prensa libre, Estrada hubiera sido un gran propagandista, sirviéndose del folleto y del periódico. Si nos hubiésemos educado bajo el régimen de la libertad parlamentaria, Estrada, desde la tribuna, hubiera sido también un gran propagandista de las ideas de la libertad y de progreso: pero Estrada, colocado en el Gobierno, en la Administración, por medidas radicales y eficaces, no podía ni hubiera podido servir a sus ideas llevando a práctica en lucha activa, la reforma de las instituciones sociales, pues Estrada lo repetimos, no era, no podía ser hombre de Estado.

Causa de diversa índole, causa orgánica es la que contribuye a explicar el contraste que hemos notado. De antiguo, penosísimas dolencias físicas aquejaban a nuestro amigo, extenuando su organismo y disminuyendo por lo tanto la actividad y energía de su espíritu.

Particularmente en los últimos tiempos en que Estrada tomó participación en la política, no era más que un frágil vaso, pronto a romperse para dar salida a la esencia purísima de su grande alma. Sin duda tal estado de su organismo contribuyó a motivar sus vacilaciones que tanto sentimos porque hubiéramos querido verlo, en todo y por todo, a la altura de sus nobles y grandes pensamientos.

¡Pobre amigo! Cuanto decimos al juzgarte sólo pertenece al dominio de los recuerdos. Tu existencia no es ya una realidad para tus numerosos amigos que no te verán más, como magistrado íntegro, ejerciendo el augusto ministerio de justicia; que no te verán más, en el Concejo, derramando a manos llenas, los tesoros de tu ciencia; que no te oirán, no, en el Parlamento, defender con tu palabra literaria, dulcísima, los fueros del ciudadano y de los pueblos; que no te oirán, no, en los salones a donde con tu carácter afable, comunicativo, llevabas la chispa divina del entusiasmo y del contento! Pero si tu existencia pasó como brillador, fugaz meteoro, hijo ilustre de la patria que te llora, hay algo que no pasa, que vivirá siempre: la memoria de tu talento y tus virtudes.

(1874).

ELOGIO DE MIGUEL GARCÍA GRANADOS

(Discurso pronunciado en la Asamblea Nacional de Guatemala, el 31 de diciembre de 1872).

Señores Diputados:

La hora es solemne: el incidente, tan grave como inesperado, que se ofrece ante vuestra ilustrada consideración, entraña nada menos que los intereses más caros de nuestra causa: envuelve nada menos que la consecuencia del carácter, la dignidad política de todos los guatemaltecos que, en odio a la tiranía, y por noble apego a los principios por respeto, por profundo respeto a la justicia, por amor, por amor entrañable a la patria, abrazaron llenos de fe y de esperanza, la grande, la memorable revolución de mil ochocientos setenta y uno.

Señores Diputados:

La renuncia que de la Primera Magistratura de la República ha presentado el señor don Miguel García Granados, pone en la medida de vuestro criterio, los resultados de la gloriosa revolución que ha traído a la memoria: pone en vuestras manos la incierta balanza de los destinos de la República que a no dudarlo con vuestro juicio, con vuestra prudencia sabréis inclinarla hacia el lado que indica el patriotismo, hacia el extremo que demandan los sentimientos más nobles y elevados de la conciencia humana que demandan las rectas y más puras inspiraciones de la gratitud nacional.

Yo bien sé cuánta rectitud, cuanta cordura, cuanta decisión por el bien de Guatemala se anidan en vuestras almas de hombres dignos. Muy bien lo sé; y por eso, señores, yo no vengo aquí a esforzarme porque mi palabra siempre tan pobre de atractivos hiera vuestras imaginaciones, conmueva vuestra sensibilidad y arranque del fondo de vuestra conciencia la resolución que más cuadre con la dignidad de nuestra causa, con las conveniencias impersonales de la patria.

Pero, señores, si no me propongo inspirarles convicciones porque como buenos ciudadanos las deben tener bien formadas, si no puedo no debo ni quiero influir sobre su juicio en este acto trascendental en que de todas veras deseo que se ostente en todo su esplendor, la manifestación del criterio personal de cada uno revestida de completa, de absoluta independencia; si no me propongo nada de eso, me sea permitido, señores, en tan grave asunto como el que nos ocupa en ocasión tan solemne como ésta, externar, más bien que mis ideas, mis propios sentimientos, los más íntimos, los más relacionados con la fe con la lealtad de mi conciencia.

En el dictamen de la Comisión de que he formado parte está mi voto en contra de la admisión de la renuncia hecha por el Señor Presidente Provisorio de la República. Quiero y que su benevolencia lo consienta confirmar mi voto, manifestándoles con toda la ingenuidad de mi carácter que lo he emitido en fuerza de altas razones de política, en fuerza de lo que exigen los intereses de nuestro país, en fuerza de lo que demandan los fines de la Revolución, y sobre todo en fuerza de un sentimiento superior, honra del hombre, honra de las sociedades, honra de las naciones; en fuerza, señores, del sagrado sentimiento de la gratitud.

Los partidos políticos, cuando no son consecuentes con su programa, se quitan la vida, son suicidas. Y bien, señores, supongan por un momento que aceptan la dimisión del Señor Presidente García Granados; dan ese supuesto y entonces tanto valdría como decir que el partido liberal negaba su confianza al hombre que ha personificado y personifica sus principios y entonces al renegar ingratamente del hombre que ha defendido los fueros del derecho y de las libertades públicas renegarán en cierto modo, de los principios, haciendo ver que no les place sean servidos con constancia y con lealtad.

No se me oculta, señores, que mucho se habla de la extrema generosidad, de la suma tolerancia del Presidente Granados, actitud que al sentir de algunos alienta los trabajos de los enemigos, produce la incertidumbre, el malestar, dando pábulo a la moda de criticar y escarnecer al Gobierno; porque, señores, se ha hecho de moda falsear y vilipendiar todos sus actos; y ojalá que moda tan usada no cueste días de sangre, de lágrimas y duelo.

Pero, señores, es tan extraño como desconsolador que algunos queriendo poner remedio a los males de la situación, pretendan fuerza y sólo fuerza en el Gobierno actual. Yo no me opongo a la energía en la administración; pero yo no quiero, no puedo querer el imperio de la fuerza en nuestro país.

El señor García Granados, seguido de sus valientes, trajo una revolución encaminada a formar un sistema de instituciones, un régimen administrativo que garantice los derechos de todos, que vivifique el espíritu de la sociedad y aliente y proteja los positivos progresos de la República; no vino, no, ese hombre generoso a fundar un Gobierno personal, a privilegiar clases sociales, a convertir la política en mercado de infames logrerías. Y si hay alguna verdad que se establezca en la historia para eterna enseñanza de los hombres y los pueblos es que un programa como el del señor García Granados no se realiza con la fuerza. Esta mantendrá a los hombres más o menos tiempo en la cima del poder, aunque sea entre ríos de sangre y torrentes de lágrimas; (sensación), pero la fuerza, señores, en ningún tiempo ha fundado nada, y nunca será capaz de dejar algo estable, de dejar las instituciones permanentes del derecho y la libertad.

Para confirmar mis asertos no quiero espaciar la mirada por el Viejo Mundo; citaré ejemplos de las Repúblicas latinoamericanas que han tenido las mismas vicisitudes que la nuestra, que algunas tienen circunstancias análogas a las actuales de este país y que sin duda les está reservado el mismo porvenir. Santa Ana en Méjico, Rosas en Buenos Aires, el doctor Francia en el Paraguay, Monagas en Venezuela, Melgarejo en Bolivia, y aquí no más, Carrera en Guatemala y Medina en Honduras; ¿qué han dejado de permanente y de honroso? La fuerza que fue su sistema; ¿formó la conciencia pública?, ¿disipó las tinieblas de la ignorancia?, ¿desarrolló las riquezas naturales e hizo sacar provecho a los pueblos de sus grandes ventajas?, ¿dejó moralidad en las sociedades, moralidad en la administración del Estado? No, señores, la fuerza sólo ha dejado hondos vicios sociales y ruinas justamente lamentadas, y eso nos prueba la verdad de lo que ha dicho el gran tribuno de la democracia española, Castelar: Las bayonetas servirán para todo, menos para sentarse sobre ellas.

Los intereses materiales y morales de nuestro país reclaman la no admisión de la renuncia del Señor Presidente García Granados. La renuncia admitida implicaría un cambio en la administración del Estado; y un cambio, señores diputados, en un país trabajado por grandes sacudimientos políticos, en un país como éste, que aún no tiene su Ley Fundamental, que aún no posee nada fijo y definitivo, en un país que penosa y difícilmente hace esfuerzos para organizarse;

un cambio, señores, en circunstancias tales, ofrece en perspectiva larga serie de trastornos, de incertidumbres y conflictos. Conjuremos, pues, los males que pudieran amenazarnos; conjurémoslos en obsequio de todas las clases sociales, en gracia de sus más vitales intereses.

Señores Diputados: El cumplimiento de los grandes, de los altos fines de la revolución, lo veo relacionado con la no aceptación de la renuncia que nos ocupa. Hoy tenemos norma segura para juzgar que se atiende a la opinión pública y que se va en pos de un régimen de legalidad y de justicia. Si realizan un cambio, yo auguro que en medio de complicaciones y cercados de dificultades reaccionarias, yo auguro, señores, que el porvenir no corresponderá a las esperanzas y justas previsiones del patriotismo cifradas en el cumplimiento, en la práctica del programa de la Revolución del 71.

Voy a hablarles del sentimiento de la gratitud. Yo, señores Diputados, no he desplegado mis labios en esta Augusta Asamblea para pronunciar una palabra, una sola palabra que importe lisonjas al Poder. No, yo no adulo al Poder porque eso no entra en mis principios, en mi educación, porque tampoco necesito hacerlo, ni lo necesitaré jamás. Pero ahora voy a hablar de una persona que bien merece nuestro reconocimiento, y al hablar, señores, yo olvido al Mandatario para fijarme sólo en el hombre grande y generoso.

El señor don Miguel García Granados en la negra y prolongada noche del despotismo aparece solo, casi sólo en la tribuna del diputado; hace resonar en ella la idea libertad, casi muerta, casi muerta en Guatemala; combate al despotismo durante veinte años; con bizarría entereza, con sobresaliente brillantez; su propaganda le cuesta la persecución y el ostracismo y en el destierro a donde se lleva el alma preñada de amarguras y aflicciones en el destierro, alienta la misma idea, trabaja sin tregua por el pensamiento de dar libertad a Guatemala. Por fin, el hombre de la oposición se hace el hombre de la espada y seguido de un puñado de valientes, de un puñado de héroes, sus intereses, el apego a la vida, olvidándolo todo, todo, se presenta en los campos de batalla y hace ver que quien con la palabra supo calcinar las preocupaciones e ideas del bando retrógrado, con la espada sabía también pulverizar las huestes del despotismo. Sus victorias fueron numerosas y espléndidas, y cuando vio coronada su obra con el último triunfo no vino a esta capital, señores, a obtener reparaciones, a saciar venganzas; vino, sí, con grande espíritu de benevolencia, con palabras de perdón en los labios, para todos, aun para sus más encarnizados enemigos; vino a restaurar, las libertades, a dar estímulos al progreso y a labrar con sus esfuerzos la regeneración de esta patria querida.

Señores Diputados: Y a un hombre que tal hace, que hoy se ocupa en organizar la República, a un hombre que combatido por parcialidades políticas algunas sólo personalistas; a un hombre que hoy nos dice aquí está el poder, yo no quiero ser un obstáculo al bien de mi patria, yo no ambiciono el mando, mi única ambición sería la de consagrarlo a la felicidad de mis conciudadanos; ¿a un hombre tan desprendido, tan abnegado, nosotros, señores, le responderemos: no tienes nuestra confianza, nuestros esfuerzos, nuestros votos? ¡Oh, señores, la conciencia se subleva, rebosa de indignación al sólo imaginar tamaña, tan terrible, tan incalificable ingratitud!

Señores Diputados: Yo descanso, yo tengo fe en su cordura, en su patriotismo; pero si por una ofuscación del momento difícil de explicarse, admitieran la renuncia del Presidente García Granados, con honda pena, con intensísimo pesar, yo les diría, señores diputados: "Dejo este puesto (señalando la tribuna), y salgo de este recinto para no volver más, porque aquí no encuentro nobleza de alma, no encuentro grandes inspiraciones; dejo este puesto y salgo de entre ustedes, porque aquí no hay reconocimiento al mérito, a las virtudes públicas; dejo este puesto y salgo con mis ilusiones perdidas, porque aquí no se anida la noble gratitud, y donde no hay gratitud no hay conciencia, y donde no hay conciencia no hay honor para los ciudadanos, no hay honra, no hay gloria para la patria".

Pero no, señores diputados: mi confianza en ustedes es muy justa, porque creo que se estiman a ustedes mismos y que aman bastante a Guatemala, y así, señores, no vacilo, en interpretar sus sentimientos, diciendo como últimas palabras: "a los corazones grandes y generosos, correspondencia franca y leal; al desprendimiento, al patriotismo, gratitud y siempre gratitud!".

EN LAS HONRAS FÚNEBRES DEL GENERAL MIGUEL GARCÍA GRANADOS

(Discurso pronunciado el 10 de octubre de 1878 en las honras fúnebres a la memoria del ex Presidente de Guatemala, Miguel García Granados).

Nada es más natural que la muerte. Vivimos muriendo: cada momento que pasa es un latido menos en nuestro corazón, un aliento vital que se escapa, una idea que se apaga, una ilusión que se pierde, una esperanza que muere, y un paso más en la vía dolorosa que recorremos desde que en la cuna derramamos nuestras primeras lágrimas, hasta el instante en que, inanimados, yertos, rendimos la jornada, y nos presta un asilo el sepulcro, única estancia donde la paz del hombre no es, como en la vida, vana y engañosa palabra.

"Nuestras vidas son los ríos que van a dar a la mar, que es el morir". Y sin embargo, hay para nosotros seres que nos infunden tan profundo respeto o que nos inspiran apego tan tierno y amoroso, que guiados por la ilusión o por el egoísmo, no creemos, o por lo menos, no pensamos que a esos seres tan respetados o predilectos pueda alcanzarlos la mano destructora de la muerte. Los vemos tan por encima de todo lo que a nuestra vista indiferente se transforma, se destruye y pasa, que nos parece que fallarán para con ellos las leyes inflexibles de la naturaleza, que nos parece que sólo hemos de verlos rebosando de vida, y que la muerte no ha de arrebatarlos, que es un atentado, un crimen que no se consumará. Y cuando tales seres desaparecen, probándonos así que en la naturaleza no hay privilegios; y cuando tales seres mueren, dejando también la muerte en nuestro corazón, entonces la idea, tan natural, tan común de la muerte, se nos presenta como una idea nueva, nos sorprende, nos sobrecoge y sentimos algo extraño, algo que creímos no sentir jamás. Esa sorpresa, esa expresión extraña e indefinible debió sentir Bossuet cuando en presencia del féretro de una joven ilustre, de una mujer de regia estirpe, exclamaba con soberana elocuencia: "Sólo Dios es grande, aun los reyes mueren".

A mí, que en esta ocasión triste y solemne me toca recordar, no las efímeras grandezas de una testa coronada, sino la excelencia de un amigo, de un ilustre repúblico; a mí, bajo el peso de dolorosa y extraña impresión, me corresponde decir: ¡aún los grandes repúblicos mueren, sólo su idea es inmortal! He aquí, por qué en un país republicano, en donde preside la igualdad, el general Miguel García Granados, ex Presidente de Guatemala, que el 8 de septiembre recién pasado cerró sus ojos para dormir el sueño eterno de la muerte, sobrevive en nuestra memoria y sobrevivirá en el recuerdo de todos los centroamericanos que hayan conocido sus hechos y el valor de la alta idea que supo representar en el curso de su vida. Miguel García Granados, considerado moralmente, no tuvo la talla común de los hombres.

Cuando se trata de medir la estatura de un hombre, yo reflexiono sobre si sus obras pertenecen al obrero vulgar que no vive más que su propia obra, o si ésta pertenece al obrero del porvenir que, aunque débil y sujeto a la desaparición de este valle de lágrimas, deja, no obstante, su idea, su obra que se perpetúa y que dilata el nombre de su autor en el tiempo y en el espacio. La obra de Miguel García Granados es la revolución de 1871. Recordar obra tan grande es recordar la elevada estatura de quienes fueron sus autores: Miguel García Granados y Justo Rufino Barrios.

Nada diré de la honrosa colaboración que en los sucesos del 71 tuvo el presidente actual de Guatemala. Él vive, y en esta hora mis palabras han de referirse al que no existe, al que en vida le di testimonios de mi ingenua amistad, y al que después de sus días, en nombre de los sentimientos que animan al Gobierno del Señor Soto, vengo a darle el tributo de mi corazón, el tributo de dolorosos recuerdos.

La vida de los hombres que algo valen, que algo significan en lo político, y que llegan a tocar la cumbre de las eminencias sociales, tienen mucho de parecido a la existencia del Océano. Como en ese gran elemento, hay en la vida de tales hombres profundidades insondables y soberbios oleajes que parecen remontarse al cielo: hay días serenos y muchos días de horribles tempestades. Miguel García Granados tuvo ese género de existencia, tuvo abismos en sus adversidades, soberbias elevaciones en sus triunfos, muy pocos días serenos, y muchos días de borrasca. Su vida, más que otra cosa, fue la lucha.

García Granados, nacido en 1810, en Santa María, puerto de España, vino en tierna edad a residir en la metrópoli de la Capitanía General de Guatemala. Su familia mal avenida con el sistema de

127

educación implantada en el país, aprovechando sus recursos, lo hizo viajar en el extranjero, en donde obtuvo una educación distinguida, después de sobrellevar penosos contratiempos. Restituido a Guatemala, adoptó la carrera militar, y luchó en las recias contiendas que siguieron a la revolución del 29. Entronizada la reacción, después de disuelto el pacto federal, García Granados se alistó bien pronto en las filas de los adversarios del régimen teocrático, del régimen de la inmovilidad. Desde entonces su aspiración fue combatir, y combatir sin tregua ni descanso, hasta ver en su patria implantadas instituciones que en vez de reproducir el pasado colonial, esa trinidad compuesta de la fuerza, de la ignorancia y del fanatismo, favoreciesen el progreso; abriesen las puertas a la única invasora legítima, a la civilización; y derramasen en el suelo guatemalteco la simiente del porvenir que es para la América la libertad triunfante, sustentada y enaltecida por la inteligencia y el trabajo.

Tan noble y generosa aspiración, durante treinta años, fue casi un delito darle cabida en el alma, y un crimen darle expansión. Carrera personificó, en todo su siniestro esplendor, el Gobierno colonial; pero en medio de pavoroso y prolongado silencio, García Granados dejó oír su voz, ya en los círculos sociales, ya en el parlamento, y supo personificar en toda su magnificencia, la causa de los vencidos, la causa del progreso y de la libertad.

Uno de los recuerdos más gratos de mi juventud se asocia a las impresiones que me causaban los esforzados trabajos del opositor García Granados. Carrera había muerto, pero su nombre aún infundía respeto, y como que protegía la existencia de las caducas instituciones. ¡Cuántas veces en esa época oí, con el más puro entusiasmo de los veinte años, a García Granados, que, ridiculizando unas veces y anatematizando otras, pero siempre aplaudido, casi solo enfrentaba al antiguo régimen y desde la tribuna del diputado le echaba en rostro sus abusos de fuerza, sus predilecciones por el retroceso, y sus tendencias al oscurantismo! ¡Hermosos días aquellos en que todas mis ilusiones políticas, que la fría reflexión y amargos desengaños han disipado en gran parte, encontraban un eco en la palabra inspirada del orador de la oposición!

De muchos años fueron las campañas parlamentarias de García Granados. Apenas me explico cómo su palabra pudo resonar por tanto tiempo. Tal vez se le respetó porque cuando los Gobiernos se apegan, en absoluto, a la fuerza, todo lo que no es la oposición de la fuerza bruta lo estiman en muy poco, y se hacen la ilusión de que la palabra, ya descienda de la prensa, ya de la tribuna, carece de ascendiente y de poder: no es para ellos un enemigo peligroso. Mas sea de esto lo que fuere, dignos de elogio son los hombres de aquella época, por haber respetado por tanto tiempo la oposición parlamentaria.

Mágico es el poder de la palabra cuando ella es el verbo de un pensamiento regenerador: testimonio de mi aserto fue el éxito cumplido que alcanzó la elocuencia de García Granados. Si he de ser justo, debo decir que no se distinguía, que no era notable por la corrección de las frases, por bellezas literarias que le diesen grande atractivo, por los encantos de una declamación artística que refleja todos los matices de la idea y del sentimiento, ni por la acción siempre sostenida y oportuna que domina y avasalla al auditorio. Poco, muy poco de todo esto había en la elocuencia de García Granados; pero en cambio, era una elocuencia incisiva, enérgica, impetuosa, la elocuencia de las épocas revolucionarias; era una elocuencia reveladora de altas ideas, la elocuencia de los hombres pensadores llamados a operar las grandes transformaciones sociales.

Con tales dotes, no es extraño que García Granados diese vida a la opinión pública, y la mantuviese en constante efervescencia. Cuando el poder llegó a juzgarlo así, después de la reelección del general Cerna, García Granados fue expatriado en unión de los distinguidos caballeros, don José María Samayoa y don Manuel Larrave. Muy tarde fue decretado el ostracismo: la palabra de un hombre había formado y extendido la opinión: la opinión había robustecido el espíritu público; y el espíritu público había hecho soldados que heroicamente llevaron a los campos de batalla la enseña de las ideas que un propagandista ilustre había difundido desde las alturas de la tribuna del Congreso.

García Granados dejó lo que más se quiere (familia, patria y amigos), y apuró la copa de hiel de triste y prolongado destierro. A la sazón, un héroe tan perseguido como afortunado, trabajaba noblemente en pro de la misma causa. García Granados buscó su ayuda valiosísima: había expirado en sus labios la palabra, y buscaba la espada. El hombre del parlamento tuvo que convertirse en el hombre de la guerra: le habían arrebatado la tribuna, y tenía que ejercer su acción bajo la tienda de campaña. La oposición no podía llevarse a cabo por las vías regulares, fue pues necesario llevarla a cabo por las vías revolucionarias. La revolución había encontrado sus hombres, y éstos el momento oportuno de hacerla aparecer y triunfar.

Legendarias llamará la posteridad a las famosas campañas del 71. Un puñado de hombres contra ejércitos bien equipados, tales eran los contendientes; pero el menor número no es una desventaja cuando se posee la fe y el valor que inspira una idea redentora. Así lo probaron los generales García Granados y Barrios, venciendo en lucha desigual, en lucha temeraria, desde Tacaná, en donde comenzaron sus mayores proezas, hasta los campos de San Lucas, en donde cavaron la sepultura del régimen de treinta años.

Qué espléndido día para García Granados y para su esforzado compañero fue el 30 de Junio de 1871. ¡El pueblo en masa los llevó en triunfo a la Casa de Gobierno, en donde había decretado la proscripción y la muerte. ¡Y qué magnífico espectáculo el de aquella revolución! Había sido anatematizada, perseguida con odio implacable, y en el gran día de su triunfo, los vencedores acallaron los odios y olvidaron las injusticias de treinta años; y en vez de crueles represalias, en vez de atentados a la vida, a la propiedad y al honor, hubo profundo respeto a todos los ciudadanos, a todas las ideas, a todos los intereses. No parecía que hubiese vencedores ni vencidos. El genio destructor de la venganza no desplegó sus negras alas, ni corrió una gota de sangre, ni hubo que enjugar una lágrima. ¡Honor a los hombres y a los pueblos que así saben enaltecer sus triunfos! ¡Que los que desprecian, que los que miran con soberano desdén a Centro América, recuerden esa gloriosa página de su historia, página que, por cierto, no pueden exhibirla siempre en sus revoluciones ni aun los países más cultos que más blasonan de su avanzada civilización!

Las armas habían resuelto la cuestión de hecho, la cuestión del momento. Para el vulgo de las gentes todo había concluido, la revolución estaba consumada. El vulgo en las revoluciones no ve más que la superficie; el fondo se le oculta. Ve nuevos actores representando en el mismo escenario; he aquí todo. Los hombres que algo pensábamos, que algo reflexionábamos, veíamos otra cosa. Nos decíamos: ha pasado lo menos, falta lo más: hoy comienza la grande, la verdadera, la redentora revolución; la revolución de las ideas que han de convertirse en nuevas y progresistas instituciones. Recuerdo que el día del triunfo, el día 30, escribí en colaboración de mi ilustre amigo, el señor Soto, un folleto intitulado, "La revolución comienza", folleto que no vio la luz pública por ciertas consideraciones particulares, pero cuyas ideas, más tarde, en la época de la reforma, se propagaron, prevalecieron y se llevaron al terreno de la práctica. García Granados había triunfado: no era ya el hombre de la oposición, ni el hombre de las batallas: era el hombre de Gobierno, el primer Jefe de la República. Puedo asegurar que en su alto puesto fue benigno, progresista y cumplido caballero.

Ahora bien, ¿como hombre de estado, y como gobernante, estuvo a la altura de la revolución del 71? ¿Supo comprender su verdadero carácter y sus legítimos y necesarios fines? Dejo la respuesta definitiva a la imparcial historia. Yo estuve muy cerca de ese hombre ilustre, como su particular amigo y su ministro de Estado, y con la franqueza que mucho me agrada tener, especialmente cuando hablo de mis amigos, debo manifestar que hubiera deseado que García Granados se hubiese fijado más en la índole de la revolución del 71; que hubiese sustituido su valor sereno, impasible, que lo hacía esperar los acontecimientos, con una iniciativa eficaz, fecunda, tendiente a destruir, desde luego, los vicios que había combatido, y a fundar las instituciones que había preconizado. Esto, en una época revolucionaria, en una época de transición, en que el dilema era ser o no ser, no podía conceptuarse como impaciencia inconsiderada, sino como un efecto, en política, del instinto de conservación respecto a la nueva causa; y en el orden de las ideas, como un efecto natural del curso inevitable de los acontecimientos. En una palabra, era ser lógico. Yo no hago cargos al hombre que no puede responderme: mis ideas se las expuse con entereza cuando era el hombre del poder y de los prestigios.

Para épocas revolucionarias, política revolucionaria y de reformas; tal principio se descuidó mucho en Guatemala; y he aquí que el Jefe magnánimo y conciliador del primer gobierno de la revolución del 71, por no haberse operado la reforma, en la extensión que las circunstancias y las ideas demandaban, bien pronto se vio envuelto en los torbellinos de la reacción que simplemente había dado una tregua. Casi siempre son treguas los triunfos de los hombres liberales y regeneradores. Para que dejen de serlo es necesario que rectifiquen sus ideas: que cuando el caso lo demande, usen de la fuerza, de toda la fuerza posible, en servicio de la causa del progreso y de la libertad, ya que en el extremo contrario se usa de la fuerza en servicio del retroceso y de la servidumbre. No será esto un ideal, ni es el mío, pero es lo practicable y lo benéfico. Los hombres de progreso conquistan para que sus adversarios los exterminen y se aprovechen de sus conquistas. Tal cosa dice la historia, pero no la indican las necesidades del porvenir de Centro América: que se conquiste el progreso, en buena hora; pero manténgase y acreciéntese el bien adquirido, y no importa que se usen algunos de los medios de los contrarios: la justificación, la honra, consisten en tener distintos fines.

Cuando García Granados, en unión de los hombres que lo acompañaban, sintió que la tormenta rugía por todas partes, y vio que el edificio social iba a desplomarse, no buscó un expediente vulgar para sacar avante la obra de tantos años de trabajo, de consagración y extraordinario esfuerzo: buscó el expediente del hombre de corazón y de ideas; no se apegó a la fuerza ciega; buscó el voto libre de la nación. El pueblo elevó al poder a otro hombre de las mismas ideas, de los mismos principios; pero otro hombre que podía luchar cuerpo a cuerpo con la reacción, que podía enfrenar los movimientos revolucionarios ya desencadenados. Así sucedió. El instinto de los pueblos pocas veces se extravía, y Guatemala por las sendas de la reforma, ha visto realizadas, en gran parte, las consecuencias legítimas de la revolución del 71: adelantos materiales combinados con la educación popular. Si García Granados hubiera sido un hombre vulgar, un hombre sin ideas, un caudillejo de pandilla, estoy seguro que no se habría alcanzado ese nuevo y espléndido triunfo: la guerra civil lo habría hecho imposible.

En su parte más saliente he diseñado la obra de García Granados y de Barrios. Uno de los obreros ha muerto, pero su obra le sobrevive. Si yo me hubiera precisado a definir la historia, diría que la historia es el gran libro de la muerte: imperios que se fundan, que se engrandecen, que brillan llenos de gloria y esplendor, y luego pasan: revoluciones que aterran o regeneran a los pueblos, dejando el vacío o la semilla del bien y las promesas del porvenir: desgracias sin cuento en el individuo y en las sociedades, que dejan la tierra regada con raudales de lágrimas: dichas y placeres que huyen fugaces, como dulcísimo ensueño, dejando tras sí una estela de resplandor opaco; tal es la historia, la enseñanza de lo que fue, el gran libro de la muerte; pero en la pequeñez humana, pocos, muy pocos ocupan las páginas de este libro, y es para mí un consuelo, un consuelo para la amistad, un consuelo para el patriotismo, decir que Miguel García Granados tiene en ese libro una página gloriosa.

Que la lean todos los que quieran leerla, amigos o enemigos. Estos dirán que García Granados fue un tránsfuga, porque no fue consecuente con las tradiciones, ideas e intereses de su nobiliaria familia. No importa: la historia no da el nombre de tránsfugas a los que dejan una idea reaccionaria para servir a una idea progresiva. Constantino convirtiéndose al cristianismo no fue un tránsfuga, y lo fue Juliano el apóstata convirtiéndose al paganismo; y en nuestro siglo, Thiers y Víctor Hugo no han sido tránsfugas por dejar las ideas monárquicas para servir a la República, y sí lo han sido Napoleón III y Emilio Oliver al renunciar a las ideas democráticas, a la causa del pueblo, para representar el imperio de los Césares. No fue, pues, tránsfuga Miguel García Granados, abandonando mezquinos intereses de familia para representar grandes intereses nacionales. Miguel García Granados, por este rasgo de tu noble conducta, tu pueblo no te ha llamado tránsfuga, tu pueblo te ha llamado LIBERTADOR DE GUATEMALA.

Yo podría completar mi juicio sobre la importante vida de Miguel García Granados, orador, guerrero y hombre de Estado; pero mis sentimientos se sobreponen a mis ideas, y me inclinan con fuerza irresistible a hablar, aunque brevemente, del literato y del amigo.

La amistad y las letras me unieron estrechamente al ex Gobernante de Guatemala. Yo no puedo olvidar aquel hombre de delgado y flexible cuerpo, de fisonomía expresiva, de tez pálida, de anchurosa frente, de ojos vivos y de inteligente mirada: yo no puedo olvidar a aquel hombre que, en diversos idiomas me hacía apreciar las bellezas literarias de los clásicos antiguos y modernos: yo no puedo olvidar a aquel hombre que departía conmigo sobre filosofía positiva, y que me apuntaba las correcciones que había hecho al texto de la obra que míster de Lamartine escribió sobre la vida de Julio César: yo no puedo olvidar a aquel hombre que me deleitaba, exponiéndome sus ideas sobre el sistema de Littré, en las ciencias morales, y sobre el de Darwin en las ciencias naturales: yo no puedo olvidar a aquel hombre que, si bien se apartaba en mucho de nuestras condiciones sociales, me mostraba la excelencia y las ventajas del sistema parlamentario inglés, al que rendía reverente culto: yo no puedo olvidar a aquel hombre que en los salones era el caballero de buen tono, de exquisitos modales y de conversación amena y atractiva: yo no puedo olvidar a aquel hombre que me dispensó consideraciones de alto aprecio y de particular cariño: yo no puedo olvidar al literato y al amigo.

133

El tiempo, la muerte, lo borran casi todo; pero García Granados aun en su muerte ha dejado para los centroamericanos, y más para sus amigos, una grande enseñanza que yo conservaré a par de su memoria. Fue propagandista, fue revolucionario, fue jefe de partido, fue gobernante, y por último, un poder caído; y en las diversas situaciones de su vida, no fue caudillo de pandilla disociadora: no hizo traición a sus ideas, a los hombres, ni a su patria: no buscó la revolución deshonrando su nombre y su causa: no protegió jamás al pillaje que tanto destruye y avergüenza. Sin duda, en justo reconocimiento de tan eminentes cualidades, cuando bajó a la tumba, veinte mil de sus conciudadanos le hicieron sus fúnebres honras. Que aprendan los caudillos cómo se vive y cómo se muere con honra: que aprendan a valorar lo que importa un hombre de ideas, de carácter, de lealtad.

Por lo regular, los caudillos sin principios, desleales, corruptores, que viven entre charcas de sangre y de lágrimas, entre las ruinas de la patria, cuando terminan sus oscuros días, es con el padrón de la infamia en la frente, y sobre las tablas de un patíbulo, u olvidados de todos, en triste y desierta playa extranjera. Mas, García Granados fue un Repúblico, tal como los necesitan los intereses y el decoro de Centro América: sin desmentir su dignísimo carácter, cerró sus ojos a la luz, en medio de un pueblo agradecido, que, aun en la muerte, cuando no cabe lisonja, ha hecho una ovación espléndida al cumplido caballero, al militar de honor, y al ilustre hombre de estado. García Granados, si volvieras a la vida, podrías decirnos que no en vano se contraen grandes méritos en servicio de la Libertad y de la Patria.

REVOLUCIÓN POLÍTICA Y REVOLUCIÓN SOCIAL

El mundo antiguo ha llenado la historia de sus edades con extraordinarios hechos de conquista, de absorción de pueblos y naciones. El mundo moderno se ostenta en la gloriosísima historia de acontecimientos grandiosos, realizados por la independencia, por la emancipación política y social de los pueblos. ¡Qué contraste tan copioso en enseñanzas para la humanidad! Cada conquista, consumada en nombre de la fuerza, revela la negación del derecho en el conquistador, y la debilidad, cuando no la miseria y la abyección, en el pueblo sojuzgado. Por el contrario, cada lucha de independencia, cada triunfo de emancipación, significa que los poderes conquistadores, de suyo artificiales, se debilitan, se enflaquecen, se mueren; que la fuerza se gasta y se va; y que en su reemplazo, viene el derecho robusto y fecundo a ser la rehabilitación de los pueblos que lo proclaman, a ser el aliento vital que los anima y engrandece, a ser el impulso que los lanza en los vuelos sublimes del progreso, a ser el vínculo sagrado que los fraternizan con la humanidad digna, libre y pensadora.

¡Cuán bello y consolador es recordar la libertad de los pueblos que hoy forman la vasta comunión del mundo civilizado! La Suiza sustrayéndose del duro régimen austríaco, en el siglo XIV; la Holanda rebelándose contra el despotismo sombrío de Felipe II en el siglo XVI; las colonias de la América del Norte segregándose de la Metrópoli inglesa en el siglo XVIII; la España vendida por el más estúpido de sus tiranos, humillando, en comienzos de este siglo, la semi-omnipotencia del primer guerrero de la Europa; la América del Sur y México despedazando en 1810, la dominación colonial que los abrumara por espacio de tres centurias; y Cuba, el pueblo de los pueblos, la encarnación del heroísmo, derramando a torrentes su sangre generosa para librar el último pedazo de América de la última profanación que oscurece el templo continental americano, donde se alberga la libertad divina; todos estos pueblos, en sus ardientes luchas, en sus profundos dolores, en sus innumerables sacrificios, y en sus triunfos espléndidos han dejado huellas luminosas que no se perderán jamás, y señalado acontecimientos decisivos de los que deriva la humanidad sus títulos de honor, los más altos y más preclaros. La luz de tanta gloria vino a brillar un día, por siempre memorable, en la risueña faz de nuestra joven y muy querida patria. La festividad nacional a que asistimos demuestra que los hijos de Centro América no han olvidado, ni creo que olviden nunca, el 15 de Septiembre de 1821, día feliz en que la patria vino al mundo para vivir, desarrollarse y crecer al amparo de la República y de la Libertad.

Pero, señores, la independencia alcanzada ¿es la que satisface al patriotismo ilustrado? ¿Es la independencia a que aspiró, con fe nobilísima, la histórica generación del año 21? ¿Es la independencia cuyas consecuencias preveía y apuntaba el sabio Valle, apreciándolas con el alto criterio de su talento excepcional? ¿Es la independencia que glorificaba en sus cantos Barrundia, el escritor republicano que, cual otro Dante, para cada sentimiento elevado tenía una expresión sublime? ¿Es la independencia cuyos resultados trataron de obtener, a precio de su sangre los inmortales guerreros de la patria? ¿Es la independencia cuyos lógicos fines se ha empeñado en realizar la última y magnánima revolución del 71?

¡Ah, no! Me duele, como hijo de Centro América, decir a la faz de mis conciudadanos que la independencia patria aún resta mucho para que se cumpla en su parte esencial: que nuestro movimiento emancipador, contra las esperanzas y previsiones del patriotismo, produjo tan sólo una solución de continuidad, bajo el punto de vista geográfico. Con la independencia centroamericana se ha señalado en el mapa del mundo una nueva nacionalidad; ha habido un cambio en Geografía. Y decid, señores, en lo social en lo político, en el carácter del individuo, en el espíritu de la generalidad de los pueblos: ¿ha muerto la Colonia sepultándose con sus enormes vicios? ¿Se ha derruido el edificio fabricado, durante tres siglos, Por los obreros del más oscuro e inepto coloniaje? ¿Esta obra de iniquidad está en ruinas y sobre ella se ha levantado la patria y sostenido, en el interior, por el derecho y el espíritu de progreso y, en el exterior, por el prestigio de su nombre que refleja grandeza y respetabilidad nacional? Y el amor, ese amor santo y purísimo, ese amor de hijos que inspira el patriotismo ha sido la garantía que responda del éxito cumplido de la independencia centroamericana?

Volvamos la vista a lo pasado, reflexionemos un poco, y ha de notarse que antes de nacer patria, ya existía un elemento tenebroso, de disolución y de muerte, un partido, que se dice político, que no satisfecho con enseñorearse, en dilatadas épocas, con la autoridad absoluta del Estado, que no contento con suprimir y envilecer a los pueblos, ha hecho más, ha desconocido la patria, la ha traicionado, ha renegado de ella, la ha maldecido mil veces.

¡Qué de negras sombras se proyectan en las páginas de nuestra historia! Al lado de los ilustres próceres de la independencia hubo individuos, hijos desnaturalizados de este suelo, que habían combatido la causa emancipadora del pueblo desde 1811 en que empezó a dar señales manifiestas de vida. Pero tales hombres, adoradores del éxito, e incapaces de respirar fuera de la atmósfera del privilegio, cuando sonó la hora oportuna se presentaron solícitos a colaborar en la obra de la independencia pensando convertir la nueva Patria en mejor y más valioso patrimonio que saciase en absoluto, sus desmesuradas ambiciones.

Mas vino el desencanto. La declaratoria de independencia despertó a los pueblos de su profundo sueño de tres siglos, y los Representantes de la Nación hicieron surgir la República centroamericana contrapuesta al privilegio a que aspiraban las clases conservadoras. Estas desde entonces reconocen su error y emplean todo su poder en combatir y anonadar la Patria, la República cuyas instituciones libres siempre hieren de muerte el egoísmo empedernido de unos pocos.

Vean, señores, a los conservadores de la Colonia empeñarse el año de 22 en lucha formidable para anexar a Centro América al Imperio de Iturbide, y todo en cambio de riquezas, de honores, de condecoraciones. Vean borrar por un momento la creación más hermosa del patriotismo centroamericano. Véanlos en el año de 26, violar criminalmente la ley que declara libre al esclavo asilado en nuestro territorio: pisotean la institución que más honra nos diera en el extranjero: se convierten en esclavistas, en negreros, otorgan la extradición de los esclavos asilados y niegan, así, al hombre hasta su carácter de hombre, y reniegan de la obra más digna y más bella del Creador.

Véanlos en 1833 tremolar, en el fuerte de San Fernando, el estandarte de la España monárquica, acto que significaba la reconquista, la vuelta del funesto régimen de la Colonia. Véanlos en los años de 47 a 50 honrarse con el puesto de aliados de los agentes británicos que impresionaban al mundo civilizado con sus conquistas en Nicaragua y Honduras, cuyos hijos indefensos, sufrían durísimo tratamiento; ¡quién lo creyera, del mismo Encargado de Negocios de la Gran Nación que yo admiro, de la que ha alcanzado el alto renombre de amiga de la Libertad! Véanlos en 1854 crear un cacicazgo monárquico, llamado a aniquilar hasta el último resto de las instituciones que hacían recordar a una Nación que, en hora venturosa, se había declarado hábil para la independencia, hábil para ejercer la soberanía de los pueblos.

Véanlos en 1863 simpatizar cordialmente con el Imperio traído a México, merced a la intervención tripartita de la Europa. Véanlos olvidarse de la patria republicana de Juárez, y ser complaciente con los vencedores, y prepararse, según datos indudables, a entrar en arreglos de anexión al nuevo Imperio. Y si los hombres que han traicionado la Patria, y desnaturalizado la obra de la independencia, si ellos por una fatalidad rigiesen todavía los destinos de la Nación, los verán, señores, aplaudir el martirio de Cuba inmortal; los verían ponerse de parte de la despiadada barbarie, y condenar los sacrificios heroicos de una patria que nace, llena de infinitos dolores, pero recibiendo las bendiciones de todos los corazones generosos; los verían, hoy que Cuba avanza resuelta, entre mares de sangre y de lágrimas, entristecerse, sufrir, y hacer votos porque la más noble causa de la humanidad se pierda, aunque el instinto les dijese que las luchas de independencia sólo concluyen con la independencia, y que el soplo letal de la España no apagará, no podrá apagar nunca, la viva, esplendorosa luz que, a orillas del mar Caribe, despide la solitaria Estrella de la América.

Lo que les he dicho los hará conocer los agentes generadores de los muchos desconciertos que han puesto en peligro la independencia y menguado la integridad de la patria, y que, cuando no han producido estos efectos, han sido causa de las perturbaciones políticas que han hecho fluctuar a nuestra sociedad entre los extremos de la anarquía y del absolutismo.

A despecho de tan adversos elementos, la independencia se ha salvado: la Patria ha tenido hijos dignos que han luchado en su defensa, y conservándole el rango de Nación. Mas los buenos hijos de Centro América han sucumbido siempre, en el poder y fuera del poder, cuando han tratado de hacer efectiva la independencia en su parte esencial; cuando han tratado de realizar los votos del patriotismo, implantando en nuestro suelo un régimen de legalidad, de libertad positivos adelantos. ¿En qué consiste tal fenómeno que por mil títulos es digno de atención y estudio?

En mi sentir, los hombres de buena fe y de propósitos levantados que han consagrado todas las fuerzas de su vida y todas las luces de su pensamiento a la causa que entraña la realización de los fines naturales de la independencia, no han puesto por obra un procedimiento lógico en la idea y eficaz en los resultados prácticos. Sigan con la vista atenta el curso de la mayor parte de nuestras revoluciones políticas, y se convencerán de la verdad de mi aserto.

Los profundos vicios de la Colonia que se han empeñado en perpetuar los amigos del pasado, como condición indispensable para mantener las preocupaciones, los privilegios y los abusos productivos de otros tiempos, vicios que tienen un carácter eminentemente social; y los hombres de rectitud que han pretendido extirparlos, llevando en mira la felicidad de los pueblos, se han valido principalmente de los medios políticos, creyéndolos adecuados para realizar tan noble y patrióticas aspiraciones.

Noten la revolución liberal que se operó en los primeros años de la independencia; su carácter principal fue político, y dejó en pie los vicios sociales que bien pronto trajeron una reacción, que no perdonó los principios, los derechos que se desprendieron como rayos luminosos de la proclamación augusta de nuestra independencia nacional.

La revolución del año de 29, llevada a cabo por los esfuerzos de un genio extraordinario, fue muy incompleta en lo social y muy amplia y completa en lo político. Y, ¿qué sucedió? Que habiendo quedado muchos elementos coloniales en la composición del organismo social, los hombres del retroceso, fuertes aun con el poder que les pertenecía, se aprovecharon de las mismas libertades públicas, no para usar de ellas dignamente, sino para desvirtuarlas y causar su descrédito, su ruina. Perdidos fueron los trabajos de diez años, vana fue la perseverancia de toda una generación que se empeñó, sin darse punto de reposo, en llevar a cabo las consecuencias legítimas de la independencia patria. La reacción vino más implacable y feroz: hizo trizas la Nación centroamericana que apareciera ante el mundo, grande, noble y respetable: condenó al olvido y al desprecio las instituciones más veneradas de la nacionalidad: desvió el curso natural del comercio: alentó las preocupaciones: dio pábulo a la ignorancia de los pueblos: estimuló la intolerancia civil y religiosa; y ¡ay! para los mejores hijos de la patria se decretó el ostracismo y se levantaron mil patíbulos. Tal fue el triunfo de la reacción inquisitorial que extendió sobre Centro América las espesas sombras de una eterna noche.

Los pueblos, en el año de 48, hacen una protesta enérgica contra el régimen absurdo y despótico que había llegado a exasperarlos. La fuerza del pueblo y la inteligencia de hombres pensadores se combinan entonces y propenden a rehabilitar la dignidad y el nombre de la patria humillada. Mas no se hace una revolución social, radicalísima, como era necesario para cortar las alas del genio del mal; se hace una revolución política idealista; y no pasa mucho tiempo sin que el ideal se desvanezca, y como quedaran subsistentes los elementos sociales, de carácter reaccionario, se amalgamaron luego y reaparecieron sañudos y exterminadores los poderes que, por nuestra desventura, se han encargado de la funesta misión de hacernos retrogradar, de hacernos vivir en la inmovilidad, en el quietismo sepulcral de la Colonia.

Parecía muerta toda esperanza, parecía que hasta las tradiciones de los hombres libres se habían perdido para siempre, cuando estalla el vapor comprimido y viene la revolución de 1871. Este movimiento popular, grande por su origen, grande por sus hombres y grande por sus resultados, pulveriza en un momento el caduco sistema de gobierno que ya contaba con la sanción del tiempo y con los prestigios del derecho divino.

A punto estuvo de perderse el éxito de la revolución que traigo a la memoria, por habérsele dado al principio sólo un carácter político; por no haberla encaminado a la reforma social, sin cuyo precedente las reformas políticas no pasan de ser bellas y momentáneas ilusiones.

Por fortuna la revolución triunfante volvió sobre sus pasos, y hoy se encamina, firme y resuelta, por las sendas que le señalan las indicaciones de nuestra historia, y los consejos prácticos de una experiencia tan dilatada como dolorosa para nuestra patria.

A la verdad, señores, se necesita entre nosotros hacer, ante todo, revoluciones esencialmente sociales, para convertirlas luego, en revoluciones eminentemente políticas. Fuera de este principio, la única solución posible es la que favorece a los agentes de la reacción, implacables enemigos de la Patria y de la Libertad. Que la revolución deje en pie los privilegios de ciertas clases, preponderancia autoritaria del clero, las vinculaciones de la propiedad, la ignorancia de las mayorías, la intolerancia civil y religiosa: y yo os aseguro, señores, que con tales elementos esencialmente coloniales, aunque se organice

140

en lo político una República modelo, esta República debe morir al nacer, como muere en la naturaleza el fruto que produce un organismo enfermo, viciado por una dolencia mortal.

Si queremos independencia y patria, si queremos instituciones a la altura de la civilización de nuestros días, si queremos progreso, rómpase con el pasado que nos abruma, y lúchese siempre hasta aniquilar los vicios coloniales que han sido nuestra perdición, nuestra deshonra. El poder teocrático ha esclavizado la conciencia y pervertido el sentido de los pueblos; pues combátase la teocracia y quítesele el poder de dañar.

El privilegio ha roto la igualdad social; pues que se extingan los privilegios doquiera que se encuentren. La ignorancia ha impedido la práctica de las instituciones libres e imposibilitado la existencia del espíritu público; pues derrámese a manos llenas la instrucción en los pueblos, haciéndola obligatoria, forzosa. Nuestra pésima legislación ha embarazado el crédito y puesto trabas a la industria, a la agricultura y al comercio; pues háganse reformas legislativas que remuevan obstáculos de tamaña trascendencia. El desierto ha favorecido a los indolentes y a los guerrilleros de montaña, el desierto que nos abruma y nos mata; pues foméntese la inmigración que importa los capitales, el trabajo, la industria. Gobernar es poblar; he aquí el axioma administrativo que hoy reconocen los países de la América Latina.

Encuentro cifrada la honra de la revolución del 71 en el reconocimiento que ha hecho de las verdades apuntadas; verdades que son impersonales, que no forman la fe sistemática de un partido, sino que son la expresión de las leyes de la naturaleza aplicadas a la sociedad en que vivimos.

Señores: grande y benemérita aparecerá ante la posteridad la generación presente, si logra asegurar las consecuencias naturales de nuestra emancipación política; pero más grande y bienhechora aparecerá ante la historia que ha de juzgarla, si esta generación de nuestros días se despoja de la larva del localismo y se lanza llena de vida, de resolución y de entusiasmo en pos del ideal más digno de ocupar la atención de los hijos de Centro América. Este ideal, señores, es volver a nuestro punto de partida es reorganizar la Patria centroamericana, es aparecer ante el mundo unidos, respetables y felices. Que para siempre se cierre el triste período de luchas lugareñas, sin honra, sin provecho y sin prestigios, y que si alguna vez la fatalidad nos lleva a una contienda, entonces sólo se batalle por realizar el capital principio de la nacionalidad de Centro América. Que el patriotismo no olvide nunca tan noble causa y que Dios le infunda inspiración y valor para acometer empresa tan gloriosa, en la que veo cifrado todo el éxito de nuestra Independencia Nacional.

(Discurso pronunciado el 15 de Septiembre de 1874 en el Salón de Recepciones del Palacio Nacional de Guatemala).

LA INDEPENDENCIA DESVIRTUADA

Hay un libro inmortal, el Génesis, en cuyas sublimes páginas nos cuenta su inspirado autor cómo a la voz de Dios, y de entre el pavoroso caos que poblaba los infinitos espacios, surgió lleno de vida y de armonía el planeta que habitamos; mundo hermosísimo que en sus días muestra, en su majestuosa carrera, al sol espléndido que en sus lluvias de oro derrama el calor, la animación y la alegría, y en cuyas apacibles noches deja ver, cual lámpara suspendida del firmamento azul, la pálida luna que con suaves rayos de luz, comunica nobles aspiraciones al alma, tiernos sentimientos al corazón, mundo de variedad y de concierto sobre cuya cristalina esfera que se agita siempre, con rápido y acompasado movimiento, existen desde el grano de arena que semeja a un átomo, débil juguete del más ligero soplo, hasta la gigantesca roca que imperturbable rechaza las inmensas olas del embravecido océano; desde la humilde sensitiva que al menor contacto, trémula, pliega sus menudas y verdes hojas, hasta la secular y corpulenta encina que altanera desafía los rudos embates de las tempestades; desde el infusorio que apenas forma un remedo de la vida, hasta el hombre que con su sed ardiente, infinita, de lo maravilloso y lo grande, y en alas de su atrevido genio, pretende, infatigable, cual otro Prometeo, escalar el cielo y arrebatarle su divino fuego; mundo de misterios y de encantos que causa el eterno y puro ensueño de los poetas que cantan dulcemente su magnificencia y sus bellezas, y que alienta el eterno afán de los sabios que, en sus largas vigilias, apuran todas las fuerzas de su alma para arrancar a la naturaleza sus secretos, y confiarlos después a los pueblos en provecho y en honra de la humanidad; mundo sublime y a la vez pequeño, que en una hora tristísima conmovió el ánimo de un santo varón de la Iglesia, que poseído de cruel melancolía y abismado en la profunda contemplación de lo perecedero, le dio el nombre significativo de valle de lágrimas, expresión magnífica que vivirá grabada en la memoria de los hombres mientras vivan y se agiten en la mente humana las grandes y fecundas inspiraciones del cristianismo.

A la manera que el espíritu de Dios se inclinó sobre los abismos del caos para producir con su divino aliento el Universo que he admirado, así en los tiempos modernos un grande y poderoso espíritu, con los auspicios de la Providencia que domina la Historia, se ha inclinado sobre los abismos de abyección y miserias en que yacían las naciones del antiguo y nuevo continente; ha hecho aparecer, al influjo de su soplo vivificador, la dignidad y derechos individuales de los pueblos que, con santa indignación, rompieron el régimen envilecedor del monárquico absolutismo; y ha creado nacionalidades cuyos tradicionales y soberbios dominadores, en su imprevisión y necio egoísmo, las creían imposibles, las juzgaban alucinaciones o delirios hijos de criminal intento o de una locura tan completa como irremediable....

Mas los hechos se han encargado de demostrar lo contrario. ¡Qué de veces la que fuera utopía en una época no es más que la incontestable y fecunda verdad que revela el porvenir! Y así es cómo las generaciones modernas han contemplado a Europa absolutista convirtiéndose al régimen constitucional, merced a los redentores principios del 89 que se encarnaron en la conciencia de los pueblos, han contemplado a la inspirada y dulce artista, a Italia, recobrando su nacionalidad destrozada, y dictando sus leyes, noble y grande, desde el Capitolio de la ciudad eterna; han contemplado a Alemania, la nación pensadora por excelencia, el pueblo de las sublimes lucubraciones y de los fantásticos ensueños, uniendo sus dispersas fracciones y fundando vasta y poderosa nacionalidad; y en nuestro Continente han contemplado a la América antes envilecida e incomunicada con el mundo, no por su voluntad, sino por los errores e injusticias de la metrópoli; han contemplado, sí, a esa Virgen del Mundo dejando el lecho de abrojos en que aherrojada dormitara por espacio de tres siglos; y la han visto digna, heroica y espléndida sacudir su pesado letargo, desafiar su adverso destino, y proclamar resuelta su sacrosanta independencia.

Y tantos, y tan grandes, y tan gloriosos hechos se han operado por la virtud de ese agente misterioso que se manifiesta en todas las fases de la vida social y política de los pueblos, de ese agente que encierra en su seno todas las ideas, los sentimientos, las actividades y las aspiraciones de la civilización de cada época, de ese grande, poderoso, irresistible e incógnito que se llama, señores, el espíritu del siglo. Saludemos, señores, a este gran siglo, porque es el siglo creador de las nacionalidades, porque es el siglo redentor de los pueblos, porque es el siglo que un día inolvidable, cuyo esplendor aún se refleja en nuestra frente, y cuyo recuerdo acaricia nuestro corazón, inspiró con su espíritu providencial inmenso amor y altas y atrevidas ideas a nuestros mayores que, con abnegación sublime, poniendo la vista en lo pasado y la fe de su alma en los venideros tiempos, arrojaron de los enflaquecidos hombros de los pueblos el peso abrumador de las injusticias, de las iniquidades de tres siglos; y nos dieron patria, y nos dieron libertad, y nos dieron derecho para confiar en las consoladoras promesas del porvenir. ¡15 de septiembre de 1821! Bajo tu hermoso cielo presenciaste la agonía y la muerte del coloniaje, maldecido por el siglo, y el nacimiento y las primeras palpitaciones de vida de nuestra patria bendecida, desde lo alto, por Aquel que al redimir la humanidad quiso también el advenimiento de las naciones redimidas en el seno del derecho y de la libertad.

Señores: una consideración, que a primera vista os parecerá inusitada, me preocupa en estos momentos. ¿El venturoso y trascendental suceso de la independencia, debe como a los hijos afortunados de la gran República del Norte sólo hacernos sentir y entusiasmarnos hasta rayar en el delirio? Quede la embriaguez del sentimiento satisfecho para ese pueblo gigante que protegido por la sombra bien hechora de Washington, y por la virtud de la honradez y el trabajo, ha sabido ser libre y respetable, y elevarse a un grado de civilización que parece increíble, legendaria. Y nosotros ¿podremos cual ese pueblo exhibir los laureles de la victoria y disfrutar sin reserva de embriagadoras alegrías?

¿Qué hemos hecho para ello? ¿Cuáles han sido nuestras obras durante más de medio siglo de emancipación política? ¿Hemos sabido cumplir las aspiraciones y los votos de los prohombres de la independencia? ¿Hemos sabido engrandecer y honrar a nuestra patria? ¡Qué dolorosa es la respuesta! Apenas de tarde en tarde un trabajo benéfico y una idea generosa han sostenido la vida de nuestra pobre patria... Dada nuestra educación, dados nuestros antecedentes hispanocoloniales, yo bien sé que en el juicio de la Filosofía de la Historia podemos encontrar una excusa; pero el patriotismo, el verdadero patriotismo, siempre nos condena. Yo de mí sé decir que aunque me entusiasma como al que más, el puro y sagrado recuerdo del 15 de septiembre, no obstante, cada aniversario de ese día es para mi corazón un día de duelo; pues se me representa a lo vivo la dilatada historia de los errores, de las locuras, de los crímenes y escándalos que han empequeñecido y deshonrado a mi patria. Tristísimo es reflexionar así, pero es forzoso; antes, pues, debemos pensar que sentir. Reflexionemos.

Consideremos las causas que en Centro América, como en las demás naciones latinoamericanas, han desvirtuado los fines de la independencia o retardado su cumplimiento. Los privilegios de ciertas clases sociales, la índole rebelde y descontentadiza de los pueblos, la suma heterogeneidad de las razas, la influencia de la teocracia, el entronizamiento del militarismo, y aun la prematura aplicación de las instituciones libres, he aquí las principales causas que el publicista bien intencionado debe estudiar prácticamente para aconsejar los medios de desviarlas de la realidad, y evitar de esta suerte sus naturales efectos que han dado tan abundante y amarga cosecha de males a la América Latina, y en particular, a algunos de nuestros países del Centro.

Refiramos el estudio de esas causas a la situación aislada de la República de Honduras, de este jirón arrancado de la República federal, de la que un tiempo fuera nuestra noble y grande patria. Los desconciertos e indecibles infortunios de Honduras no son la obra de clase privilegiadas que tienen por sistema embrutecer y explotar a los pueblos. No. Aquí todos somos iguales: el instinto democrático está hondamente arraigado entre nosotros; y si aristocracia puede haber, sólo será la aristocracia que yo respeto, que yo admiro, la aristocracia de la virtud y el talento.

¡Aquí los pueblos no son rebeldes ni descontentadizos: todo lo contrario, tienen una índole pacífica, sumisa: no están corrompidos a pesar de las escuelas de inmoralidad que pródigamente se les ha abierto; y por su valor y buen sentido valen más, mucho más que el puñado de políticos trastornadores que los han hecho aparecer, ante Europa y América, con el repugnante carácter de revolucionarios; de anárquicos, de ingobernables! Sí, señores, ha llegado la hora de pronunciar el solemne fallo de la justicia: no son los pueblos de Honduras quienes toman la iniciativa en nuestros desórdenes; son los políticos de oficio que abusan de su sencillez, que los seducen, que los desacreditan, que los deshonran.

Aquí la heterogeneidad de las razas no forma, como en otras partes, un grave obstáculo para el concierto y la mejora social: la mayoría de nuestros principales centros de población es homogénea, y el nivel de su educación es casi igual. Aquí la teocracia no es ni ha sido un poder de perniciosa influencia; no ha tenido gran ascendiente en la educación de la juventud, en la conciencia de los ciudadanos, en el ánimo de los gobiernos, ni ha dispuesto de recursos materiales, de

146

riquezas, de todo lo cual se necesita para que la teocracia aparezca, y sea un poder social capaz de trastornar los pueblos y de desvirtuar las instituciones. Aquí el militarismo, propiamente dicho, no se ha entronizado; no hay militarismo, no puede haberlo en un país extenso, despoblado y pobre en que la fuerza no puede centralizarse, en que no puede pagarse un considerable, un crecido presupuesto militar. Aquí, en fin, una prematura, inconsiderada aplicación de las instituciones libres, que por lo común degenera en licencia, no ha podido traer el desconcierto y las desgracias de la República, por la sencillísima razón de que entre nosotros las instituciones casi siempre han sido de nombre: han circulado escritas como una especie de papel moneda, con circulación forzosa, pero sin crédito, con un valor nominal casi en su totalidad.

¿Cuál es pues, la causa de haberse malogrado en Honduras el fruto de la independencia? ¿Cuál la causa de haberse frustrado la completa realización de los altos fines de nuestra emancipación política? ¿Cuál la causa de tan repetidos trastornos, de ruinas incontables y de tantas y tan amargas desventuras? Voy a decírselos, y se los diré con entera franqueza. Encuentro la causa de tan profundos males en los constantes desaciertos económicos de nuestros gobiernos que han producido otros tantos y ruinosos desconciertos en el orden político y social. Las administraciones de Honduras se han encaminado prácticamente a llevar a cabo combinaciones políticas en el interior, o en relación con la política de los países vecinos; pero se han olvidado casi por completo de fomentar, de desarrollar, de garantizar por todos los medios posibles la riqueza pública, los intereses económicos del país.

Como resultado de esa situación, los pueblos que nunca se han visto protegidos por la acción administrativa, sino más bien expoliados en su propiedad y en su derecho, han estado dispuestos para oír y secundar la palabra seductora de los políticos que los halaban y los excitan al desorden; y no por su espontánea voluntad, no por mala inclinación, sino al contrario para mejorar su infortunada suerte; qué de veces hasta por desesperación, los pueblos al verse desvalidos, miserables y sujetos a continuos vejámenes fratricidas, se han lanzado al motín, a la revolución; y los gobiernos que no han sabido respetar la propiedad, que no han sabido mejorar la condición de los pueblos, que no han sabido educarlos en la escuela del trabajo (pues en los países atrasados los gobiernos deben ser educadores), esos gobiernos, digo, que no han sabido fomentar ni asegurar la riqueza pública, cuando la tempestad se desata, y se ven combatidos en todas partes, cuando apura lo crítico de su angustiosa situación, vuelven los ojos a la sociedad cuyos intereses no han favorecido ni respetado, y la sociedad, aun violentada, aun amenazada de muerte, los deja, los abandona, no puede darles fuerza, recursos ni poder, porque no se ha cuidado de que haya fuerza ni riqueza social. Y así, tales gobiernos, sin base, sin elementos, se hunden, desaparecen, porque sin recursos, sin rentas, ni respetabilidad ni interior, tienen que dejar el paso franco a los motines y a las revoluciones.

A mi juicio, queda expuesta la principal causa de que nuestra República haya sido por tanto tiempo una especie de terreno movedizo en el que no han podido arraigarse la paz, el orden, la confianza y las instituciones. Ni se arraigarán, y les lo aseguro, mientras sólo tengamos declaraciones de derechos políticos, mientras sólo tengamos combinaciones políticas que en el interior y con el exterior más bien traen compromisos y complicaciones que bien pronto se resuelven en desastrosas guerras. Yo no desestimo, no desprecio las declaraciones de derechos políticos, al contrario, las veo exigidas y la conceptúo sancionadas por la justicia y por la civilización de nuestra época; pero sostengo que han sido vanas entre nosotros, y que no resolverán nuestros problemas sociales, mientras carezcan de base, mientras la situación económica del país no nos dé pueblos educados en la escuela de la producción, del trabajo, y gobiernos que principalmente dirijan su administración al fomento y garantía de intereses permanentes que proporcionen recursos y vitalidad al cuerpo social y al Estado rentas, créditos, poder y respetabilidad.

En mi entender, el gran error de la mayor parte de los publicistas que se han ocupado de Hispano América, estriba en que todo lo han esperado de las instituciones políticas, proponiendo, y aun olvidando, los intereses económicos. No: éstos son el precedente, aquéllas son la consecuencia. Que se dé un país donde haya educación práctica, donde haya riqueza pública, donde haya pueblos que tengan que perder, y donde haya gobiernos laboriosos y protectores de los intereses de la sociedad, ¡y en ese país habrá orden, habrá instituciones, habrá confianza y reinará la hermosa libertad! Por eso, señores, en las actuales circunstancias de mi patria, yo deseo para ella muchos economistas, pero no le deseo ni un político.

Conocida y juzgada nuestra situación, que por hoy es satisfactoria y bonancible, ¿qué medios podremos emplear para impedir que en lo sucesivo reaparezcan nuestros males y volvamos al estado de desconcierto, de anarquía y de descrédito? Después de tanto naufragio, ¿cuál será, señores, nuestro puerto de salvación? ¡Ah! nuestra definitiva salvación la encontraremos en la educación operada por la virtud del trabajo. Sí: trabajo incesante, infatigable en los pueblos para que tengan propiedad, apego al propio derecho y al ajeno, necesidades creadas por la vida civilizada, firmeza en sus hábitos de orden y de desprecio, desprecio profundo a las seducciones de la política disolvente. Trabajo y mucho trabajo en los gobiernos, que se cuiden muy poco de arreglos políticos, pero que consagren su actividad a favorecer y desarrollar la agricultura, a abrir buenas vías de comunicación, à establecer extensas comunicaciones telegráficas, a dar incremento a los cambios, al comercio, a sistematizar la educación, principalmente industrial, a promover la inmigración, a hacer efectivas todas las garantías que corresponden a la producción y a la propiedad, a extender, en fin, y sostener con mano firme los intereses de la riqueza pública que son los intereses de la paz, del orden y de la civilización de nuestra infortunada Honduras. Y ¿quién será el agente que ha de tomar la iniciativa para llevar a cabo en el poder y fuera del poder esas obras dificilísimas de gran trabajo y de salvadora reparación? ¡Ese agente, señores, no puede ser otro que la juventud hondureña, la juventud que es generosa y activa, que carece de odios y de preocupaciones, y que, por lo resuelta y esforzada, puede lanzarse a acometer aun aquellas arduas empresas que, por lo grandes, parecen imposibles!

Señores: al hablar de la juventud, penosísimo, desgarrador recuerdo viene a mi memoria. Hace muchos años, en un día como éste, el caro sol de septiembre palideció: parecía que la Providencia se empeñaba en apagar su esplendente y pura luz para que no alumbrase una cruel, una terrible escena de sangre... En una cárcel de un pueblo, de un vecino país cuya tierra yo llamaría tierra maldita si no fuese tierra centroamericana, se paseaba pensativo, silencioso, un hombre de gallarda apostura, de correcto y hermosísimo tipo griego, un hombre que en su semblante pálido dejaba ver las tristes huellas del desengaño; pero en cuya frente aún centelleaba vivísima la divina chispa del genio, y en cuya mirada inteligente y profunda se revelaba ¡pobre mártir! todo el temple de una alma de hierro. Ese hombre que había derramado su sangre en los combates por asegurar la unión y la grandeza de su Patria, era un héroe ilustre, un republicano prominente; ese hombre que esperaba tranquilo y resignado el martirio que le impusiera la barbarie, era un hijo de Tegucigalpa, de esta pequeña ciudad, cuna de muy grandes hombres; pero un hijo cuyo nombre tenía ya tan poderosa resonancia que no podía contenerse, no, en nuestros inmensos valles y en nuestras altísimas, colosales montañas.

Les hablo, señores, del general Morazán que al morir, en el día conmemorativo de la Independencia, se olvidaba de sí mismo para pensar en la suerte de su destrozada Patria. Sí: al acercarse su hora suprema formuló su testamento, y en esa histórica expresión de la última voluntad de héroe extraordinario, recordó que la experiencia y el infortunio le habían hecho rectificar sus ideas: invocó el recuerdo querido de la juventud, y le hizo el legado de su gran pensamiento, el pensamiento de reconstruir, por la virtud del trabajo, la Patria Centroamericana, una, poderosa y respetable.

Juventud hondureña, recoge la herencia de nuestro gran republicano. De esta suerte honra su memoria en este solemne día, y convierte conmigo, sí, convierte este recinto en un templo, y evoquemos todos la sombra venerable de la noble víctima, y que ella, protectora, nos inspire una plegaria de amor y de esperanza; de amor entrañable a la paz, a la concordia, al progreso de los hijos de Honduras, y de esperanza consoladora, inquebrantable, cifrada en la realización de los magníficos y gloriosos destinos de la República.

(Discurso pronunciado el 15 de Septiembre de 1880, en el salón principal de la Universidad de Tegucigalpa).

POLÍTICA CENTROAMERICANA

El año en curso de 1871, figurará notablemente en las páginas de la historia política de Centro América. Hechos trascendentales, como el derrocamiento de los Gobiernos de El Salvador y Guatemala, ejemplo noble y elevado como el que ofrece la República de Costa Rica, pasando espontáneamente del régimen dictatorial al régimen constitucional; novedad inaudita, por no decir estrafalaria, como el celebérrimo plebiscito de Honduras, que inició y prosiguió la gloriosa revolución de El Salvador, concluida con el espléndido triunfo de Santa Ana; ceguera imperdonable, y de funesto resultado, como la del Gobierno de Nicaragua, que ha acogido provisionalmente a los PP Jesuitas, causantes de la decadencia de Guatemala y de sus últimos trastornos interiores; y en medio de tanta variedad, de tan múltiples ocurrencias políticas, la idea federal, el pensamiento de la unión, manifestándose en la prensa y en las negociaciones diplomáticas de algunos Gobiernos de las Repúblicas hermanas. Tales son los prominentes hechos cumplidos en 71: tales son los acontecimientos que estudiaremos brevemente, para determinar, en cuanto nos sea dable, el verdadero carácter de la actual política Centroamericana.

Muy satisfactorio sería para nosotros aseverar que, en todo Centro América, se adopta el principio liberal, servido por una política siempre franca, siempre consecuente. Por desgracia nuestra, no podemos asegurarlo de una manera absoluta. Si bien la idea liberal predomina en nuestras Repúblicas, uno u otro de sus gobiernos o no han sentado más que precedentes, sin darles todas sus forzosas e ineludibles conclusiones, o afectan servir a la idea animados de egoísta conveniencia. Exentos están de todo cargo los gobiernos de El Salvador y Costa Rica. Libre está Guatemala de impugnación alguna por los principios que proclama su gobierno; aunque, a decir verdad, necesitamos verlos realizados, de un modo práctico, en las instituciones con que la Constituyente debe asegurar la organización, la paz y el porvenir de esta República.

No podemos decir igual cosa de Honduras y Nicaragua. La política del gobierno de Honduras, puede representarse con una sola palabra: farsa. La política del segundo gobierno, con otro término, menos vergonzoso, pero siempre desconsolador: inconsecuencia.

Decíamos que El Salvador y Costa Rica no merecen ningún reproche; y es así. No bien hubo ascendido el mariscal González al mando supremo de la República, cuando su primer paso fue restablecer las libertades políticas de los salvadoreños: fue dar garantía a todos los intereses y tratar con benevolencia y generosidad a los vencidos. Tranquilizado el país, convocó sin demora la Convención Nacional que, representando el sufragio libre de los pueblos, había de decretar la Carta constitutiva de la República. El sufragio fue respetado, lo mismo que las deliberaciones de la Asamblea, y hoy día, tiene la República de El Salvador una constitución, que en el solo hecho de restringir demasiado las facultades del Ejecutivo, está probando la no injerencia del gobierno en los acuerdos y decretos de la Convención Nacional. Tan noble y republicana conducta está reconocida por las mismas palabras que pronunció en su discurso el Presidente de la Asamblea, al efectuarse la clausura de las sesiones del Congreso. El gobierno del Mariscal González ha hecho más. Moral y materialmente prestó su apoyo, para sostener al de Guatemala, en los días en que una reacción formidable, amenazaba de muerte la libertad de esta República. Estos son precedentes muy honrosos, que no solo redundan en beneficio de la República vecina, sino que también, forman una enseñanza fecundísima, llamada a influir provechosamente en la política de los gobiernos Centroamericanos.

Costa Rica se ha elevado a la altura de una política digna y republicana. El general Guardia, después de haber asumido la dictadura, para evitar los constantes cambios de gobierno que ocasionara el militarismo; después de haber tomado esa medida extrema, para ocuparse fijamente y sin obstáculos, en la realización del gran proyecto de la vía férrea, que hoy está a punto de establecerse en el territorio de esa República; después de haber asegurado esos altos fines, libre y espontáneamente convocó la Convención Nacional para que el país entrase de nuevo en las vías de lo normal y de lo justo, que solo se abren a merced de instituciones fijas y ampliamente liberales. Ejemplo como éste, honra mucho a la política de Centro América: significa el desprecio de la fuerza y el profundo respeto al derecho y a la intervención legítima de los pueblos.

Hablando del gobierno de Guatemala, ya hemos dicho, en repetidas ocasiones, que sus principios son incontestablemente liberales; pero que el deseo de los buenos ciudadanos es que esos principios lleguen al hecho, a la realidad de las instituciones. Las dictaduras son aceptables sólo en los tiempos anormales; y hoy que, se ha conseguido la paz de la República, es llegada la hora en que el gobierno deba emitir una ley convocando la Asamblea Constituyente, que se ocupe de garantizar nuestras libertades políticas y de asegurar los intereses nacionales. Juzgamos que el Gobierno no deberá ser tardío en la ejecución de esta idea, puesto que a ello le impulsan razones de alta política y de incontestable conveniencia. De política: porque, continuar por más tiempo en la dictadura, cuando esta no tiene ya motivo que la justifique, sería contradecir el programa de la revolución, que entraña el principio saludable del planteamiento de un gobierno de leyes.

De conveniencia: porque nada tan provechoso para el gobierno, como el que una representación mandada por el voto libre de los pueblos, sea la que, con conocimientos más especiales de las necesidades de éstos, venga a conciliar los intereses, a sancionar las libertades, y a ocuparse en fin de la obra delicada y dificilísima, que entraña la reorganización de la República. Si el gobierno convoca sin demora la Constituyente, sabrá apreciar las justas aspiraciones de los guatemaltecos: no desmentirá su liberal programa y se eximirá de muchas responsabilidades que, de otra suerte, pesarían sobre sus propios actos.

Respecto a Honduras, nos es muy sensible manifestar que su organización republicana, no es más que una farsa, bajo los auspicios de su actual Presidente. Este personaje está de sobra: ascendió al poder por asalto y continúa en él a merced de la violación ostensible que ha hecho de la Carta fundamental de la República, no obstante apellidarse él mismo, en un manifiesto célebre, "el hombre progresista, el todo republicano". Cansados estamos ya los hijos de América, de oír estas vaciedades pedantescas, con las que se quiere encubrir el despotismo y las rastreras ambiciones. Avergonzados estamos ya de tanta farsa y por eso, quisiéramos cerrar nuestros oídos para no escuchar jamás la gran palabra: "el plebiscito de Honduras". ¿Para qué plebiscito, señor Medina, cuando está en el mando, en abierta oposición con la ley Constitucional que el pueblo se dio libremente? ¿Para qué plebiscito, señor Medina, cuando en el hecho de recurrir a ese expediente, está probando el descontento general, el justo desvío con que los hondureños ven vuestra administración? Continúe en el mando, si tiene poder, si tiene fuerza; pero no trate de mostrarnos prácticas republicanas, cuando en su espíritu y en sus hechos, solo predomina la ambición sin límites y el opresor, el incalificable despotismo.

La invasión de Nicaragua por los Jesuitas es otro acontecimiento remarcable y que prueba bien claro, que ese gobierno no tiene la conciencia de sus propios intereses, ni la comprensión de lo que es un obstáculo a la marcha de un gobierno republicano. ¿Es tan ciego el gobierno de Nicaragua, que no comprende, que no valora todo el mal que los Jesuitas han hecho a Guatemala? ¿Es tan inconsecuente en sus principios de política Centroamericana, que acepta en su suelo a la Compañía de Jesús, cuando ésta fue arrojada, en castigo de su odioso intento, que tendía a perpetuar la esclavitud de un país Centroamericano? Y no se diga que el gobierno de Nicaragua ha acogido provisionalmente a los Jesuitas. Esa razón nada significa. El jesuita es la gente más hábil; y aquí puede aplicarse la graciosa expresión de un escritor peruano "Al Jesuita, le basta que le permitan clavar una estaca donde colgar su bonete, para hacerse dueño de la casa".

¡Pobre Nicaragua! Tus poblaciones quedaron desoladas por la invasión de los filibusteros del Norte, y ahora tal vez permitas que una nueva invasión de los filibusteros del catolicismo te deje apocado el espíritu, te quite la libertad, adueñándose del secreto de tus familias y matando el libre pensamiento de tus nobles pero desgraciados hijos.

La idea federal relegada, por tanto tiempo, al olvido, hoy aparece grande y halagadora, encontrando un eco de simpatía en los corazones centroamericanos: prueba inequívoca de que el espíritu localista va en derrota y de que se prepara una época de concierto fraternal para nuestros pueblos cansados ya de guerras fratricidas. A la ligera hemos tratado de la situación política de Centro América. La idea liberal, la causa democrática, que es la única justa, tiende a prevalecer en las Repúblicas hermanas; pero cuenta con grandes, con poderosos obstáculos: destruirlos, es el fin primordial que deben proponerse los gobiernos que hoy representan la política verdaderamente republicana. Las tendencias y la suerte de un país centroamericano ora se llame Honduras, ora Nicaragua etcétera, no debe sernos nunca indiferente, porque tarde o temprano, las inconsecuencias en la política de una República hermana, el despotismo que mantenga un gobierno absoluto, vienen a influir en la suerte, en los destinos de las demás Repúblicas. Los conservadores, con mano fuerte, impusieron gobiernos autoritarios en todas nuestras Repúblicas para lograr la opresión de Centro América, y el absolutismo de su gran poder. Imitémoslos; pero en su sentido opuesto. Impongamos por todas partes la autoridad benéfica del derecho, del progreso y la justicia, para que en un día Centro América viva exenta de tiranos, y sólo obedeciendo a las inspiración sublime de la libertad.

DOBLE ALARMA

La situación de Honduras. La permanencia de los jesuitas en la República de Nicaragua.

I

El carácter de nuestra publicación periódica nos impone el imprescindible, el sagrado deber de levantar la voz para llamar en torno de los intereses de las Repúblicas hermanas, toda la inspiración, todo el esfuerzo del patriotismo centroamericano, que, si alguna vez debe ofrecer un testimonio de su constancia noble, que, si alguna vez debe manifestarse, con todo su brillo, en la prensa, en la opinión pública y en los actos de los gobiernos amantes del bien y de la paz de Centro América, es en este momento, en la ocasión presente, cuando Honduras está a punto de desorganizarse por completo, bajo la ingrata influencia de un poder autocrático, de una facción vandálica, de una ruina deplorable del comercio y de la agricultura nacional, y de una inmensa deuda exterior que, más tarde, puede comprometer la independencia de la República; cuando Nicaragua, la mártir de Centro América, aumenta un desconcierto más a sus muchos desconciertos, un dolor más a sus profundos dolores, estampando, con la aceptación de los Jesuitas, una mancha que afeará por siempre, las páginas de la historia de esa patria infelice de los Larreinaga, de los Jerez y de los Juárez.

Los repetimos: un deber sagrado nos impulsa a patentizar los hechos referidos. Si así no fuera, guardaríamos silencio: ¡qué harto triste es poner en exhibición el escándalo de Honduras y la inconsecuencia, la estrechez de miras, las mezquindad, el ruin espíritu del pueblo Leonés del Gobierno que preside a los destinos de la República de Nicaragua!

II

Si el patriotismo abnegado de los hondureños, si la intervención ilustrada de los gobiernos hermanos, no levantan a Honduras de la postración en que yace, no evitan su completa ruina, bien pronto esa desgraciada cuanto generosa República, dejará de figurar como nación en el mapa Centroamericano: o solo quedarán escombros que nos recuerden el nombre fatídico del general Medina, o habrá un territorio que no se llame "patria" para el centroamericano, que será la tierra de explotación para el extranjero, que ha de recibirla en pago, una vez que Honduras no satisfaga la inmensa deuda que ha contraído para enriquecer a Medina, a Herran y a un enjambre de miserables, nacionales y extranjeros, que han desgarrado las entrañas de la República, para lucrar a su merced del deshonor y de la ruina de la nacionalidad hondureña.

Consta dentro y fuera de Honduras, lo que ha sido el gobierno del "Caballero de la orden de la civilización de Santa Rosa" del general Medina. Lo que no consta, lo que no aparece en todo su relieve, es el estado actual, los últimos acontecimientos políticos consumados en Honduras. Es notorio que una insurrección de indios de Curarén se levantó hace algunos meses, sin bandera política, llevando por únicos fines el robo, el asesinato, la desolación, el exterminio. Era de esperarse que el gobierno de Medina, ya que tantos males ha causado, se consagrase siquiera a dar seguridad a la parte honrada y propietaria, amenazada en sus haberes, en su honor y en sus vidas; pero el general Medina ha permanecido inactivo, indiferente, contemplando el fuego abrasador que incendia las poblaciones de Honduras, cual otro Nerón que contemplaba entusiasmado el horrible espectáculo del incendio de Roma, que él condenara a las llamas, para distraerse en sus ocios de tirano. Medina, con su sabia y prudente política, se pone en seguro puerto en Amapala, y sabiendo los desastres que causa el vandalismo de los curarenes, abandona, no obstante, a los pueblos indefensos, en la mira, según se dice, de ser llamado, de hacerse "el hombre necesario", de ahorcar después centenares de indios, que no ha sabido proteger en largos ocho años, que no ha sabido moralizar por la instrucción y el trabajo y a merced de esa original conducta, proclamarse más tarde "Pacificador de Honduras", y seguir derrochando la Hacienda Pública, matando las libertades políticas, fomentando la inmoralidad, tiranizando siempre, mientras suena la hora fatal que anuncie el desquiciamiento y la irremediable pérdida de Honduras.

Por temor de que los pueblos se levantaran contra su administración, el general Medina los dejó desarmados, indefensos en sus trances aflictivos, mientras que él, el "liberal", el "progresista", el "heroico", ha permanecido en Amapala dirigiendo de lejos, de muy lejos, como de costumbre, las operaciones de la guerra.

El descuido, el abandono han producido el asalto de la Brea, en donde los facinerosos asesinaron a los guardas de la bodega y saquearon todos los artículos comerciales que estaban almacenados: la destrucción de la ciudad de Nacaome: el incendio de haciendas importantes, como Hato Grande, y el asesinato de hondureños indefensos, que no tenían otro crimen que ser honrados y propietarios. Últimamente, el vandalismo ha tomado tales proporciones, que hordas feroces asaltaron en el mes pasado a la honrada, laboriosa y culta ciudad de Tegucigalpa. Es increíble: en una ciudad de catorce a quince mil habitantes, en el centro del comercio y de la cultura, no había una fuerza armada que librase los edificios del incendio, que defendiera la propiedad del comerciante, que asegurase el honor de la hija y de la esposa, que respondiese por la vida de todos los ciudadanos. Ahora preguntamos: un gobierno que cuenta con más de ocho años de existencia ¿no ha podido defender la ciudad que encierra los más grandes intereses? ¿Cómo se explica que un puñado de jóvenes, de las principales familias, saliese al encuentro de más de trescientos vándalos, que los batiesen en los alrededores de la ciudad, que sólo a ese puñado de valientes, que pelearon llenos de entusiasmo, de abnegación, de heroísmo, se deba la salvación de Tegucigalpa?

¿Cómo se explica que el Gobierno no haya cumplido su fin primordial, que es dar seguridad a la vida y a los intereses de los ciudadanos, por medio de una fuerza respetable? ¿Será que el general Medina es muy inepto? ¿Será que es muy criminal? Ambas cosas: inepto, porque nada sabe organizar, porque sus actos sólo son de inmoralidad, de logrería, de derrochamiento, de absoluto desconcierto: criminal y muy criminal, porque según se nos asegura, ha dejado desarmados a los pueblos por temor de que se levantasen contra su administración, abrigando la esperanza de que los hondureños, en el último trance le llamarían, tendiéndole los brazos, y entonces reírse, como se ha reído de las aflicciones de la patria, e imponer en cambio de sus "patrióticos servicios", la condición de sujetar a Honduras para siempre, a la coyunda vil de su execrable despotismo.

Pero el general Medina se equivoca torpemente: hoy los partidos, en gran parte, se han unido, han depuesto sus odios para atender a su común defensa; porque saben que no tienen quien los proteja: que carecen de gobierno, aunque no de un déspota ignorante; porque saben, en fin, que no tienen más que la sangre de sus venas y el pecho desnudo, para combatir cuerpo a cuerpo contra el pillaje, que tiende a enseñorearse en la patria de Morazán y de Cabañas. Te equivocas torpemente, general Medina. El puñado de jóvenes que con denuedo puso en derrota a las hordas de Curarén, te está probando que aún hay aliento en Honduras: que la juventud inteligente y valerosa de Tegucigalpa, que ha deshecho a revolverazos las numerosas huestes de los descamisados, comprende su dignidad y su derecho: que ella se levantará en tu contra, que te muestras más bárbaro que el indio Curarén, y te pedirá cuenta de tus abusos para confrontarte en no lejano día; y si la patria se pierde porque la has arruinado en el interior y comprometido en el exterior, con tanta inteligencia de los jóvenes emigrados que en El Salvador te combaten y con tanto heroísmo de los nobles jóvenes de Tegucigalpa, nosotros diremos: todo se ha perdido, menos el honor.

III

Nos apena profundamente escribir más sobre asunto tan ingrato. Resumamos. Honduras está casi despoblada, porque poblaciones enteras se han diseminado en los departamentos fronterizos de El Salvador, para librar sus vidas, ya que padecen los horrores del hambre y de la miseria: el comercio y la mediana agricultura del país, han decaído de un modo incalculable: por precisión muchas quiebras para el comercio, y por precisión dolorosa miseria, mucha miseria, para las innumerables familias arruinadas. El gabinete desorganizado, la profunda inmoralidad en la mayoría de los hombres públicos. El general Medina, a su regreso a Comayagua, dio una manotada de costumbre al ministerio existente. El licenciado Arias, gran talento y robusta esperanza para el partido honrado y liberal, salió con sus colegas del Ministerio. La Hacienda es un caos. A pesar de exacciones frecuentes, no hay como pagar los empleados, ni como sostener una guarnición. Sustraída por Medina y amigos la cuantiosa suma de quinientos mil pesos, que era el fondo del comité, empresario del ferrocarril interoceánico. Los agentes de Medina, en el extranjero, como Herran, etcétera, etcétera, haciéndose ricos y poderosos a vapor, a expensas del crédito de Honduras. Una deuda inmensa gravitando sobre la República, a causa de la contrata del ferrocarril interoceánico: ferrocarril que no adelanta, y contrata que nadie conoce, ni aún el mismo Congreso automático que le dio su aprobación.

He aquí la desgraciada situación de Honduras. Hombres de todas las ideas, de todas las opiniones, de todos los partidos: corazones Centroamericanos: gobiernos de las repúblicas hermanas: fijen la vista en un pueblo infortunado, cuya suerte favorable o adversa, tiene que influir en la dignidad, en los intereses y en el porvenir de la América Central. Ya es tiempo de que los gobiernos Centroamericanos intervengan pacíficamente en la cuestión de Honduras: que intervengan, haciendo conocer oficialmente al mandatario Medina, la conveniencia de que renuncie al poder, para que Honduras, república hermana, no acabe de precipitarse en el abismo de su ruina. Fíjense los gobiernos, que se trata de un interés Centroamericano: fíjense en que Honduras, por su desorganización interior, y por su enorme deuda en el exterior, puede dar lugar a que el extranjero amenace su independencia y comprometida la autonomía de Honduras, se borre la integridad centroamericana, se ponga en conflicto la independencia de las demás Repúblicas del Centro. No se deje, por otra parte, que Honduras sea el foco de los trabajos reaccionarios, verdadera amenaza contra los gobiernos de El Salvador y Guatemala.

Prevéngase el mal, ahora que la ocasión es propicia. Si este propósito fuera secundado, Honduras deberá la libertad y el honor a los centroamericanos que se interesen por su suerte, y a los Gobiernos que intervengan para promover su tranquilidad interior, y asegurar su porvenir, les quedará el hermoso nombre de bienhechores de un país hermano: nombre que la historia inscribirá en sus páginas como un recuerdo sagrado e inextinguible de la cordura, de la generosidad, y patriotismo de los Gobiernos Centroamericanos.

IV

Después de haber tratado del Gobierno de Honduras, de su carácter irregular y despótico; después de referir acontecimientos que impresionan tan dolorosamente, no quisiéramos ocuparnos de la República de Nicaragua, para no aumentar más desconsuelo a nuestro profundo desconsuelo, más indignación a nuestra justa indignación. Pero forzoso es ocuparse de Nicaragua, ya que es la madriguera del Jesuitismo en Centro América; forzoso es patentizar los males que los RR. Jesuitas han causado y causarán a esa República, ora encendiendo la tea de la discordia entre los partidos políticos, ora oponiéndose, con su incontestable influencia, a la mejora de las condiciones sociales, única que puede hacer factible la tranquilidad interior, y la práctica razonable de las libertades políticas en Nicaragua; en ese país envidiable, que por su grande y hermoso lago, por su Istmo importantísimo, por la practicabilidad de un canal interoceánico en su territorio, llama justamente las miradas del mundo civilizado, prometiendo para lo porvenir todos los inestimables bienes que puede proporcionar un país agrícola, convertido en un centro de actividad comercial.

V

Nicaragua vivía tranquila y ocupada en atender a las muchas dificultades que implica un Estado joven, que permanece en vía de organizarse, cuando los RR. Jesuitas expulsados de Guatemala, buscaron en el mes de setiembre del año anterpróximo, un lugar de expectativa para alentar desde allí los reaccionarios de Guatemala, y espiar la oportunidad de ejercer toda su acción, encaminada a reconquistar su prepotencia oscurantista en Centro América. Rechazados los RR. Padres de los puertos de El Salvador y Honduras, llegaron "de paso", como ellos dicen, al Puerto de Corinto, dirigiéndose después a León de Nicaragua, que tuvieron el acierto de elegir como el cuartel más a propósito para sus operaciones loyolistas.

Desde ese momento, la prensa liberal de Nicaragua dio la voz de alarma: los Jesuitas fueron ya jefes de partido: gran parte del fanático pueblo leonés hizo causa jesuítica, y en publicaciones diversas, lanzó virulentas réplicas al periódico "El Porvenir de Nicaragua", que bajo la dirección del señor Gottel, extranjero inteligentísimo y bien intencionado, abrió campaña formal para combatir la invasión de los sucesores del celebérrimo capitán de Pamplona.

Los partidos en Nicaragua han chocado hasta la saciedad, casi siempre con un espíritu de encarnizamiento y exterminio: su exaltación frenética ha producido innumerables desgracias, que aún deplora la República nicaragüense, y que aún recuerdan, con indecible pesar los hijos de Centro América; y sin embargo, los Jesuitas, esos hombres egoístas, esos hombres sin patria, esos hombres de frío cálculo, hoy ahondan la división, los odios y rencores de los bandos políticos de Nicaragua; hoy preparan un conflicto de gran trascendencia en la República: conflicto que si el gobierno del señor Cuadra no sabe conocer ni apreciar, dará motivo para que, desde ahora, los hombres imparciales juzguen la ceguera de ese como un presagio seguro de nuevos desconciertos, de nuevos y lamentables infortunios.

VI

En países como los de Centro América, en donde la práctica de las libertades es apenas embrionario, en donde las instituciones republicanas no pasan de ser una aspiración apenas comprendida, pues nada importan los principios que se consagran en las leyes, cuando son rechazados por las condiciones sociales, especialmente por la ignorancia de las mayorías, por la extrema pobreza, por la carencia de hábitos de trabajo, por la nulidad del espíritu público y por la falta de una educación política adecuada y sensata; en países como éstos, decimos, admitir a la compañía de Jesús es realizar un absurdo, es cometer la inconsecuencia de introducir un elemento predominante, y opuesto siempre a una organización republicana; es aceptar el retroceso; es cerrar las puertas del porvenir, asociando a nuestros pueblos, que deben educarse en la práctica de la libertad, hombres que como los Jesuitas, si enseñan, predican el dogma de la autoridad absoluta que envuelve el despotismo; si aconsejan, fanatizan, pervierten las costumbres y perturban la paz de las familias; si intervienen en un negocio cualquiera, (lo que hacen siempre), con habilidad inimitable, lo arrollan todo para sí, dejando en pos las huellas de la pobreza y de las más enervantes preocupaciones.

Tal sucederá en Nicaragua, y en especial en la ciudad de León, cuyo carácter describe gráficamente el periódico "El Porvenir" con las siguientes palabras: "Este es el pueblo de los contrastes de las grandes virtudes y de las enormes aberraciones: el pueblo escéptico y el pueblo fanático; el pueblo más ilustrado por una parte, y más ignorante por otra; el más caritativo y el más tacaño; el más incrédulo y el más creyente; el que jamás cree en la bondad ni en la necesidad de los gobiernos y el que al mismo tiempo da ascenso a los milagros del agua de Nejapa, y a la virtud de los Jesuitas y a la infalibilidad del Papa; en este pueblo en que los bandidos son admirados y prestigiados, y a las hombres honrados se les amenaza a la vuelta de una esquina donde las revueltas, se preparan en los conventos o en los templos y los primeros pertrechos que se alista para el soldado son los haces de escapularios, como antídoto contra las balas esta ciudad de las grandes idolatrías y de las repentinas traiciones el pueblo veleidoso por excelencia, donde todos caminan para atrás, no con la inocente naturalidad del cangrejo, sino más bien, con la maliciosa cautela del buci limón, de que nos habla la fábula: qué extraño es, repetimos, que aquí haya jesuitas de ropa corta que admiren a los de traje largo?".

¡Sí!, el escritor tiene razón: nada hay de extraño, pues León, esa ciudad antiestética, es el campo más bien dispuesto para recibir las semillas del fanatismo que derramen a manos llenas los hijos de Loyola.

VII

No nos cansaremos de repetirlo: Nicaragua será perdida si los Jesuitas llegan a entronizarse en su suelo: correrá la suerte que ha corrido Guatemala, por espacio de largos años; y al fin y al cabo, costosos sacrificios y una sangrienta revolución serán necesarios para desarraigar a la Compañía de Jesús, que es la mayor enemiga de los países jóvenes, que están por constituirse como naciones republicanas; y hablamos así, porque en los países libres, sólidamente constituidos, los Jesuitas no son tan funestos: contra sus miras de absorción encuentran graves contrapesos y esto los hace mostrarse tolerantes y sumisos. Dígalo, sino, el ejemplo de los Estados Unidos del Norte, en donde los Jesuitas tienen sus Colegios, enseñando a los católicos, a los protestantes, a los ateos y a todos los individuos de diversas sectas.

Allí se ven en la necesidad de aceptar y respetar, por ese solo hecho, la libertad de conciencia, la libertad de pensar, la libertad de enseñanza. Sólo en los países pobres e ignorantes, como los nuestros, se muestran abiertamente hostiles a la fecundísima doctrina de la libertad política y religiosa; y aquí triunfan, y aquí son absolutos. ¿Qué prueba esto? Prueba, que ningún gobierno Centroamericano debe aceptar Jesuitas en su territorio: prueba, que mientras estemos aprendiendo a ser libres, es un deber político no admitir compañías Jesuíticas, porque siempre serán un obstáculo a la verdadera instrucción y moralidad de los pueblos, y al planteamiento de las libertades en todas sus diversas fases: prueba, que el Gobierno de Cuadra debe abrir los ojos, para no precipitar en el abismo a un país de tanto porvenir; y prueba, por último, que si hay obstinación de su parte, la prensa libre y los gobiernos sensatos de Centro América, tienen el derecho de anunciarle el buen camino, de decirle con la autoridad del buen sentido: "alto a esa pendiente oscurantista: no perdidas a un pueblo hermano, que es digno de mejor suerte y que, con Jesuitas en su seno, siempre será pobre, fanático y oscuro: siempre será el asiento del principio de autoridad absoluta, en cuyo nombre imperan los tiranos".

LOS PARTIDOS POLÍTICOS

El Bando Liberal en Guatemala. Llamamiento.

Nada es tan indefectiblemente necesario, nada tan favorable a los desarrollos de la sociedad, al avance de las ideas, a las reformas que entrañan el progreso de las naciones, como la existencia de los partidos políticos. Esto hace ver lo inaceptable que es la opinión de algunos publicistas, que conmovidos en presencia de las acaloradas controversias, y de los violentos ataques que ocasionan los partidos, tratan de conjurarlos siempre, por creerlos fuente de los desconciertos sociales; y pensando encontrar el remedio de los males que deploran, se apasionan de las instituciones que establecen lo que se ha dado en llamar "gobiernos fuertes", únicos que uniformándolo todo, reglamentándolo todo, comprimiéndolo todo, consiguen con la autoridad absoluta el equilibrio facticio de las fuerzas sociales, la calma completa y la firme estabilidad de los poderes públicos. Semejantes ideas, que conducen al planteamiento de tales gobiernos, están en pugna con los principios y tendencias más elementales de nuestra naturaleza, hacen a un lado las condiciones regulares del progreso individual y social y levantan un trono al "principio de autoridad", que si domina absoluto en ciertos períodos, su ascendiente y poder, así como sus triunfos, nunca pueden ser definitivos; porque la existencia del principio de autoridad es artificial; porque su predominio crea un modo de ser estacionario, opuesto a la libre iniciativa y al espíritu de reforma que, en todos los tiempos y lugares, han sido la espléndida manifestación de la naturaleza, que procede por oposiciones, y la manifestación todavía más alta, del precedente del porvenir, que encierra las promesas de un adelanto social, siempre creciente y siempre consolador para los pueblos.

Por eso no debe abrumar la idea de los choques que implica la existencia de los partidos políticos. Los conflictos que éstos ocasionan, deben las sociedades, los gobiernos, considerarlos como hechos naturales. Desgraciadas las sociedades que pensando de otro modo, ahogan la manifestación de los partidos políticos; y desgraciados los gobiernos que acogen el principio de la autoridad absoluta, para contrarrestar esa fuerza colectiva de las opiniones, creencias y aspiraciones, que son el resultado natural y espontáneo de los partidos políticos, que significan las influencias individuales y sociales. Tan cierto es lo que dejamos dicho que es ya una verdad histórica, plenamente reconocida que, la caída de los gobiernos autoritarios, ha sido siempre ocasionada por no haber tomado en cuenta el poder y ascendiente de los partidos políticos; y hoy día, es una verdad filosófica, que encierra todo un porvenir, la de que, la República democrática y el partido que representa esa grande institución, son los únicos agentes llamados a realizar la naturaleza humana en la sociedad y en los gobiernos, y esto debido a que las instituciones democráticas abren el campo a la influencia natural de todos los bandos políticos; -influencia múltiple, que no produce el caos de la anarquía, puesto que la libertad hace posible la conciliación de los partidos, por medio del respeto al derecho que todo hombre tiene a hacer valer sus ideas, y a manifestarlas ampliamente.

Jamás temamos la influencia de los partidos políticos; pues éstos encierran un germen de vida. Siempre temamos la autoridad absoluta, que rechaza los partidos políticos; pues esa autoridad encierra un germen de muerte. La afirmación de los partidos que se desarrollan armónica y pacíficamente, conduce a la libertad, a la democracia, la negación de los partidos conduce, por el contrario al despotismo, a la autocracia, escollo perenne de nuestras repúblicas del Centro. Si a la luz de la Filosofía y de la Historia, vemos que los partidos políticos son una necesidad, tan imprescindible para los fines del progreso social, observemos ligeramente lo que han sido y lo que son en los países de Centro-América.

Desde el día, eternamente memorable, de nuestra emancipación de la Metrópoli, han venido dividiéndose el campo de la política, dos partidos desarrollados paralelamente: el partido liberal, el partido conservador. Profundas y radicales diferencias los separan; y si han causado tanto mal a nuestras Repúblicas no ha sido por el hecho de ser partidos, sino por los grandes vicios que han entrañado en su fondo. En efecto: ambos se han distinguido cual más, cual menos, por la falta de una organización adecuada; y descendiendo a los detalles, notamos: que el partido liberal ha sido, en muchas ocasiones, ilógico, inoportuno, falto de previsión, de perseverancia y de fe; mientras que el partido conservador, si bien muy lógico en sus miras y muy perseverante en sus propósitos, ha llevado el predominio de la autoridad, la negación de las reformas, el apocamiento del espíritu público y el oscurantismo sistemático a un grado tal, que en sus propios excesos ha encontrado su desprestigio y el aniquilamiento de su poder.

Basta que el partido llamado conservador proclame el dogma de la autoridad y del privilegio, en contraposición a la libertad y el derecho, para que nunca sean aceptables sus principios, aun cuando tuviera entre nosotros ese temperamento de moderantismo y de conciliación que le asegura larga existencia, y que le hace producir algunos bienes, en medio de los innumerables males que ocasiona.

Se deja conocer, por lo expuesto, que el bando liberal, a pesar de todos sus inconvenientes, es el que atrae nuestras simpatías y el que cuenta con nuestra adhesión sincera; y hoy que en Centro América se ha operado una revolución que augura el advenimiento de las libertades políticas, económicas y sociales, deseamos muy sinceramente ver al partido liberal, con un programa definido, con una organización estable, con un fin lógico y una perseverancia y abnegación a toda prueba. Poco, muy poco de esto hemos notado en el bando liberal, durante las diversas pero cortas épocas en que ha predominado en nuestras Repúblicas de Centro América. Un plan preconcebido que concilie la autoridad del gobierno con las libertades públicas, no lo hemos encontrado de una manera satisfactoria en el bando liberal, al estudiar los anales de sus revoluciones: la consecuencia en la mayoría influyente de ese partido, tampoco la hemos visto. Para confirmar estos conceptos, no necesitamos, ni queremos traer a la memoria nombre propios de algunas notabilidades del bando liberal, que han renunciado a los buenos principios de su causa, ora violentando los acontecimientos, ora incurriendo en las mismas faltas que con acritud censuran, ora, en fin, asumiendo un temperamento de inactividad y de inconsultas transacciones.

Si de las ideas abstractas, pasamos a juzgar en concreto el verdadero carácter del bando liberal en Guatemala, nos bastará considerarlo en presencia de nuestra situación para comprender las causas que lo han perdido en otras épocas y que lo hacen inconsistente y débil en la actualidad.

El bando liberal de Guatemala en vez de penetrarse de que su existencia y predominio son harto precarios, si con vigor no se rechazan los trabajos de la oposición reaccionaria; en vez de fijar sus miras en el fondo esencial de los principios e intereses de su causa; se fija de preferencia en accidentes que pueden remediarse con facilidad, en asuntos de puro "personalismo", cuando todo eso debiera hacerse a un lado, a trueque de cimentar un orden de cosas, sólido y estable, incapaz de ceder a los empujes de los implacables reaccionarios. Lo último no sucede. Se habla, se dice mucho del Gobierno, pero se piensa, se medita muy poco: se carece, por lo general, de fe en la causa y en los hombres que la representan y no se comprende que la falta de fe, trae el desquiciamiento y la ruina de los grandes principios que patrocinaron nuestra última revolución. Muy distinta cosa sería si los liberales salieran de esa Babel, donde se hablan mil lenguas y donde nadie se entiende; si todos en acuerdo común, renunciaran a resentimientos personales, fijándose un programa digno y elevado, servido con esfuerzo, con lealtad y buena fe. Esta conducta daría cumplida satisfacción a sus aspiraciones, y los haría fuertes y respetables contra esa mayoría reaccionaria que es infatigable y que siempre amenaza las libertades de la patria, haciéndonos presentir los horrores de sus odios y de sus crueles venganzas.

Podrá objetarse que el gobierno no tiene toda la actividad y energía que demandan las circunstancias: que no cumple satisfactoriamente las promesas impersonales de la revolución. Si así se piensa y el partido liberal es algo, representa algo, tiene la conciencia de su poder, ¿por qué no imprimir al Gobierno el movimiento necesario? ¿Por qué no hacerle comprender, si se extravía, el derrotero que debe seguir su política? ¿Por qué abandonar su puesto, en vez de usar dignamente de la prensa, del derecho de asociación y exposición, para hacerle entrar en el carril de los verdaderos principios de la causa liberal?

¿Por qué no acoger con entusiasmo el propósito de influir, con miras progresistas en las elecciones y en la Asamblea Constituyente, que pronto ha de reunirse sentar las bases de la reorganización de la para República? ¿Por qué gastar el tiempo, debilitando sus propias fuerzas, alentando vocinglerías, haciendo alarde de que hay descontento general? Vocinglerías que desprestigian a la causa, y descontento que al decantarse por algunos liberales, proporciona un arma poderosa a los reaccionarios que, en vista de tanto desconcierto, se juzgan fuertes y como propagandistas incansables hacen creer a los demás que sólo ellos deben predominar, porque tienen la conciencia clara de lo que se proponen, porque no se desacreditan, ni despedazan mutuamente, porque saben unirse y trabajar perseverantes en servicio de su programa y de sus lógicos fines.

Hora es, y hora muy solemne, de hacer un llamamiento al bando liberal en Guatemala. Que recuerde la historia de las revoluciones en que ha obtenido la victoria y que no desatienda sus palpitantes enseñanzas, que dicen a cada paso: "si el bando liberal se ha perdido; si en Guatemala se ha entronizado el vergonzoso principio de la autoridad absoluta; el personalismo logrero y el privilegio que todo lo absorbe, ha sido porque a los liberales les falta consecuencia, les falta constancia, les falta generosidad, fe y previsión, fe y perseverancia, unión y desprendimiento": que ésta sea nuestra bandera. Atrás miras estrechas, ¡Atrás resentimientos personales! Ante todo y sobre todo está la libertad de la patria y el honor, la dignidad del bando liberal en Guatemala.

Ahora que es tiempo, conjúrense los desastres de la anarquía y el retroceso, los males y venganzas de una reacción oscurantista. Considere el bando liberal que el gobierno existente, por malo que lo conceptúen sus enemigos, es el único que ofrece garantías, es el seguro representante de los intereses de la sociedad, que fluctúa entre la anarquía que abre la puerta a todas las ambiciones y entre la reacción que no perdona, que vendría más implacable, más desastrosa y sangrienta. Considere el bando liberal, que estamos en una época de mera transición, que no puede servir de criterio para juzgar, justa y definitivamente, la política del actual gobierno. Considere también, el estado de profunda desorganización en que se ha encontrado la República; y fíjese, por último, en que abierto está el palenque de la legalidad, para que, en la prensa, en la elección de Representantes, en la Asamblea Constituyente y en la Cámara ordinaria que ha de seguirle, se pueda dar a la política del país, el giro que exigen las tendencias y promesas de la última revolución.

Elijan, liberales de Guatemala; de un lado, la lealtad y el desprendimiento que pueden salvar la patria: de otro, el personalismo egoísta, la inconsecuencia y el fraccionamiento, que traerán sin duda la anarquía, o el triunfo de una reacción, que no saben conjurar y que, después de tomarlos como instrumentos, se vengará de ustedes mismos, levantando patíbulos para los unos y condenando a los otros a la dolorosa proscripción.

Elijan: de un lado la libertad y la gloria: de otro, la infamia para ustedes, infamia que recordarán indignadas las generaciones venideras, para eterna deshonra del bando liberal en Guatemala.

LA REFORMA NO ES UNA PROMESA

La Reforma no es una promesa; es la realización progresiva de los bienes sociales. El estudio de la historia que nos enseña a juzgar los hombres y los acontecimientos, cada día nos evidencia más y más el curso natural e indefectible de las revoluciones político-sociales. Estas, apreciadas al trasluz de las enseñanzas del pasado y de los sucesos del presente, nos dan por resultado la manifestación de tres períodos característicos, siempre dignos de un examen serio y concienzudo.

Toda revolución social comienza por la propaganda de ideas innovadoras, acogidas por el espíritu entusiasta de los pueblos, que es el fuego que las alienta, que las vivifica y que las impulsa al triunfo más o menos cercano.

Consumada una revolución, las ideas de propaganda y la fuerza del entusiasmo popular ceden su puesto al período de demolición. Se encuentran obstáculos y es necesario vencerlos, se encuentran graves dificultades, y es forzoso superarlas. Demoler para construir: tal es entonces la fórmula imprescindible de la revolución.

Resta el último período revolucionario: el verdadero punto objetivo del pensamiento de los pueblos; período que tiene en expectativa aún a los ánimos de los más indiferentes; período dificilísimo, pues no entraña lisonjeras promesas para lo porvenir, ni la destrucción de lo existente, sino la reforma inmediata que ha de realizarse en hechos benéficos: la reconstrucción de los intereses y de las instituciones sociales.

La República de Guatemala, en los penosísimos trances de su marcha revolucionaria, se ha puesto a prueba atravesando las dos épocas en que los principios se imponen por la fuerza de las ideas, y en que más tarde se desembaraza su acción de los obstáculos que la compriman y esterilizan. Ahora la República se halla en el período de la reforma. ¡Aliento! Y a Los Hechos.

Tregua pues, en el campo de las elucubraciones especulativas: tregua, en el campo de las discusiones que no tengan importancia práctica. Tiempo es ya de entrar con paso firme en el terreno de los hechos y de las instituciones que puedan producir "la realización progresiva de los bienes sociales".

Que ésta sea la consigna y el esfuerzo de los hombres de corazón y de las clases pensadoras. Puesto que a todos interesa el bien de la sociedad, todos deben contribuir solidariamente a su definitivo cumplimiento, cualquiera que sea el credo político de los individuos, cualesquiera que sean sus peculiares aspiraciones.

Hay algo que los hombres y los Gobiernos no deben olvidar jamás: "El buen sentido Nacional". Este no puede menos de inclinarse a la consecución de reformas adaptadas a las necesidades e intereses de la República. Todo empeño contrario, toda resistencia sistemática, sólo tenderían a desmentir el buen sentido Nacional, y a hacer frustráneos los fines de una revolución costosa, que si no produce los bienes prometidos, será indigna de ser la obra del patriotismo y más indigna aún, de que la historia en su día, la juzgue como un verdadero progreso en la vida política de esta nacionalidad del continente americano.

Entra en el programa de la revolución el planteamiento de la República democrática. Pues bien: entre nosotros, la República democrática será un pensamiento quimérico, expresado por una frase halagadora, mientras no se obtenga la instrucción adecuada de las mayorías. Que los pueblos dejen de ser masas incultas y se transformen en asociaciones de ciudadanos instruidos. Sólo así tendremos la práctica de la verdadera República.

Necesitamos pues, un plan de instrucción bien meditado y comprensivo; y a la vez, la asignación de recursos suficientes para dar vida y desarrollo a ese gran elemento de la libertad y de la civilización.

Se ha determinado como una consecuencia de la revolución, la pureza y regularidad en la administración de justicia: la seguridad y facilidad en las transacciones del comercio: el carácter humanitario y justo en el sistema penal, que en vez de sancionar el "libre arbitrio" del magistrado y la degradación de los culpables, debe dejar a éstos únicamente sometidos al arbitrio de la ley y producir la corrección moral del individuo.

Pues bien; necesitamos reaccionar contra la legislación vetusta y bárbara que aún nos rige: desprendernos de ella y reemplazarla con una legislación en armonía con el espíritu de nuestra época y registrada en códigos que merced a un plan filosófico y sencillo la pongan al alcance de todos, siendo la razón escrita de la justicia social. Se ha deseado ardientemente que los trabajos reformadores de la revolución produzcan buenos resultados económicos, incrementando la riqueza individual y nacional.

Pues bien; una reforma económica sólo puede alcanzarse atendiendo de preferencia a la Agricultura, que en Guatemala es la verdadera fuente de riqueza. Esta industria, no lo dudamos, haría muy rápidos progresos, si se introdujese la enseñanza de los sistemas más adoptables de cultivo, de aclimatación etcétera; si se facilitase la salida de sus productos por buenas vías de comunicación y en fin si se diese al trabajo una reglamentación oportuna, de tal suerte que los agricultores no sufran las consecuencias de la indolencia y de los vicios del trabajador, ni éste los efectos del capricho o de la arbitrariedad de aquéllos. La reforma en materias de Hacienda Pública se ha considerado como uno de los principales fines de la revolución de Guatemala.

Pues bien; una reforma beneficiosa para el Tesoro Nacional y para las clases contribuyentes, no se obtendrá si no se hace un estudio detenido para emitir una ley sobre organización de Hacienda Pública: ley que evite el desarreglado manejo de las administraciones de Rentas Departamentales; que suprima oficinas, por demás inútiles, y que haga sencilla y expedita la inspección superior sobre los que administran fondos públicos, determinando a la vez las atribuciones de los empleados de hacienda, y la responsabilidad que a todos y a cada uno puede hacerse efectiva. La ley vigente de hacienda presenta graves defectos y considerables vacíos. Requiérese igualmente expurgar al presupuesto civil y militar de gastos superfluos, que invertidos en objetos de reconocida utilidad, darían resultados dignos de la aceptación general. Y por cima de todo esto, la suprema reforma es la consolidación definitiva del crédito público, sin lo cual, no hay ni puede haber la confianza que necesitan los individuos para entregar confiadamente al Gobierno el contingente de sus recursos materiales y morales.

Dejamos apuntadas las materias que a nuestro entender, tienen una importancia primordial, tratándose de reformas que llevan la revolución a su verdadero fin. Mas creemos firmemente que el planteamiento de las mismas, no depende de disposiciones aisladas que subsanen en pequeña parte tal o cual vicio de la administración o de las instituciones. Por el contrario, abrigamos el convencimiento profundo de que la instrucción pública, la legislación, los medios de proteger la agricultura, la organización de la hacienda y el fomento del crédito público son objetos que demandan un estudio extenso y concienzudo; un plan suficientemente comprensivo que determine la práctica de esos transcendentales fines; y para todo ello la perseverancia y actividad en el Gobierno, y el concurso de las ideas y esfuerzos de las clases sociales, cuya intervención es indispensable para marchar de acuerdo con sus necesidades y exigencias legítimas.

Al encarecer tanto el sentido práctico de las reformas, faltaríamos a un deber de justa imparcialidad si no reconociésemos en el Gobierno Provisorio un espíritu altamente progresista y si también no diésemos un testimonio de pleno asentamiento hacia algunas disposiciones, que en realidad, han echado los cimientos de importantes y saludables mejoras. No obstante; juzgamos que la emisión de multiplicados decretos, algunas veces opuestos, tal vez no sea el medio más oportuno para conseguir el mejor éxito en los trabajos de innovación y de reforma.

Puesto que el Gobierno Provisorio no encontró ningún elemento debidamente organizado, más valiera combinar con calma y reflexión planes de mejoras sociales, y llevarlos a cabo por leyes coherentes y comprensivas, cuya práctica se haga efectiva sin inconsecuencias, con plena entereza y energía: Tal es el rumbo que traza un criterio desapasionado para llegar al Canaán, a la tierra prometida de nuestra regeneración política-social.

A este propósito, nuestro periódico publicará en sus columnas todos los estudios referentes a los medios de hacer efectiva la reforma en el sentido de la conveniencia pública y de las instituciones liberales.

En conclusión, séanos lícito exponer que nos lisonjea la creencia de que el Gobierno no estará solo al proseguir los muchos trabajos que aún le restan para hacer de Guatemala un pueblo próspero y feliz. Reconocemos que el Gobierno tiene la conciencia de sus altos fines y por lo tanto, ha de atraer las ideas, esfuerzos e intereses de los guatemaltecos, para hacerlos solidarios en la grande y generosa empresa de mejorar la condición de la República. Que el Gobierno se consagre con ahínco a la realización de ese objeto: tales son nuestros más fervientes votos. Obrando de esta suerte, los hombres imparciales harán plena justicia a los designios honrados y benéficos de la revolución de Guatemala; y por un evento la obcecación de los privilegiados, el fanatismo ciego y la crasa ignorancia oponen nuevos escollos insalvables; y si por un evento el éxito no llegase a corresponder a los esfuerzos desinteresados que el Gobierno haga para regenerar a esta patria querida, al menos, los amigos del régimen actual podremos levantar serena frente, y repetir las siempre nobles caballerescas palabras del glorioso vencido de Pavía: "Todo se ha perdido, menos el Honor".

LA SOLUCIÓN ES LA GUERRA

La guerra de El Salvador y Guatemala contra el Gobierno de don José María Medina: —Los verdaderos precedentes que la justifican: —Sus probables y benéficos resultados en favor de la paz, de la libertad y de la civilización de Centro-América.

Bellas y legítimas esperanzas se cifraron en el porvenir de las dos grandes y trascendentales revoluciones que, en el decurso del año de 871, vinieron a consumarse en las Repúblicas de El Salvador y Guatemala. El instinto certero del patriotismo presintió desde luego, al contemplar esos gloriosos acontecimientos, que tantas y tan halagüeñas esperanzas serían defraudadas, si el principio liberal-democrático, apenas restablecido en El Salvador y Guatemala no se consolidaba con firmeza en el interior de estas Repúblicas; si también no se ponía al abrigo de toda maquinación reaccionaria de cualesquiera de los Estados del Centro que, como integrantes necesarios de la misma entidad nacional, deben uniformarse en ideas e intereses, único medio de lograr con éxito seguro el imperio de la paz y del derecho, llamado a regir los destinos de la Patria Centro-Americana.

Lo que el instinto presintió, estaba indicado por la historia de nuestra vida independiente. Lo que indicaba la historia lo comprendió la razón en presencia de los movimientos reaccionarios ocurridos en Guatemala, y de la actitud del Gobierno de don José María Medina, cuya política, a par que hostil ha sido farisaicamente hipócrita.

Con tales circunstancias, debidamente apreciadas, el barómetro social no pudo menos que marcar guerra inminente.

Desde ese momento la prensa libre, salvaguardia de los principios y de la seguridad de las naciones, reconoció los gérmenes de una reacción formidable: habló muy alto denunciando el acelerado desarrollo de los trabajos de los liberticidas, y muy particularmente en el Salvador, en Guatemala y Nicaragua, señaló a don José María Medina como el protagonista del drama reaccionario y sangriento que preparaban para nuestro suelo los obcecados enemigos del saludable régimen que empieza a plantearse en dos Repúblicas hermanas, hoy ardientes defensoras de la libertad y del derecho de los pueblos.

Ante las imparciales manifestaciones de la prensa, reveladora de los justos temores que inspiraba una contrarrevolución liberticida, muchos fueron incrédulos hasta el escepticismo, muchos indiferentes hasta la indolencia, y lo que es peor, muchos otros contrariaron sus juicios previsores, oponiéndoles el ridículo, la calumnia y la oprobiosa injuria.

Nada importa eso. Las ideas que no nacen del egoísmo intolerante y ciego, sino de la previsión de los sucesos y del juicio imparcial sobre el curso de las cosas, y el carácter y antecedentes de los hombres públicos, esas ideas, decimos, tarde o temprano, vienen a justificarse de un modo claro y decisivo. La verdad triunfará siempre sobre el poder de insanas prevenciones.

Tal ha sucedido en el presente caso: los hechos patentes se han encargado de confirmar la realidad de los asertos de la prensa; y hoy día para los Gobiernos de El Salvador y Guatemala, como también para los pueblos de Centro- América, la situación actual se formula en las afirmaciones subsiguientes:

El Mandatario Medina, de hecho y por el órgano de su prensa oficial, insulta y amenaza a los Gobiernos de El Salvador y Guatemala.

El Mandatario Medina, sea por ambición, sea por encono, ha trabajado y trabaja infatigable en la obra de revolucionar a estas Repúblicas.

El Mandatario Medina, bajo el "protectorado" de don Tomás Guardia, Presidente de Costa Rica, quién le "obsequia" ingentes armas y elementos de guerra y fortalecido con el apoyo material y moral que le prestan los Jesuitas, el Arzobispo de Guatemala y los revolucionarios de esta República, de las de El Salvador y Nicaragua, con todo ese poder, se ha puesto en actitud de guerra para derrocar en ocasión propicia a los Gobiernos representantes de la revolución democrática.

El Mandatario Medina, a causa de la protección decidida que dispensa a los facciosos de Guatemala y a los descontentos de El Salvador, y mediante los considerandos amenazadores y hostiles del decreto de suspensión de las relaciones oficiales y particulares entre Honduras y El Salvador, confirmado por un Manifiesto revolucionario, ha provocado clara y directamente la guerra en que se empeña para saciar sus ambiciones personales

Y por último, el Mandatario Medina, a más de ser el agente de la reacción centroamericana, es el autócrata sin ejemplo que, con mano de hierro, oprime a un pueblo desgraciado que yace en la postración del desaliento, en la atonía de una vida de humillación y de dolores;

y ese hombre desleal, sin fe, sin convicciones propias, sin humanos sentimientos, es el "tirano-veleta" que se mueve a todo viento, y que empujado por el vendaval del reaccionarismo, hoy constituye una amenaza formidable contra la existencia de nuestros Gobiernos democráticos y un obstáculo permanente para lograr el arraigo de las instituciones liberales que aseguren la paz y la prosperidad en los países de la América Central.

En presencia de estas aserciones que nadie osará desmentir, porque se fundan en hechos y documentos manifiestos, ¿cuál es, cuÁl debe ser la solución que los Gobiernos de El Salvador y Guatemala den al problema audazmente planteado por la odiosa política de don José María Medina?

La solución es el legítimo empleo de la fuerza que garantice la seguridad de dos Repúblicas y el triunfo completo de la libertad y el derecho: La solución es la caída definitiva del Sistemático Trastornador de estas comarcas: La solución es, en fin, dar el último golpe de gracia a la tiranía reinante en un país hermano, para que así se reparen las deslealtades y crueles injusticias del hombre que por una ironía sangrienta se intitula "Presidente constitucional de un pueblo libre"; para que así se borren de una vez, la afrenta y el baldón que pesan sobre el nombre y la dignidad de Centro América.

No debemos asentar ideas sin darles su completa justificación. Entremos en el ligero examen de los precedentes de la guerra para confirmar su verdadero origen, su alta y reconocida conveniencia, su necesidad lógica e inevitable.

Las ideas y sentimientos de un hombre explican su verdadero carácter: su carácter revela la naturaleza de sus actos: estos ponen en relieve la influencia que puede ejercer en lo individual, en lo social y aún en la suerte de los pueblos. Apliquemos estas consideraciones a don José María Medina. Así tendremos la clave de los precedentes de la actual escisión que está a punto de conmover a Centro América y de cambiar en breve sus destinos. Don José María Medina apareció en la escena política como autor del famoso "exponcio" de Omoa, por el cual, baja y cobardemente, entregó la fortaleza de este nombre al general don Rafael Carrera. En 1863 Medina llegó a esta República a solicitar la protección del presidente Carrera, regresando después a Honduras como un "simple apéndice" del General Cerna, quien venció en Santa Rosa, con el ejército de Guatemala, a las pequeñas fuerzas del presidente constitucional de la República hondureña.

Medina se aprovechó del triunfo ajeno y ascendió "por asalto" a la silla de la Presidencia, cuando el pueblo simpatizaba por la candidatura del General Xatruch, a quien la mayoría conservadora proclamaba presidente de la República.

A partir de esa fecha, Medina fue el engendro político de don Rafael Carrera. Tales precedentes dan a conocer a don José María Medina como hombre de una ambición desmesurada y como partidario de las vías de hecho. De esta suerte no podía convertirse sinceramente a la causa de la libertad sin faltar a sus compromisos que le dieran importancia política. No obstante, en la necesidad de atraerse al partido liberal de Honduras contrapesar la aceptación de que aún gozaba el general Xatruch, Medina "se liberalizó un poco" y cometió algunos "pecados" ofensivos a su protector don Rafael Carrera. Medina empezó, pues, a ser desleal, y su inconsecuencia estuvo a punto de atraer una guerra entre Guatemala y Honduras, que felizmente fue conjurada por los esfuerzos del patriotismo.

Aparece la insurrección de Olancho ocasionada por el inicuo fusilamiento que ejecutaron los esbirros de Medina en la persona del diputado Rosales. Para sofocar el movimiento revolucionario, Medina, en colaboración de su ministro, don Francisco Cruz, expide un decreto atentatorio de las garantías más sagradas, y armado de esa ley draconiana, de esa ley escrita con sangre, manda a ahorcar y decapitar, sin forma ni figura de juicio a centenares de infelices hondureños. Tras esos hechos siguieron el incendio y las confiscaciones, sin medida y aún la expulsión de familias inocentes que, lanzadas de sus hogares, probaron errantes todos los dolores de la proscripción y la miseria.

Medina, pues, empieza a ostentar su lujo de barbarie: Medina conculca los derechos más inviolables: Medina insulta a la humanidad y se rebela impíamente contra las leyes de la Providencia.

Durante su primer periodo presidencial, los representantes del pueblo decretaron en el año de 65 la Constitución de la República. La presidencia de Medina debía concluir el año de 69; pero como la Carta de Honduras prohibía terminantemente la reelección, Medina no para mientes en "esa pequeñez", y en el año de 68, por el órgano del Ministerio del Interior, dirigió una circular a las autoridades de los pueblos para que estos, en virtud del mandato supremo, levantasen actas proclamándole presidente para un segundo "período constitucional". Los pueblos obedecieron: la fuerza armada de cada distrito, vejaba y encarcelaba al ciudadano honrado que se negaba a suscribir la inaudita violación de la Carta fundamental de la República.

Para Medina, pues, no hay respeto a la ley: las constituciones son fórmulas vacías de sentido práctico: para él solo hay ambición antojadiza, fuerza y arbitrariedad sin límites. Se preparan los acontecimientos que, andando el tiempo, habrían de producir las magníficas y populares revoluciones de 71. El Gobierno del doctor don Francisco Dueñas tuvo la impresión de encargar al general Xatruch la comandancia del departamento de San Miguel. Este hecho inspiró serios temores a don José María Medina: despertó sus celos, apenas adormecidos pues veía al general Xatruch, jefe de prestigio, desempeñando un puesto importante en un departamento limítrofe a Honduras. Esto hizo pensar a Medina que le acarrearía graves dificultades, y talvez más tarde la invasión del territorio hondureño y el desquiciamiento de su poder, mantenido contra la opinión manifiesta de los pueblos.

Como Don José María Medina ha conceptuado que la presidencia es su patrimonio, obtenido a "título de conquista", se propuso defenderla a todo trance, y se alió con el bando liberal que trabajaba lealmente por establecer en El Salvador y Guatemala otros Gobiernos, otras instituciones. Tenemos, pues, a Don José María Medina en plena campaña declarando la guerra al Gobierno ultraconservador del Señor Dueñas; pero el móvil que determinó su conducta no fue el amor a la libertad y el derecho: fue el temor y sólo el temor que le infundía su fatídico fantasma: el General Xatruch.

El generoso pueblo hondureño siguió entusiasta al mariscal González, que se encaminaba audazmente a la histórica ciudad de Santa Ana para reconquistar con el filo de su espada los fueros de la dignidad y de las libertades de su patria. La suerte de las armas favoreció al Mariscal González y al puñado de valientes que lo acompañaba; y esto, a despecho de don José María Medina, que desleal como de costumbre, había dado orden al teniente general don Juan López, para que operase la contramarcha de las fuerzas hondureñas.

Triunfantes en El Salvador y Guatemala las revoluciones democráticas de 71, los nombres del libertador García Granados y del heroico mariscal González resonaron muy alto, llevados por doquiera por el atronador estruendo de la fama.

Tanta fe, tanta constancia, tanto heroísmo no pudieron menos de circundar la frente de los dos caudillos con la espléndida aureola de inmarcesible gloria. Sus resplandores ofuscaron la vista de don José María Medina y él, que soñaba con ser el héroe de la cruzada regeneradora: él, que soñaba, con las salutaciones entusiastas de la prensa libre, con los aplausos del continente: él, que soñaba tener en pupilaje al bravo mariscal González, al verse postergado como instrumento secundario de la revolución, al ver desvanecido sus sueños ambiciosos, como se desvanecen las nieblas de la mañana al difundirse los rayos del sol naciente, Medina, decimos, en medio de su impotencia, de su orgullo ofendido y de su profundo despecho, maldice de corazón a la causa democrática y jura tomar venganza de las "inconsecuencias de los liberales". ¡Tales fueron sus célebres palabras! ¡Tal fue desde entonces su formal amenaza!

Las ocasiones y pretextos no se hicieron esperar mucho tiempo. Emigrado de Guatemala el ex-presidente Cema se dirigió a Honduras en donde lo acoge don José María Medina, y ambos entablan desde luego pláticas preliminares para hacer una contrarrevolución en Guatemala. Por fortuna, estaban muy recientes los triunfos del libertador García Granados del benemérito mariscal Barrios, y esto hizo pensar a Cema y a Medina que la oportunidad no había llegado.

Transcurrieron algunos meses, y don José María Medina, bajo pretexto de tratar la fusión de las repúblicas de Honduras y el Salvador, acredita a don Francisco Alvarado ante el Gobierno del Mariscal González; pero ese Ministro plenipotenciario llevaba instrucciones secretas para observar de cerca el giro político de las cosas en el Salvador y recoger datos ciertos para fundar las maquinaciones revolucionarias del Gobierno hondureño.

Llega la época en que la prensa de El Salvador y Guatemala, conocedoras de los manejos maquiavélicos de don José María Medina, se pronuncia enérgicamente contra su administración. Entonces, Medina arroja la máscara, busca pretextos para la guerra y para enunciar sus intentos, desentierra del olvido al histrión Francisco Cruz, quién, mediante cinco mil pesos de propina, empezó a publicar el infamante pasquín, intitulado con el venerado nombre de "La Patria".

Orillemos los reclamos que ha hecho don José María Medina al Gobierno de El Salvador por los gastos de la guerra que operó el Gobierno de Honduras contra la administración del doctor Dueñas.

Lo irracional de ese reclamo, apoyado en un convenio particular, de suyo insubsistente, desde que hubo una guerra de nación a nación, lo peregrino de ese empeño, lo ha demostrado ya victoriosamente nuestro amigo el publicista don Álvaro Contreras, en notables y elevados artículos que honrarán por siempre los anales del periodismo centroamericano. Respecto a los demás cargos, también fueron contestades en "El Hondureño", con la valentía de la verdad y de la lógica, por el simpático escritor que ha sabido conmover los ánimos, cantando las tiernas elegías que en él le inspiraron desventuras patrias: el ilustre proscrito doctor Adolfo Zúñiga.

Orillémonos igualmente el decreto "exabrupto" que declara la suspensión de las relaciones oficiales y particulares entre las Repúblicas de El Salvador y Honduras, y el Manifiesto explicativo de las causas de ese bárbaro decreto. Que tales documentos provocan la guerra contra El Salvador está fuera de duda; y por lo tanto, contraigámonos a patentizar la justicia que asiste al Gobierno de Guatemala para hacer la guerra a la administración del autócrata Medina.

El eminente publicista don Andrés Bello, refiriéndose a las causas justificativas de la guerra, enseña la doctrina siguiente, consagrada por la práctica y por el voto de los más célebres tratadistas de Derecho de Gentes, que hemos tenido a la vista.

Dice así: "El fin legítimo de la guerra es impedir o repulsar una injuria, obtener su reparación y proveer a la seguridad futura del injuriado, escarmentando al agresor. Por consiguiente, las razones justificativas se reducen todas a injurias inferidas o manifiestamente amagadas y a la imposibilidad de obtener la reparación o seguridad sino por medio de las armas. Es guerra justa la que se emprende con razones justificativas suficientes".

Precisemos los hechos que en el presente caso se relacionan con esos principios del Derecho Internacional. Tanto los facciosos que revolucionaron a Guatemala en setiembre del año anterior, como los que capitaneados por don Antonio Muñoz, levantaron el estandarte de la última reacción, así que fueron vencidos, se refugiaron en la vecina República de Honduras, llevándose algunos Remingtons y otras armas de percusión. El Gobierno guatemalteco, con este motivo, reclamó amigablemente al de Honduras para que impidiese toda hostilidad de parte de los asilados y ordenase la devolución de las armas extraídas del territorio: el gobierno de Medina, en despacho datado en Comayagua a 13 de marzo del corriente año, se negó a acceder a tan justa demanda, bajo el frívolo pretexto de que para la devolución de las armas no medía "un acuerdo recíproco que establezca las reglas que deban observarse en casos semejantes".

Respecto a los asilados, señores Muñoz, Gramajo, López, Lorenzana y Nemecio Cerna etcétera, no solo no les ha quitado el poder de dañar a este Gobierno sino que les ha prestado apoyo para revolucionar a Guatemala: les ha conferido grados militares de importancia y hoy figuran como jefes en las filas del ejército hondureño, levantado en pie de guerra por decreto del mes de marzo.

Hay más. Los funestos padres jesuitas, expulsos de Guatemala, por haber causado la reacción desastrosa del mes de septiembre del año anterior, son enemigos declarados de la existencia e instituciones de este Gobierno. Pues bien, don José María Medina los deifica en su prensa oficial, y ha celebrado con ellos un pacto solemne en el cual se compromete a operar la reacción centroamericana, derrocando las administraciones liberales de El Salvador y Guatemala. Ese pacto satánico ha sido revelado a Centro América en una carta dirigida al señor mariscal González por el honorable señor don Santiago Delgado: documento que vio la luz pública en el notable periódico "La Democracia". No satisfecho el Gobierno Medina con esas hostilidades, encarga a sus periódicos oficiales —la soporífera Gaceta y el pasquín La Patria—, para que como pregoneros de la infamia, desacrediten sin piedad los actos de nuestro Gobierno y el carácter de nuestras instituciones: para que calumnien las tendencias y los hechos del partido liberal: para que insulten y escarnezcan a los dos grandes caudillos de nuestra revolución: para que pronostiquen la próxima caída del Gobierno guatemalteco; para que conciten los ánimos de los pueblos de esta República, diciéndoles que deben sublevarse contra el Gobierno, contra el orden y la ley.

Y no se diga que esas son justificables represalias. La prensa oficial de Guatemala, jamás ha estampado una sola palabra que haya podido herir, ni aún la quisquillosa susceptibilidad del Gobierno Medina.

Entonces, ¿por qué don José María Medina, cual otro Júpiter tonante, lanza rayos de indignación contra la prensa de Guatemala? ¿Qué prensa? ¿Será El Centroamericano? Indudablemente, pues sólo este periódico, desde su aparecimiento, tuvo por consigna combatir enérgica y decididamente la Administración Medina. Pero los

Redactores de El Centroamericano escribieron siempre por su cuenta y bajo su responsabilidad personal. Este hecho fue declarado formalmente en el "Alcance" al número 6, fechado el 4 del mes de Enero. Luego ¿puede presentar don José María Medina, como causa de guerra, las publicaciones de El Centroamericano cuando este periódico nunca tuvo carácter oficial?

Tan peregrina idea creemos que solo puede albergarse en el desgraciado cerebro del "Caballero de la Orden de la Civilización de Santa Rosa". En vista de lo que llevamos referido, preguntamos:

—¿Tiene el Gobierno de Guatemala "amagos que conjurar?".

—Sí.

—¿Tiene graves "injurias que impedir o repulsar"?

—Sí.

—¿Tiene que proveer a su "propia conservación" y a su "seguridad futura"?

—Sí.

—¿Tiene "causas justificativas" para hacer la guerra?

—Sí, y mil veces sí.

Pero la guerra no es contra Honduras: la guerra es contra don José María Medina, que ingrato y más ingrato, cruel y más cruel, bárbaro y más bárbaro, oprime al desgraciado pueblo hondureño. La guerra es para redimir esa República, víctima de la tiranía y para asentar la paz y la libertad en Centro América. La guerra a la vez que necesaria y legítima, es altamente humanitaria de parte del Gobierno de Guatemala.

Además de las consideraciones expuestas, media otra razón no menos importante: la alianza entre los gobiernos de El Salvador y Guatemala, formulada en el tratado que celebraron los honorables ministros señores Arbizú y Samayoa.

Por el artículo 13 del tratado a que nos referimos, cada Gobierno se compromete a hacer causa común con la República que fuese invadida, ofendida o molestada por alguna o algunas de las otras Repúblicas de Centro América. Y bien; como el Gobierno de Honduras se ha declarado en estado de guerra contra la República de El Salvador, la ha injuriado hasta el vilipendio, ha provocado la guerra con el bárbaro y oprobioso decreto de suspensión de relaciones y ha juzgado "altamente amenazante" el Tratado de alianza concluido entre esta República y la de El Salvador, por estos motivos, aún cuando Guatemala careciera de causas particulares para hacer la guerra, estaría en el derecho perfecto de levantarse armada contra el gobierno de don José María Medina.

De hoy más, el infortunio o la ventura será el patrimonio que compartan unidos los nobles pueblos de El Salvador y Guatemala.

Prevengamos, por último, una objeción que podría hacerse. Tal vez se dirá: "aunque el Gobierno de El Salvador por su moderada política ha puesto los medios conciliatorios para evitar la guerra, Guatemala no ha intentado las negociaciones diplomáticas que el derecho de gentes aconseja, a fin de conjurar los efectos de la contienda que amenaza".

A esto responderemos con los precedentes de don José María Medina, que con propósito deliberado hemos hecho notar en su parte más saliente. En efecto ¿será oportuno, será cuerdo y decoroso intentar arreglos diplomáticos con un hombre que no conoce fe, lealtad ni consecuencia? Con un hombre cuya historia es el amaño, el fraude y la mentira? ¿Con un hombre que ha faltado a todos sus compromisos políticos? ¿Con un hombre que es liberal cuando hay gobiernos conservadores y conservador cuando hay gobiernos liberales? ¿Con un hombre en fin que "hoy adora lo que ayer quemaba, que quema hoy lo que adoraba ayer"?

Se evitan guerras por medios diplomáticos pactando con un Gobernante que religiosamente guarda la fe prometida, porque representa alguna idea, porque sustenta algún principio; pero con Medina hacer tal cosa es imposible. Sobre inútil, sería deshonroso el entrar en negociaciones diplomáticas.

La guerra contra don José María Medina, que será la obra de redención de la infortunada Honduras, es también un hecho legítimo que encierra en perspectiva el cumplimiento de grandes y consoladoras promesas.

¡Qué hermoso cuadro, en vez de la horca salvaje que Medina y sus esbirros traerían a la culta Guatemala, que hermoso cuadro, decimos, en vez de la barbarie y del cinismo político, ver extendidos por todos los ámbitos de nuestra América las instituciones liberales, el respeto a la ley y a las garantías de los pueblos, ver la paz fecunda asegurada por concierto de Gobiernos amigos, ver la armonía, la calma y la el bonanza convidando al trabajo de la agricultura y de la industria, agentes poderosos de la civilización de estas comarcas; ver, en fin, que a merced de la uniformidad de los principios, de instituciones e intereses, en paz y fraternidad, se desarrollase y consumase el gran pensamiento: el Ideal de la Nacionalidad Centroamericana.

Esos altos fines que hemos de perseguir con fe inquebrantable, para borrar las diferencias artificiales que nos separan, a despecho de la naturaleza que nos indica la existencia de una sola familia, de un solo pueblo, de una sola nación, esos fines, lo repetimos, han de cumplirse redimiendo a Honduras, hoy reducida al ilotismo; expurgando de jesuitas el suelo de Centro América y rehabilitando a Costa Rica, víctima del engaño del despotismo disfrazado.

Si tan grandes cosas se cumplieren a esfuerzos del patriotismo y del valor de los héroes Granados y González; si la Providencia ha dispuesto que derrumben las tiranías y asienten por doquiera el imperio de la libertad y del derecho; si esto se consuma, para bien de nuestra patria, los caudillos de la revolución democrática tendrán una nueva página en su gloriosa historia, y más tarde la posteridad agradecida los colmará de augustas bendiciones.

LA INTOLERANCIA

¡Y qué!

¿Un obispo ilustrado, versadísimo en humanidades y ciencias, no puede escribir sobre un tema filológico una carta a un amigo suyo, a un librepensador?

¡Y qué!

El que tiene órdenes sagradas, sólo por el hecho de tenerlas, ¿no ha de saber griego, latín, lenguas vivas y ciencias, y ha de estar como proscrito de la hermosa república de las letras?

¡Y qué! ¿El librepensador no ha de comunicarse, por el periodismo, con los clérigos que poseen ciencias y letras, por la razón de las razones, de que el libre examen preside a su conciencia, en vez de los dogmas y cánones de una religión positiva?

Tales exclamaciones, que no reflexiones, me han venido de tropel al leer el final de un intencionado sueltecito del periódico El Imparcial, de Copán, en que apelando a opiniones no definidas ni formuladas por personas responsables, se dice que El Guacerique huele a sacristía. ¿Cuál es el origen de tales opiniones, que no califico de embozadas ni de francas?

El origen de que El Guacerique ha hecho justos elogios del saber del prelado hondureño, doctor don Manuel Francisco Vélez, al publicar una interesantísima correspondencia de tan alto personaje.

El sueltecito sí que huele a falso liberalismo... ¡Criticáis, liberales (nótese que nos referimos a los opinantes de Copán, a que alude El Imparcial) a los católicos por intolerantes, y sois más intolerantes vosotros, y sois ilógicos; y advertid que os llamo liberales porque así os llamáis, no porque crea que comprendéis ni vuestra propia denominación. ¡Liberal es el que da, el que es desprendido, el que es generoso, y vosotros preconizáis la intolerancia, hasta en inocente materia de letras! Sin ser ergotista, os digo que, en buena lógica, sois unos reaccionarios, peores que los ultramontanos.

Vamos a cuentas. La Iglesia Católica, Apostólica y Romana ha declarado que fuera de las vías católicas no hay salvación, y condena todas las ideas que directa o indirectamente se oponga a sus dogmas y sus cánones: esto es lógico. La misma odiosa Inquisición fue muy consecuente. Los sombríos y crueles Felipe II y Torquemada sobresaldrán en la Historia de la humanidad, perdurablemente, por su dialéctica inflexible, bárbara o férrea, pero siempre legítima en sus consecuencias. Vosotros, liberales, sois muy ilógicos; y por esto en Hispano América no fundáis estable poder. Proclamáis libertad de cultos, que es una de las libertades que más amo, y, no obstante, odiáis y perseguís a los católicos.

Según el criterio, hoy en día muy en boga, para ser liberal se necesita hablar tempestades de frailes y de monjas; comer curas y extrañar obispos y arzobispos; pero, en cambio, hay que divinizar a los masones, aunque entre ellos haya muchos caballeros de industria. ¿En dónde está la libertad de cultos? ¿En dónde la libertad de conciencia?

La intolerancia, en lo político, a veces llego a disculparla, en ciertos momentos históricos; pero la intolerancia predicada y cumplida por los liberales, en materia de letras, esto sí que no lo disculpo ni lo disculparé jamás.

Yo, de joven, estudié al lado de Ricardo Casanova, arzobispo de Guatemala, y de Ildefonso Albores, encargado en la actualidad de la Arquidiócesis. Estábamos en los antípodas: ellos católicos, apostólicos, romanos; yo, librepensador. Y, sin embargo, respetaban mis creencias, y yo las suyas. Hacían justicia a mis pocas aptitudes y a mi escaso saber, y yo la hacía a sus grandes talentos y a sus profundos conocimientos en ciencias y letras.

Más tarde, en esta tierra, cultivé amistad con el ilustrísimo fray Juan de Jesús Zepeda y con el virtuoso cura de mi pueblo, don Yanuario Girón. Hablaba con el primero sobre antigüedades, sobre cronicones y sobre dialectos indígenas que mucho conocía; hablaba con el segundo sobre nuestros hombres importantes y sobre nuestros documentos históricos. Al propio tiempo yo, como ministro reformador, suprimía los diezmos, decretaba el cementerio laico, extinguía el fuero eclesiástico, establecía la enseñanza laica, proyectaba la absoluta libertad de cultos, respetando las personas del Obispo de la diócesis y del cura de mi pueblo.

Y, sin embargo, yo no puedo ni debo ser liberal porque no afirmo que el sabio Ricardo Casanova, el instruido Alejandro Albores, el piadoso y erudito fray Juan de Jesús Zepeda, el virtuoso e inteligente Yanuario Girón, el muy docto don Manuel Francisco Vélez y el eminente naturalista y poliglota don Bernardo Thiel, son unos brutos y malvados, que no merecen ni respirar el aire que más se quiere, el aire de la patria.

Los mayores males que hay en el universo mundo, dependen de que a las cosas no se les dan sus verdaderos nombres, de lo que proviene para los incautos, corrupción de sentimientos, falsificación de ideas y errores y desdichas, ¡ay!, que tarde o temprano, lloran con lágrimas de sangre, las familias, los pueblos, las naciones.

¡Intolerancia! Que se invoque por los fanáticos sectarios de religiones positivas, y por los caudillejos de pandillas políticas; pero nunca, nunca por aquellos que sólo deben creer en estas dos grandes verdades fundamentales: Dios y Conciencia, y por aquellos que, alejados del pandillaje, tributan culto a estas divinidades de la tierra: Patria y Libertad.

Los opinantes a que se refiere El Imparcial ya verán, por lo expuesto, que El Guacerique no huele a sacristía, sino a genuino liberalismo. Si ellos y sus cofrades de dentro y fuera de la República, no me creen, no importa. Sé a qué atenerme, y comprendo, en mi supina ignorancia, que un librepensador, que tiene ejecutorias de tal, puede ser muy buen amigo de un obispo y de un cura.

Liberales: si queréis fundar algo, no profanando la palabra libertad, olvidad, si es posible, hasta la palabra intolerancia. El exclusivismo político es peor, y más en nuestros tiempos que el exclusivismo religioso. Que se busque la libertad, procediendo por evoluciones bien combinadas y salvadoras, y no por las vías de la intolerancia, de la violencia y del odio. Conciencia libre para los liberales, pero, por amor de Dios y por amor a la humanidad, que se respete la conciencia de los que no llevan el nombre de libres o de libertadores. ¡Atrás la intolerancia! ¡Ancho campo a la conciencia libre!

1892.

LA NUEVA ERA
(1876)

Comienza para este país infortunado una época nueva, de paz y de concierto, que hace abrigar a los pueblos gratas y consoladoras esperanzas cifradas en el porvenir de la República. Debido y justo es esperar el mejoramiento de Honduras: el predominio de la pasión política ha cedido su puesto a la rectificación juiciosa y tranquila de las ideas; y este cambio que felizmente se opera para bien de los hondureños, es representado por el pensamiento y los actos del Gobierno, aceptado por la voluntad de los pueblos, y sancionado por los principios de humanidad, de justicia y civilización, cuya benéfica influencia, a no dudarlo, salvará el honor e intereses de esta Patria querida.

A la verdad, Honduras tenía necesidad suprema de que se realizase ese cambio radical en el modo de ver, de representar y de servir la dignidad, los derechos y los intereses de la Nación. Un pasado tristísimo, lamentable, ha traído el convencimiento a los pueblos de que deben emplearse nuevos medios para alcanzar el bien y la felicidad de la República. Por esto la actual administración quiere olvidar, y olvida los extravíos anteriores; y las acerbas desgracias de la Patria sólo las recuerda para cobrar fuerza y aliento, al emprender la obra difícil, pero honrosa, de restaurar en Honduras una situación regular y digna que prometa prosperidad y grandeza a los hijos de este suelo. Ciertamente, debemos olvidar todo aquello que ahonde el abismo de nuestras divisiones y miserias, y pensar, en cambio, con amor y fe, en las promesas del porvenir, reservadas a este país que, según la expresión de uno de sus hijos más ilustres, "es la tierra del oro y de los talentos".

Pero no basta olvidar, no basta de revestirse de grande espíritu de generosidad; no basta un ánimo recto que haga esfuerzos para mantener a todos los hondureños en plena paz y en el goce de sus legítimos derechos; requiérese, a la vez. para encontrar un bien estable y un porvenir seguro, que el nuevo Gobierno que está al frente de los destinos de la República, a más de colocarse sobre el nivel de sentimientos e intereses mezquinos, despliegue una grande e incontrastable actividad para sacudir enérgicamente el espíritu de los pueblos, aletargado por la inercia que traen los grandes infortunios; para organizar una administración pública que, despojada de los vicios consiguientes a la usanza colonial, dé a la Nación el impulso civilizador de que tanto necesita, para que posea moralidad política, para que posea el hábito de calcular sobre sus verdaderos intereses, para que posea agricultura, industria y comercio, para que posea educación práctica, en el sentido material y moral, sin cuyos elementos, a buen seguro, podría admitirse la hipótesis de que Honduras tuviese una paz secular; pero una paz infecunda; pero una paz sin relación con grandes intereses, con grandes beneficios para los pueblos; pero una paz, en suma, que el primer caudillo afortunado, o el primer ambicioso podría turbar impunemente; pues a tales vicisitudes está expuesto un país que no tiene educación práctica, que no tiene moralidad política arraigada, que no tiene riqueza y poder para aniquilar, sin esfuerzos ni sacrificios, las pretensiones bastardas de los hombres que, por saciar satisfacciones del momento, conspiran contra el bien, la tranquilidad y los derechos de un pueblo.

Tales reflexiones pesan mucho en el ánimo personal del Gobierno de la República; y por lo tanto, su programa, que no ha sido una promesa sino un hecho cumplido en el país, no tiende a ver el día de hoy, sino a preparar los magníficos destinos de Honduras; no tiende a satisfacer las exigencias de sentimientos más o menos egoístas, sino a inspirarse en la razón, en la ciencia y la justicia, para dejar algo bueno, estable y honroso al pueblo hondureño; no tiende a reproducir nuestras desgracias, sino a tomarlas como un hecho consumado que da penosas pero fecundas enseñanzas, en vista de las cuales debe buscarse remedio a tanto mal, a tanta desventura; no tiende, en fin, a seguir el camino fácil y expedito de los gobiernos de rutina, sino a buscar las sendas inexploradas por donde debe atravesar una administración pública que quiera servir a este pueblo desgraciado y generoso, que quiera levantarlo a la altura que le corresponde por su espíritu sumiso, por sus sobresalientes aptitudes, y por el suelo que posee, que puede, por cierto, atraer la atención del geógrafo, del naturalista, del economista, y ser el punto donde tengan su puesto verdaderos hombres de Estado.

Dificultades, y dificultades muy grandes, hallará el nuevo Gobierno para llevar a cabo sus propósitos. Por doquier ha encontrado ruinas, miseria, falta casi total de elementos. Mas en cambio ha encontrado lo que tiene todo hondureño, resolución y firmeza, ha encontrado ardiente deseo de mejorar la suerte de la República y esto le basta al gobierno para emprender confiado la empresa de regenerar

196

el país siquiera sea merced a un trabajo lento y penoso. Los hombres sensatos, la generalidad de los pueblos deben creerlo así. El actual Gobierno no ha venido a obtener ventajas personales; no ha venido a construir en el país un modo de ser exclusivista que contraríe los intereses generales; no ha venido a servir una parcialidad política, ni a revivir causas reprobadas por el buen sentido de los pueblos, y por la ilustración de los hombres civilizados; ha venido sí, a representar la buena causa de los hondureños, que es la causa de la imparcialidad, de la justicia y del adelanto social; a representar la alianza del orden con la libertad, la alianza de un Gobierno fuerte y respetable con una acción benéfica que proporcione progreso y cultura a la República; y a recibir por único pago de tanto y tanto esfuerzo, la recompensa de sentir la satisfacción de haber cumplido un deber, de merecer un juicioso honroso de la posteridad: ya que los contemporáneos casi nunca pueden hacer justicia a los hombres que, en grande o en pequeño, emprenden una obra digna de los nobles corazones y de las altas inteligencias.

La Redacción de este Órgano Oficial no quiere concluir las breves apreciaciones que hace sobre el país y el actual Gobierno sin demandar a los pueblos y a los hombres ilustrados de la República, su decidida e importante ayuda. La causa que hoy representa al Gobierno no le pertenece de un modo exclusivo, puesto que corresponde a la República, puesto que concierne al bien, al honor y a la felicidad de toda Honduras.

Que los recuerdos penosos y los rencores que nos han traído nuestros infortunios, no sean para ello un obstáculo. Al contrario, que nos den vigor y entereza para salvar el abismo de miserias que han separado el bien de los unos y los otros; para dar término a una situación que aflige al individuo; a la familia y a la sociedad, y que, en el extranjero, aparece marcada con el sello del escándalo; y para lograr, en fin, en medio de afán tan noble, intereses e instituciones que honren a Honduras, Patria de nuestros padres, suelo querido donde vimos la luz primera, y punto de la tierra adonde dirigirán sus miradas y esperanzas hasta los hijos de nuestros hijos.

Pueblo hondureño: ¡Que Honduras se salve a fuerza de trabajo, de honradez y de abnegado patriotismo!

(Gaceta Oficial del Gobierno de Honduras, No. 1, 12 de octubre de 1876).

SITUACIÓN DE LA AGRICULTURA DEL PAÍS

I

La situación de la agricultura en Honduras es en la actualidad de marcada importancia, y promete para un porvenir, no lejano, resultados muy satisfactorios. En la parte Norte de la República, la más rica en extensos y feraces terrenos, se explotan ya en grande escala los frutos del plátano, del coco, del coyol, del cacao, del corozo, 'y de otras valiosas plantas frutales. Por doquiera se han ensanchado las plantaciones de éstas, y dos vapores, subvencionados por el Gobierno, hacen constantemente el comercio de frutas entre los puertos atlánticos de Honduras y los mercados de los Estados Unidos. Juzgamos aproximadamente que los valores que importa ese tráfico, que día en día se robustece y aumenta, no bajarán en este año de $400,000.

Aparte del comercio de frutas, tan expedito en la costa del norte por la facilidad de las comunicaciones fluviales y marítimas, y la proximidad de excelentes mercados, podemos agregar que las poblaciones de la costa del sur no permanecen extrañas al interés que en el país hoy despierta la industria agrícola. El cultivo de jiquilita (índigo), por muchos años abandonado, ha vuelto a recuperar su puesto, y se desarrolla notablemente. Por el puerto de Amapala ha comenzado a hacerse la exportación de número considerable de sacos de excelente añil. Honduras posee en el Sur vastos terrenos muy propios para una grande producción de añil; y este precioso artículo, que en un tiempo labró la prosperidad de la vecina República salvadoreña, y que da los números más estimados en su clase, puede, sin duda, constituir por sí solo un verdadero patrimonio para los pueblos que se asientan en las márgenes del Choluteca y del Goascorán, y que tienen a un paso, por Amapala y puertos menores, la exportación de sus productos.

La zarza de Honduras, que está reputada como una de las mejores del mundo, es también un artículo llamado a figurar por el valor de sus productos. El Gobierno ha dictado medidas conducentes a la conservación y ensanche de los zarzales, y a su más amplia y beneficiosa explotación. El hule será objeto de análogas medidas, y estamos seguros de que estos artículos, vistos antes como cosa de poca monta, serán en breve un notable ramo de exportación, y uno de los factores más activos de nuestra riqueza pública.

La ley orgánica del ramo de aguardiente, de 1°. de Diciembre de 1876, de un modo indirecto, promovió el mayor cultivo de la caña de azúcar. De entonces a esta fecha se han formado en los Departamentos nuevas fincas de caña, y las que había en reducido espacio, se han extendido en más de ocho suertes, cantidad requerida por la citada ley para el efecto de la destilación de aguardiente. A propósito del ramo que nos ocupa, nos es satisfactorio manifestar que en el valle de Comayagua, uno de los más extensos y fértiles de Centro América, se ha establecido por el señor Arias un ingenio para el cultivo y elaboración de la caña de azúcar en considerables proporciones. El nuevo ingenio está provisto de completa y excelente maquinaria, al estilo de los ingenios de Cuba; y con grande economía de tiempo y de trabajo, dará al empresario y al país abundante y valiosa producción. Después de haber estudiado la situación y condiciones de la empresa agrícola del Señor Arias, no vacilamos en asegurar que en su género es la primera en el país: que proporcionará en beneficio general muy buenos resultados, abaratando el azúcar, la panela y el aguardiente; y que tal vez más tarde dará a la República un nuevo ramo de provechosa exportación.

El cultivo del café que ha llegado, por decirlo así, a tomar la primacía entre los cultivos de las plantas productoras de frutos deleitables para el hombre, se ha abierto entre nosotros muy espacioso campo. Sobrados motivos tienen el Gobierno y pueblo hondureños para consagrar esmerada atención al cultivo del café: su conveniencia es palmaria. Sin ir muy lejos a buscar ejemplos, la dictadura de Carrillo, que tuvo un alto sentido económico por haber impuesto en Costa Rica la obligación de cultivar el café, aseguró por tal medio la prosperidad de aquella laboriosa República, antes sumida en los limbos de la inacción y la miseria.

Guatemala, que hace algunos años sufrió espantosa crisis a causa de la depreciación de la cochinilla que era el sustentáculo de sus transacciones y de su riqueza pública, ha salvado felizmente el abismo a que estuvo a punto de precipitarse; y lo ha salvado reemplazando los nopales con vastas plantaciones de café. Hoy los terrenos de la costa grande que hace doce años casi sólo servían para figurar en el mapa como parte del territorio guatemalteco, figuran, debido al café, como puestos avanzados de producción y de prosperidad; e igual juicio podemos hacer de otras secciones de Guatemala, antes desiertas e improductivas, y en la actualidad convertidas en centros de población, en donde el trabajo y el capital, con su prodigiosa virtud, obran las maravillas del progreso, la República de El Salvador, tan movible por la ígnea actividad de su naturaleza volcánica, como activa por el nervio y genio emprendedor de sus habitantes, ha podido compensar la decadencia de sus famosas ferias y de sus producciones de añil, con el cultivo y la producción del café. Sólo la producción de este artículo en el próspero Departamento de Santa Ana, es bastante a nuestro juicio a compensar en su mayor parte los extinguidos beneficios de las ferias y las valiosas cosechas del jiquilite. Nicaragua ha buscado también el objetivo de su conveniencia como país agrícola. No obstante su clima ardientísimo ha hecho en sus sierras y en sus terrenos de temperatura media considerables plantaciones de café, y hoy el país de los grandes y poéticos lagos acrece su riqueza y bienestar con la producción de tan importante artículo.

II

Con ejemplos tan dignos de seguirse, teniendo al alcance de nuestra mano la clave de nuestra riqueza y prosperidad nacional, riqueza y prosperidad nacional que, según lo hemos dicho tantas veces, resuelven nuestros problemas políticos; ¿cómo se entiende?, ¿cómo se explica que Honduras hasta hace cuatro años no haya fijado decididamente su atención en la agricultura, madre legítima de la industria y del comercio? ¿Cómo se entiende, cómo se explica la adopción de combinaciones políticas, más o menos inconducentes, cuando la necesidad de ser algo, de tener algo, ha llamado con golpes redoblados a nuestras puertas, y nos ha señalado con señal inequívoca que seremos algo, que tendremos algo por medio de la agricultura? Vamos a explicar con cumplida franqueza tan excepcional y curioso fenómeno.

Aquí, en Honduras, en donde malamente se ha dado en llamar política al interés egoísta de una bandería sobrepuesta a los intereses generales de la sociedad; aquí en Honduras, adoptado tal sistema, se sabía por larga y dolorosa experiencia que el partido triunfante, siempre inestable, no debía ni podía tener otra atención que la de asegurar el poder. Se sabía además que los partidos caídos no podían tener más ocupación que la de aprestarse a la lucha, pues la intolerancia política atacaba la seguridad de la propiedad, del capital, del crédito.

¿Quién en semejante medio social, quién en una atmósfera asfixiante en que la aspiración suprema era respirar, podía dedicarse satisfecho del presente y confiado en el porvenir, a los pacientes, tranquilos y reflexivos trabajos de la agricultura? Los hombres del poder, del partido dominante, no podían dedicarse a ello: poco era su tiempo para defenderse de sus adversarios y para prolongar por algunos días su efímero predominio. Los vencidos, los hombres de los partidos caídos, tampoco podían pensar en empresas agrícolas: poco les era el tiempo para conspirar, y para sustraer sus maltrechos capitales de la acción absorbente del fisco armado, exigiendo la contribución forzosa, bajo el apremio de negar el agua y el fuego, como entre los antiguos romanos. Si nadie, pues, contaba con el día de mañana; si todo era precario, de circunstancias del momento; ¿qué de extraño tiene que el pueblo hondureño, tan inteligente, pero sujeto a un régimen político vicioso, no pudiese poner ni la primera piedra del edificio social, a cuya sombra, con el trabajo y el comercio, está llamando a regenerarse y a engrandecerse? Dado un principio falso y ruinoso en política, sus consecuencias deben ser también falsas y ruinosas. He aquí lo que ha sucedido en Honduras; y como en este país incipiente, de educación hispano-colonial, el Estado, el Gobierno, la política, lo han dominado todo, no será sorprendente que con un Estado, que con un Gobierno, que con un sistema político, reñidos con la estabilidad con las garantías al trabajo y al capital, con la confianza y el crédito, hayamos tenido en más de medio siglo completa indiferencia respecto a la agricultura, crasa ignorancia respecto a su importancia, absoluta dejación de nuestros más caros y vitales intereses.

III

Afortunadamente en el año de 1876 llegó el día en que, sin violencias, sin luchas, se operó en Honduras una saludable transformación política que ha ejercido directa y benéfica influencia en provecho de la agricultura. ¿Qué necesitaba ésta como condiciones de existencia y desarrollo? Paz inalterable, respeto a las personas y a las propiedades, garantías al trabajo estímulos para la producción, decidida protección del Estado y, como consecuencia de todo esto, el firme arraigo de la confianza pública. El Gobierno del señor Soto comprendió desde el principio la importancia de tan legítimas exigencias. Notó que debía operarse un cambio en el orden político, pero un cambio que refluyese en beneficio de los intereses económicos del país, y primordialmente de la agricultura. Con la fuerza de la convicción, el señor Soto no vaciló en proclamar netamente una política nacional, un Gobierno para todos; en suprimir de un golpe las contribuciones directas y forzosas, las exigencias violentas sobre prestación de servicios públicos gratuitos; en garantizar el trabajo y la seguridad de los ciudadanos, sin acepción de partidos; en decretar amplias y eficaces garantías y exenciones en favor de la agricultura; en expedir las vías de comunicación y los medios de exportación; en restablecer el crédito interior del Estado; y, en suma, en infundir y fortificar la confianza pública, la fe en una situación sólida, de paz y de progreso.

Los esfuerzos del Gobierno del Señor Soto no han sido vanos. Sus altas miras políticas y económicas han tenido su realización. La confianza ha renacido, el trabajo ha aumentado la riqueza particular y pública, y los capitales han salido de sus cajas para fecundar los campos que hoy forman el asiento de considerables empresas agrícolas. Hoy, al arte de conspirar y de guerrear se ha sustituido por el arte nobilísimo de labrar la tierra, que, nunca ingrata, sabe corresponder a los afanes del hombre proveyendo, como madre bienhechora y cariñosa a la satisfacción de las necesidades y aún de los gustos individuales y sociales.

Si los hábitos de orden en los pueblos y una política justa y protectora en el Gobierno han dado por resultado la vida y crecimiento de la agricultura, ésta, en cambio, con sus ramificados y legítimos intereses, es y será una garantía para el orden social, un elemento de estabilidad para el Estado, y un poderoso auxiliar para el sostenimiento del crédito público.

IV

Oportunamente publicaremos los datos estadísticos relativos a los diversos ramos de la agricultura del país. Por ahora vamos a concretarnos a evidenciar, por los procedimientos de la estadística, la importancia que tienen las plantaciones de café. Sentimos no poder presentar en el cuadro que publicamos sobre el número de cafetos trasplantados, o en hacienda, y en almáciga, una cantidad exacta. Nos limitamos a apuntar el mínimum de cafetos; pues aunque la secretaría de Fomento dio sus instrucciones a las Gobernaciones políticas de los Departamentos para que formasen una cuenta completa de todos los cafetos en almáciga y trasplantados, no se ha podido lograr este objeto, debido a que la ignorancia y preocupación de algunos agricultores, que desconocen los beneficios de la estadística, les han hecho honor ver con recelo las investigaciones de los Gobernadores políticos, y han rehusado suministrarles datos sobre el número completo de cafetos que contienen sus fincas. Ojalá que todos los agricultores lleguen a comprender que el conocimiento en el interior y en el extranjero del valor de sus fincas, les asegura capital y crédito, capital y crédito que no se obtienen en el retraimiento y en la oscuridad, sino a la luz del pleno conocimiento de los valores disponibles por el empresario de industria. Mas, nosotros confiamos en que la ciencia económica, que es una ciencia de observación, dará en tierra con funestas preocupaciones, y con la ignorancia de nuestros propios intereses.

Reanudando nuestras consideraciones sobre la importancia y estadística del café, nos es grato manifestar que según el cuadro aludido, hay en la República, como mínimo 3.103,400 cafetos trasplantados o en hacienda, y 4.177,586 cafetos en almáciga, cuyas cifras arrojan el total de... 7.280,986 cafetos. Los cafetos trasplantados o en hacienda, que en gran parte ya producen, dentro de dos años estarán en plena cosecha.

En nuestros terrenos tan feraces hay cafetos que producen hasta veinte y cinco libras de fruto; pero esto no es lo general. Don Emiliano Martínez, cónsul de Colombia y Venezuela en Nueva Orleans, que por encargo del Gobierno de Honduras ha escrito una interesante Memoria sobre el cultivo del café, calcula el producto de éste, en nuestro país, a razón de dos libras y media por cafeto.

Nosotros adoptamos el promedio de dos libras por mata y, sobre este mínimum, dentro de dos años los 3.103,400 cafetos producirán 62,068 quintales de fruto. Ahora bien, nuestro café, cuya mayor parte es de primera clase, y que ha alcanzado en Londres las mejores cotizaciones (últimamente 18 a 19 pesos quintal), puede calculársele, por mucha que sea la caída del artículo en algunos años, el precio mínimo de 10 pesos quintal, libre de gastos de exportación. Calculado ese precio, el mínimum de 62,068 quintales que se exportará dentro de dos años, dará a los agricultores hondureños el producto de $620,680. Partiendo de datos oficiales, juzgamos aproximadamente que el valor de las mercaderías extranjeras que se importan por Amapala, Trujillo, Puerto Cortés y Omoa, asciende al año a $800,000.

Comparados los valores de importación y exportación, podemos aseverar que dentro de dos años sólo el artículo del café pagará casi la totalidad de nuestras importaciones, quedando nuestros demás valores exportables, plata y oro en pasta, maderas de construcción y de tinte, frutas, añil, ganado, quesos, zarza, cueros, etcétera, como un sobrante invertible casi exclusivamente en la formación de nuevas empresas agrícolas e industriales, y en el aumento de las transacciones del comercio. Calculando que se aproveche y trasplante la mitad de los 4.177,586 cafetos en almáciga, dentro de tres años, a razón de dos libras por cafeto, producirán 41,775 quintales, 3 arrobas 11 libras, y calculando el precio mínimo de $10 por quintal, darán para Honduras el producto de $417,758.60 centavos, en el tiempo indicado, el valor de la exportación del café no sólo bastará a pagar las introducciones de mercaderías, aun calculando su aumento gradual, sino que también dejará un sobrante invertible, económicamente, en consumos reproductivos en los diversos ramos de industria. Sumadas las cantidades mínimas del café exportable, dentro de dos y tres años, y adoptado el último término, dan un total de 103,843 quintales, 3 arrobas, 11 libras y respecto al producto del precio, un total de.... $1.038,438.60 centavos.

Si en tres años y meses que lleva de existencia la presente Administración, época en que han empezado a reconstruirse los capitales, ha sido dado sembrar casi en totalidad el número de 7.280,986 cafetos, del cual suponemos en hacienda, y por completo, dentro de un año, 5.192,193, es de calcularse que aumentadas las fortunas particulares, con la ayuda de los rendimientos del café existente, y con los provechos progresivos de los demás ramos agrícolas, es de calcularse, decimos, que dentro de tres años podrán plantarse, por lo menos, 5.192,193 cafetos.

Sumada esta cantidad probable con la calculada en producción dentro de tres años, dará dentro del término indicado el total de 10.384,386 cafetos. Este número, dentro de cinco años, calculado ya todo en producción, y a razón de dos libras por cafeto, dará 207,687 quintales 2 arrobas, 22 libras, y este producto, apreciado a diez pesos quintal, dará, $2.076,877.20 centavos. El día feliz en que nuestros cálculos se realicen, en que el café proporcione al país todos los rendimientos indicados, la agricultura nacional tendrá una base inconmovible, y estará asegurado el bienestar de Honduras. La agricultura, como todos los grandes intereses sociales, una vez que halle su verdadero carril y tome fuerte impulso, no retrocederá. Con paso firme seguirá su marcha, y esta marcha triunfal será la de nuestro progreso y civilización.

Hemos apuntado nuestras observaciones y cálculos sobre los beneficios, o más propiamente, sobre la renta que, en diversos períodos de tiempo, debe proporcionar la producción del café. Mas debemos completar nuestras apreciaciones estimando el capital fijo representado por los cafetales existentes y por los que hemos calculado deben plantarse dentro del término de tres años. En las fincas de café, tanto en Centro América como en la América del Sur, es general la estimación que se hace de su valor, dando a cada cafeto ya trasplantado el avalúo de un peso.

Poseyendo, pues, en Honduras fincas que dentro de poco tendrán completamente trasplantados, 5.192,193 cafetos, podemos juzgar que dentro de año y meses ese número representará el capital fijo de $5.192,193. Este capital no existía hace cuatro años; este capital, por decirlo así, ha sido improvisado al calor vivificante de la paz y del trabajo. ¡Qué resultados tan brillantes son los que ofrecen el concierto social y la laboriosidad de los pueblos!

Y siguiendo nuestras apreciaciones sobre capital fijo, como dentro de tres años hemos calculado un ciento por ciento en la progresión de las plantaciones de café, tomando por base el número existente en hacienda y la mitad del que se halla en almáciga, resulta de nuestro cálculo que dentro de tres años se habrá aumentado el capital fijo, en fincas de café, en $5.192,193, que sumado su importe con el valor del existente dará la cifra de $10.384,386.

¿No es verdad que esta estadística, reveladora de la honradez y del trabajo de la nación, es preferible mil y mil veces a la horrorosa estadística de las confiscaciones, saqueos, incendios y asesinatos que han sido los productos de nuestras lamentables revueltas políticas?

El porvenir del comercio de la República, por tanto tiempo vacilante y en cierto modo artificial, debe tener por base la industria agrícola: esta es la única capaz de asegurarle prósperos destinos. Por falta de agricultura, por falta de frutos exportables, ¿cuál ha sido desde la independencia acá la suerte de nuestro pequeño comercio?

La más triste, por no decir angustiosa. El comercio se ha limitado a vegetar en la indolencia, a vivir encerrado en un pequeño círculo vicioso. Ha traído mercaderías del extranjero para el consumo improductivo del país: lentamente ha realizado sus mercaderías para poner en caja peso por peso el producto de las ventas, y después exportar el dinero efectivo o invertirlo en la compra de algunos marcos de plata en pasta o de letras sobre Londres, etcétera para por este medio hacer frente a los pagos de Europa. He aquí pura y simplemente todo el mecanismo de nuestras transacciones comerciales.

En esfera tan reducida, ¿qué progresos notables ha podido alcanzar el comercio? ¿Qué beneficios positivos ha podido dar al país? Casi ninguno. Con la venta de sus mercaderías sólo ha satisfecho económicamente a consumos improductivos: la pieza de manta que se vende es un valor que se consume y que no reaparece bajo otra forma. Con guardar en caja el numerario, producto de la venta, no se logra más que sustraer de la circulación un valor que podría dar vida a la industria, a las transacciones, y en último análisis, ganancias al mismo comercio que lo retiene.

Con la exportación del dinero efectivo y de las platas en pastas, el comercio por lo común pierde en el cambio por letras o por el metálico en que debe efectuar sus pagos, y además deja en el país crisis constantes ocasionadas por la falta casi absoluta de numerario. He aquí descritas las operaciones de nuestro comercio que, bajo el dominio de una rutina infructuosa, no ha podido tener ni consistencia ni prosperidad.

Cierto es que dada la situación en que ha permanecido el país por muchos años, el comercio ha tenido necesidad de sujetarse a los infecundos procedimientos que hemos reseñado. Pero hoy que por una feliz evolución política y social la agricultura se ha constituido y ha empezado a desarrollarse entre nosotros, el imperioso deber del comercio, y no sólo su deber, sino su más alta conveniencia, reclaman que abjure de la rutina, y que tienda mano amiga y protectora a la agricultura, tan necesitada de la cooperación del capital y del crédito.

La industria agrícola corresponderá con esplendidez los beneficios que reciba del comercio. Habiendo frutos exportables, el comercio no tendrá ocioso el producto de sus ventas: lo empleará día por día en transacciones beneficiosas para sus intereses: tendrá facilidad para situar sus fondos con la remisión de frutos, y obtendrá nuevas ganancias con la realización de éstos en los mercados del extranjero. Aparte de estas ventajas, la sola idea en el comercio del exterior de que el comercio de aquí puede hacerle considerable remisión de frutos, será un motivo bastante para que el crédito de los comerciantes hondureños se centuplique, el crédito que en este gran siglo es el agente mágico que atrae los capitales, las transacciones, y que vivifica y engrandece el comercio de las modernas sociedades.

Siendo, pues, tantas las excelencias de la agricultura, principal fuerza motriz de nuestro engrandecimiento nacional, deber es hasta de patriotismo estimularla, impulsarla, ayudarla, protegerla por todos los medios posibles. La agricultura importa para todas las clases sociales un capital interés: en saber comprenderlo y derivar de él todos sus legítimos provechos, está empeñada nuestra conveniencia, está empeñada nuestra aspiración suprema de hacer, por la virtud fecunda de la honradez y del trabajo la felicidad de nuestra joven República. Cinco años más de paz, de orden y trabajo, y nuestra agricultura será una fuente inagotable de riqueza, y nuestros más fervientes votos serán cumplidos viendo realizada la prosperidad de Honduras. Estado general que demuestra el número de árboles de café, que trasplantados y en almáciga hay en la República.

Departamentos	Cafetos transplantados o en hacienda	Cafetos en almáciga	Totales
Santa Bárbara..................	851,814	223,285	1,075,099
Copán............................	518,029	335,295	853,324
El Paraíso.......................	427,700	216,150	643,850
Tegucigalpa.....................	282,996	911,170	1,194,156
Olancho.........................	200,715	87,716	288,431
Comayagua.....................	192,262	1,128,383	1,320,645
Choluteca.......................	168,951	1,139,976	1,308,927
Yoro.............................	283,319	-----	283,319
Gracias..........................	132,664	88,185	220,849
La Paz...........................	44,450	47,126	91,576
Roatán...........................	500	300	800
Totales......	**3,103,410**	**4,177,586**	**7,280,986**

Tegucigalpa, febrero 29 de 1880.

NORMAS DE GOBIERNO

A las Autoridades Departamentales:

La paz de Honduras es un hecho que felizmente se ve consumado de uno a otro extremo de la República: desde el puerto de Amapala hasta las Islas de la Bahía, y desde el cabo de "Gracias a Dios" hasta la frontera de Guatemala, está reconocido y acatado el Gobierno Provisional del señor Soto, sin que para ello hayan sido parte la intriga y la violencia, medios completamente extraños a los poderes públicos que, como el de Honduras, se establecen confiando en la fuerza de las ideas, en la eficacia de los elementos de orden, y en un programa aceptado por la opinión general de los pueblos.

Ya que por fortuna se ha realizado la aspiración de los hondureños que proclamaron al Señor Soto para la Presidencia, como a hombre extraño a las malas pasiones que han contaminado el espíritu público en el curso de nuestras luchas estériles, y como sujeto capaz de inaugurar un Gobierno recto e ilustrado, imparcial y justo, que difunda honra y beneficios entre los hondureños; ya que en recompensa a tan noble y patriótica aspiración se reciben en todo el país los inapreciables bienes de la paz, llegada es la oportunidad de que me dirija a usted cumpliendo instrucciones particulares del señor presidente provisional para manifestarle cuál es el pensamiento, cuáles los propósitos del Gobierno en orden al firme mantenimiento de la paz y de la confianza pública que, por cierto, necesitan considerable arraigo para que sea posible el bienestar y el adelanto de los pueblos de Honduras.

El Gobierno está profundamente convencido de que el principal medio de conservar la paz es el de que haya unidad en la idea y en la acción de las Autoridades de la República. De nada serviría que el Gobierno Supremo acordase de buena fe, como lo ha hecho, amplias garantías a los hondureños; que respetase, como ha respetado, la seguridad, la libertad y propiedad de los ciudadanos, si todas y cada una de las autoridades de los departamentos no correspondiesen, de un modo práctico, a esa mira justa y patriótica que entraña el pensamiento salvador de que haya paz permanente, para que haya trabajo, de que haya trabajo, para que los pueblos tengan patrimonio fijo, de que haya patrimonio fijo, para que tengan consistencia en el país instituciones verdaderamente progresistas, ampliamente libres y republicanas.

Para respetar y garantizar la seguridad, la libertad y propiedad, prendas de paz y de confianza pública, es indispensable que usted deseche, como desecha el Gobierno, el pésimo sistema que preconiza la política preventiva: es necesario que usted no juzgue a los hombres y a los partidos por lo que han sido, o por lo que se piensa que pueden ser: es preciso que usted no juzgue a los hombres y a los partidos por lo que han sido, o por lo que se piensa pueden ser: es preciso que usted los juzgue únicamente por los actos que cometan, si buenos, para recompensarlos, si malos, para castigarlos con imparcial y entera justicia. Si no se adopta este principio regenerador para Honduras, será forzoso labrar nuevos eslabones para agrandar más y más la extensa cadena de nuestros patrios infortunios: será forzoso elevar a la categoría de un sistema normal, en la República, el sistema de perseguir a los ciudadanos, de atentar contra su seguridad y propiedad, sólo porque así lo aconseja una medrosa y mezquina prevención política, sólo porque así lo aconseja la oscura y reaccionaria intolerancia del espíritu del partido.

Mas la práctica del sistema enunciado sólo puede traer la desorganización social, la perversión de las ideas, el completo caos. Si se constituye un Gobierno apoyado por una fracción exclusivista y recelosa que preventivamente hostiliza a aquella parte de la sociedad que juzga disidente, enemiga, el resultado lógico es que los perseguidos se hacen conspiradores a la fuerza, revolucionarios a la fuerza, disociadores a la fuerza: el resultado indefectible es que semejante Gobierno sólo tiene tiempo para vivir en medio de luchas que aniquilan los recursos del país, pero que, por lo mismo, no puede tener tiempo para crear hacienda pública, sin la cual no hay mejora posible ni respetabilidad para el Estado; no puede tener tiempo para cuidar de la educación de los pueblos, que es la primordial garantía del orden y del concierto público; no puede tener tiempo para servir los vitales intereses de la agricultura, de la industria y del comercio, elementos que dan ser a los pueblos, que les proporcionan crédito interior y exterior, que los sacan de la vida selvática para darles un puesto en medio de las naciones civilizadas de la tierra.

Tamaños beneficios no pueden obtenerse con el empleo de la política preventiva. Esta sólo podrá dejar ruinas y descrédito. Por esto el Gobierno la reprueba: por esto usted, en el Departamento de su mando, debe desecharla, sin tener para ello vacilación alguna. Así hará usted mucho honor a su persona y al puesto que desempeña, y así también sabrá servir los intereses de nuestra pobre patria que tanto reclama un proceder ilustrado y noble de parte de sus buenos hijos.

En mérito de lo expuesto prevengo a usted que, políticamente, no prejuzgue a ningún hondureño: que a todos los ciudadanos los vea perfectamente iguales ante la ley, perfectamente iguales ante la protección que usted debe darles como autoridad de ese departamento: que lo que permita a los unos, en uso de un derecho, lo permita a los otros: que usted sea verdaderamente liberal consintiendo la manifestación pacífica de las ideas, de las opiniones: que usted, en fin, sólo ejerza su autoridad sobre actos que tengan un carácter punible, por lastimar los derechos de los particulares o alterar el orden y el reposo público.

Cumpla usted fielmente las instrucciones que dejo expuestas. El espíritu de nuestros pueblos aún no está pervertido; y cuando la Nación se convenza, prácticamente, de que el Gobierno y sus Autoridades siguen la línea recta del deber, y no las sendas tortuosas a donde conducen el egoísmo y los intereses de partido, entonces ningún revolucionario de oficio encontrará el menor eco en la República, porque los pueblos no querrán perder un sistema político, benévolo y protector, porque sabrán estimar, por instinto o por educación, lo que valen las efectivas garantías, lo que vale el respeto a la propiedad, lo que vale el bienestar que proporcionan la paz, la justicia y el trabajo.

Pero si el Gobierno no quiere ni consiente una política preventiva en cambio es de su deber proclamar y ordenar a usted el cumplimiento de los principios de una política estricta y serenamente represiva; esto es, que dada una falta, por leve que sea, un delito de cualquier naturaleza, se castigue pronta y eficazmente para reparar el daño causado. Mas para el castigo no deberán tomarse en cuenta ni la posición social, ni los nombres propios más o menos distinguidos de las personas que falten, ni los antecedentes políticos, ni las denominaciones de bandería relativas a los partidos. Todo lo contrario: se tendrá en cuenta el delito cometido y la ley que le señala una pena; pues forzoso es que la justicia no se revista de los caracteres del favoritismo o de la venganza; que se aplique, con todo rigor, pero sin inspirarse en un sentimiento personal o político.

211

Bajo los auspicios de una administración reparadora el Gobierno está resuelto a probar que puede sostener a todo trance, el orden público, observando procedimientos regulares: está resuelto a probar que puede conciliar los dictados de la justicia con los castigos más eficaces y ejemplares. Probará que puede haber imparcialidad cumplida, pero jamás impunidad alguna. Dígaselo usted así a todos las autoridades y pueblos de ese departamento, a fin de que ni la lenidad ni la arbitrariedad perjudiquen los intereses y derechos de los particulares, ni venga a ser motivo de desconfianza y alarma para la sociedad hondureña necesitada de cabal justicia y tranquilidad imperturbable.

He manifestado a usted, con toda claridad y franqueza, los principios fundamentales que en política profesa el Gobierno, los que usted debe hacer efectivos en ese departamento para mantener la paz y el decoro de Honduras. Al ponerlos en práctica, usted encontrará obstáculos, porque toda reforma los tiene, y más en un país no acostumbrado a un régimen de imparcialidad y de severa justicia. Pero usted no vacile ni por un momento: firme y resuelto sea usted siempre consecuente con el programa de su Gobierno. Fíjese usted en que la época actual ofrece una grande y propicia oportunidad para Honduras y que es debido aprovecharla haciendo el bien a la República, merced a los esfuerzos más generosos y perseverantes. Yo creo que serán fecundos en resultados de provecho permanente para el pueblo hondureño, y en altísima honra a los leales servidores de la Patria.

Comayagua, 6 de Noviembre de 1876.

CAMINOS, CAMINOS

A los Gobernadores Departamentales:

Empobrecidos y diezmados los pueblos de la República, y por consiguiente faltos de los Municipios, sólo la acción esforzada y vigorosa del Gobierno podría, en situación tan difícil, proporcionar algunos medios eficaces para abrir nuevas vías de comunicación y mejorar por completo los existentes.

Mas como el Gobierno se ocupa en la actualidad de organizar la hacienda pública, vital necesidad de Honduras, como no le es dable distraer la atención de ese importante objeto para aplicarla de lleno a otros ramos de la administración que deben tener por base el arreglo y buen estado de las rentas, y como a la vez es debido aprovechar los meses de la presente estación para hacer en ellos todo lo que sea posible en orden a conservar y mejorar los caminos; por tales consideraciones me limito a dirigirme a usted previniéndole que, en su carácter de inspector de las vías de comunicación departamentales, cuide de que, de conformidad con la ley de la materia, las municipalidades de ese Departamento se ocupen con el mayor empeño de conservar, reparar y mejorar los caminos públicos. Mientras el Gobierno organiza las rentas, señala en el presupuesto un fondo destinado exclusivamente a las vías de comunicación, y proporciona a los Municipios recursos y arbitrios seguros para el mismo objeto, mientras se satisface esa necesidad imperiosa, es conveniente que usted procure que las municipalidades de ese Departamento cumplan la ley que reglamenta el ramo de caminos, y que les llame la atención sobre los esfuerzos que todos los ciudadanos, y en particular los Municipios, deben hacer para lograr la apertura de nuevos caminos y la conservación y mejora de los que existen.

Con motivo del encargo indicado, haga usted prevalecer en el espíritu de los municipios y de los habitantes de ese Departamento la idea de que las tristes consecuencias de las desgracias que ha sufrido el país, provienen, en gran parte, de habernos ocupado de mucha política en vez de ocuparnos de mucha administración, y que uno de los ramos más importantes, más vitales de la Administración Pública de Honduras, es el referente a la apertura y mejora de las vías de comunicación.

Pueden sucederse los Gobiernos de Honduras mandando arbitraria o no arbitrariamente, en nombre de éste o del otro principio político, pueden sucederse las generaciones discutiendo ideas políticas y aspirando siempre a ver realizado el progreso del país, puede verificarse todo esto; pero mientras los pueblos permanezcan casi incomunicados, poco o nada puede lograrse como resultado de la acción de los gobiernos y de las sociedades. Pueblos que no se comunican fácilmente entre sí ni con el extranjero sólo pueden producir para satisfacer las primeras necesidades de la vida; mas no pueden ser productores para enriquecerse y ser grandes, ilustrados y cultos, porque el agricultor no puede exportar sus frutos, el comerciante no puede negociar con ventaja por impedírselo el caro y difícil transporte de las mercaderías, el fabricante o manufacturero, no puede plantear beneficiosamente su industria, porque no puede introducir máquinas que le economicen el trabajo y le den buenos artefactos, y porque aún en la suposición de que pudiera introducirlas, emprendería un trabajo ruinoso produciendo artefactos que no saldrían del lugar de la producción, que apenas podrían tener consumo.

La consecuencia legítima que se desprende de las consideraciones anteriores, y que usted presentará de bulto a los municipios y a los pueblos de ese Departamento, es que Honduras, sin buenos caminos, a pesar de sus valiosas riquezas naturales no puede tener Agricultura, Industria ni Comercio, no puede ser un país organizado y rico, y no siéndolo sus habitantes considerados individualmente, o formando Nación, no podrán tener verdadera independencia y libertad porque los individuos y los pueblos que no tienen como satisfacer cumplidamente sus necesidades, son muy débiles, y están expuesto a cada paso a perder su tranquilidad, y a ver conculcados sus derechos que no pueden sostener cuando una fuerza cualquiera se les opone. Los pueblos incomunicados, y por consiguiente pobres, tienen que ser víctimas de la anarquía más disolvente o del despotismo más completo.

El Gobierno que da a las vías de comunicación una importancia capital, y que ve en ellas la solución de las más graves dificultades con que ha tropezado este país, encarga a usted, por mi medio, que siguiendo las ideas que dejo expuestas, vaya preparando en el ánimo de los pueblos las mejores disposiciones relativas a secundar activamente la acción enérgica que, a su debido tiempo desplegará el

Gobierno, para sacar a esta República de su tradicional abatimiento, causado en su mayor parte por la falta de vías de comunicación, sin las cuales Honduras no puede aprovechar por sí sus grandes recursos naturales, ni tener inmigración que le proporcione brazos, capitales, hábitos de trabajo, enseñanza práctica de las artes y de las ciencias, y usos de la vida civilizada de que tanto necesitan nuestros pueblos para despojarse de sus viciosas costumbres coloniales.

Entre tanto les es dable al Gobierno dedicarse prácticamente al servicio de los fines indicados, atienda usted a que los municipios hagan, en cumplimiento de la ley, todos los esfuerzos posibles para mejorar y conservar los caminos. Crea usted, Señor Gobernador, que en la actual situación de los pueblos de Honduras, valen más las mejoras materiales que todos los planes políticos imaginables.

Noviembre de 1876

CONSTITUCION SOCIAL DE HONDURAS

"La naturaleza no da saltos".
Linneo.

Las sociedades viven, crecen y se perfeccionan bajo la influencia de las ideas. Ningún pueblo puede sustraerse del modo de pensar que domina en la época en que realiza su destino. Las ideas envuelven, si nos es lícito decirlo así, el organismo social, a la manera que la atmósfera envuelve nuestra organización física. Suprímase por un momento la atmósfera, y será imposible el soplo de vida que anima la materia orgánica. Suprímase por un momento la influencia de las ideas, esa atmósfera luminosa del espíritu, y será imposible la vida de los pueblos.

Es necesario, ineludible, el predominio de las ideas en la vida social; pero su influencia se ejerce de muy distinto modo, según el grado de desarrollo de los pueblos. Los pueblos incipientes, y aquellos que han sido presa de la ignorancia y de las malas pasiones, no se dan cuenta de las ideas que forman el tejido de su existencia: no saben definir sus necesidades y aspiraciones. En tales pueblos, el instinto muchas veces extraviado o pervertido, ocupa el puesto de la conciencia, de la reflexión. Por el contrario, los pueblos que llegan a la madurez, o que felizmente, en condiciones normales, han ilustrado su inteligencia y moralizado su espíritu, se dan cuenta exacta de las ideas que regulan su conducta, aseguran el cumplimiento armónico de su destino, saben a dónde van conocen sus verdaderas necesidades, determinan sus aspiraciones, trabajan con noble afán por su cumplimiento, y al fin las realizan acrecentando su felicidad. En tales pueblos, el instinto, que es la perfección suprema del bruto, tiene poco ascendiente. La conciencia, la reflexión, espléndida corona del humano espíritu, son las que, a la manera de los poderes de derecho divino, tienen un imperio absoluto: ¡Feliz y bendito imperio que mantiene la armonía social, que imparte los beneficios de la justicia, que difunde las luces de la ciencia, y que forma el admirable concierto de la civilización!

Cuando en una Nación no tienen reconocida importancia los grandes intereses de la ciencia, del comercio y de, la industria, por precisión lógica, la actividad social que no puede obrar sobre el vacío, se concentra, por decirlo así, en la esfera de los instintos o de los principios políticos; y he aquí por qué, a nuestro juicio, los pueblos más dados a la política son los más atrasados, los más faltos de riqueza, de ilustración y de prosperidad. En ellos la política no es un ramo concreto de la actividad social: en ellos, la política es casi toda la vida de la Nación: forma el pensamiento de todos los días, de todas las horas, de todos los momentos, y sus tendencias, trabajos y soluciones, embargan casi en absoluto la atención pública, cifrada las más veces en la satisfacción de egoístas pasiones.

El estado social a que nos referimos ha sido por muchos años el de esta Nación de ayer, el de esta joven República. Por antecedentes, errores y desgracias, que no es del caso recordar, el trabajo, la agricultura, la industria, el comercio, las ciencias y las artes, han representado entre nosotros un papel muy secundario, y, en cambio, la política en su sentido más estrecho e infecundo, se ha enseñoreado en el ánimo de pueblos y gobiernos; política indefinida en sus principios, insegura en sus medios de acción y, casi siempre, funesta en el terreno de los hechos. De aquí el descrédito en el exterior, y la debilidad y la decadencia en nuestra sociedad. Al traer a la memoria este recuerdo penoso, lejos estamos de hacer a nadie recriminaciones: nuestro designio es únicamente apuntar un hecho para asentar una tesis que nos proponemos desarrollar con el interés patriótico de llevar a la conciencia pública las ideas políticas que, en nuestro pobre concepto, pueden contribuir más eficazmente a labrar el bienestar y el buen nombre de Honduras. Todas las naciones tienen su época de dolorosos ensayos, y sus días de amargas pruebas; y en el orden providencial de los humanos sucesos, que de veces los grandes infortunios públicos son los que determinan a las sociedades a volver sobre sus pasos, y a buscar las despejadas sendas de la honradez, del trabajo y del bien.

Hasta la gran República Norteamericana, en los primeros años de su independencia, tuvo vicisitudes desgraciadas que parecía debían precipitarla en el abismo de una completa desorganización; y esto que los Estados Unidos, al consumar su independencia, contaban con todos los elementos de riqueza y de educación, indispensables para una vida regular y civilizada. Nada extraño es, pues, que en Honduras, último limbo de la dominación de tres siglos de la Metrópoli Española, que en Honduras, con nuestro carácter apasionado y poco reflexivo, con nuestra falta de elementos, casi olvidados de nuestros grandes intereses sociales, se haya erigido un templo a la política, en donde, por instinto ciego, se ha adorado a muchos ídolos que han dispensado los beneficios de las perturbaciones, de las revoluciones, que, como el Saturno de la fábula, devoran a sus propios hijos. De aquí nuestros campos yernos, y blanqueados de cadáveres. ¡Cada valle, cada colina, cada montaña, nos recuerda una lucha fratricida, nos recuerda la destrucción, la muerte!

Si el fanatismo político, tan funesto como el fanatismo religioso, sólo ha destruido, y nada ha fundado entre nosotros; si debido a la perniciosa influencia de instintos políticos, extraviados por las malas pasiones, sólo hemos tenido en más de medio siglo abundante cosecha de infortunios y deshonras; hora es de que, en los tiempos de calma y de bonanza que alcanzamos, hagamos alto en nuestra peregrinación política, reflexionemos, y nos demos cuenta de nuestra propia situación, de nuestras apremiantes necesidades, y de nuestras aspiraciones legítimas, para tener conciencia de lo que debemos proponernos, y de lo que debemos hacer para que el orden reine en nuestra sociedad, para que tengamos respetabilidad en el interior y en el exterior, para que acrecentemos nuestra riqueza pública, para que las luces del siglo se difundan entre nosotros, para que, en suma, tengamos una fórmula política, reconocida e invariable, que satisfaga en lo posible a las ideas más benéficas y practicables en nuestra sociedad, y que a la vez repugne todo sistema personalista, cualquiera que sea su nombre, que implique el entronizamiento de instintos ciegos, de prevenciones infundadas, y de malas pasiones que han convertido en un caos la situación de este pueblo generoso que, como el Ayax de la Mitología, hoy pide luz a la Providencia para combatir; pero luz para combatir contra el desorden, contra la injusticia, contra el atraso, contra tantas y tantas fuerzas adversas a su reposo, a su felicidad y a la honra de su nombre.

La dignidad de la mayoría honrada y sensata de nuestro país, y sus más vitales intereses, exigen la organización de su agrupación política, disciplinada, sujeta a principios y reglas de conducta bien definidos, y poseedora de una fórmula que, en síntesis, represente un sistema, un conjunto armónico de principios, de propósitos y de aspiraciones que se afirmen en un juicio exacto sobre nuestros antecedentes y modo de ser actual, en una palabra, sobre nuestra constitución social; y que a la vez tengan siempre, como fin primordial, el mayor orden posible, el mayor progreso posible, y la mayor aproximación posible al ideal de la verdadera República, basada en el trabajo y en la educación de todos los ciudadanos, y en el cumplimiento de las más amplias y efectivas libertades.

Para dar una organización y una fórmula a la agrupación política a que nos referimos: ¿acudiremos a las ideas más o menos rudimentarias y confusas de los bandos políticos que en Honduras han llevado impropiamente la denominación de conservadores y liberales? De ninguna manera. Más de cincuenta años de perturbaciones, de inconsecuencias, de contrasentidos que han formado el cortejo de esos bandos políticos, nos impiden adoptar sus ideas y procedimientos como base del sistema que deseamos ver planteado y sostenido en nuestra patria.

No podemos ser conservadores, y menos al estilo hondureño, por una razón sencillísima, la de que no hay elementos ni instituciones sociales que debamos conservar. Y aparte de esto, aunque lo mucho malo que existe debiera conservarse en obsequio de la estabilidad: ¿podríamos adoptar los procedimientos de los conservadores del país, cuando su dogma, que consiste en sacrificarlo todo al orden y a la estabilidad, no han podido nunca realizarlo, debido a la poca firmeza y consecuencia de sus actos, a su imprevisión y a la deficiencia de medios seguros y eficaces? Varias ocasiones, y bajo muy buenos auspicios, han estado en el Poder; ¿y han podido siquiera dar al país orden y completa tranquilidad? Que respondan por nosotros la Historia y la conciencia pública.

Tampoco podemos ser liberales al estilo hondureño, ni liberales en el genuino sentido de la palabra, porque a esto se opone el estudio profundo y reflexivo que hemos hecho de las condiciones sociales de nuestro país. Es indudable que el bando liberal de Honduras ha abrigado muy nobles aspiraciones; pero no ha tenido acierto para constituir su poder, ni ha sabido dar cuerpo a sus ideas convirtiéndolas en instituciones, y llevando éstas al terreno de la práctica. De sus desaciertos y faltas de lógica han provenido sus inestabilidad, sus vacilaciones en el Poder, y, en la esfera de los hechos, la ausencia de las garantías individuales y de los progresos sociales, cuya realización revela siempre la influencia y predominio del verdadero liberalismo. No negamos que ha habido y hay entre nosotros hombres de sentimientos liberales, que mucho les honran; pero ese liberalismo que no se ha convertido en sistema, y que no ha hecho sentir su influencia benéfica en la vida real, es, a nuestro juicio, un liberalismo que está en espíritu, pero no en verdad; y la verdad es la que queremos, es la que reclamamos, porque sólo ella alimenta la vida de los pueblos.

Si la organización del partido político que más conviene a Honduras no puede modelarse por los antecedentes e ideas del partido liberal que hemos juzgado: ¿podrá vaciarse en el molde del genuino liberalismo, tal como lo entiende y practica la escuela avanzada que limita las atribuciones del Estado a dar seguridad y libertad a los asociados, que deja a éstos la gestión exclusiva de todos los demás negocios correspondientes a las diversas actividades sociales y que proclama como todos los derechos primordiales del ciudadano?

Estamos de acuerdo con esas ideas que nos ha enseñado la Filosofía del Derecho, que están aceptadas por publicistas de gran nota, y que, es indudable, tienen que prevalecer en lo porvenir, regulando en todos los países las relaciones del Estado y de los asociados, y vigorizando la actividad y los intereses de los pueblos. Pero no estamos de acuerdo en que tales ideas puedan plantearse en nuestro país, al menos por espacio de muchos y muchos años. La aplicación de esas ideas requiere muy arraigados hábitos de orden y de trabajo en una sociedad, una educación completa, moral, intelectual y política en todas las clases sociales; una conciencia pública bien ilustrada por política en todas las clases sociales; una conciencia pública bien ilustrada por el conocimiento del derecho y del deber, un grado muy alto de desarrollo en todos los elementos constitutivos de la civilización de su país, y muy nobles y grandes sentimientos de patriotismo, ante los cuales se acalle la voz de las pasiones, y se amortigüe la influencia de intereses personales, de secta y de partido.

Desgraciadamente, lejos y muy lejos estamos de tener esas condiciones sociales y políticas. A la posesión de tan preciosos bienes se han opuesto trescientos años de educación colonial, y después, más de medio siglo en que hemos fluctuado entre los extremos del despotismo y de la anarquía. Durante mucho tiempo el desorden llegó a ser para alguna parte de nuestra sociedad una fuente de especulación, y hoy mismo el orden está impuesto, en lo general, por la necesidad, pero no por las convicciones. Respecto al trabajo, en muchos de nuestros pueblos predominan la indolencia y el retraimiento que nos legara el coloniaje. ¿Cómo negar, pues, al Estado, en nombre de avanzados principios de liberalismo, las grandes facultades, las muchas atribuciones que necesita para sostener con firmeza el orden público? ¿Cómo negarle también toda la iniciativa y extensas facultades que requiere para impulsar el trabajo, para darle consistencia y dirección? Si el Estado no interviniese en esta materia, el interés individual por sí solo sería impotente para resolver los arduos problemas que se nos presentan día por día, no por falta de empresas, sino por falta de voluntad de trabajar.

Los beneficios de la educación primaria no alcanzan todavía a la mayoría de la nación; ¿y podremos en nombre del genuino liberalismo proclamar el sufragio universal, haciendo a todos partícipes de derechos y obligaciones de que no se tiene ni aun una idea elemental, embrionaria? Cuando no se sabe leer ni escribir, cuando se carece de las nociones, indispensables aun para los usos de la vida privada, no puede haber capacidad política, salvo que por ésta se entienda el abuso que los intrigantes de aldea hacen de la ignorancia de infelices proletarios. Nuestros desgraciados antagonismos de partido, que de antiguo han engendrado profundas divisiones y enconados odios, impiden todavía que haya entre nosotros una conciencia pública, imparcial y justa, y sobrepuesta siempre a los intereses del momento. ¿Podremos, pues, en nombre del verdadero liberalismo proclamar el poder de la opinión para moralizar la prensa, y la institución del Jurado para perfeccionar la administración de justicia? No: la opinión puede muy poco a nuestra sociedad, y el Jurado sería entre nosotros el veredicto de la pasión, o el fallo de la ignorancia supeditada por la intriga.

Los múltiples elementos que constituyen los agentes principales de la civilización, industria, agricultura, comercio, ciencias, artes y oficios, empiezan ahora a desarrollarse, y no tienen vigor bastante para emanciparse de la acción del Estado, y constituirse por sí solos en verdaderas actividades sociales. El patriotismo, virtud suprema que salva las mayores crisis de los pueblos que saben sentirlo y ponerlo al servicio de las grandes causas, no es entre nosotros una virtud de que podamos esperar abnegación, sacrificios, en aras del bien público, de la dignidad del país y de sus instituciones. Nos duele decirlo, pero creemos que puesto en la balanza, de un lado el patriotismo, y de otro una pasión de partido o un interés personal, casi todo el peso se iría del lado del egoísmo, del egoísmo siempre adverso a los grandes rasgos de generosidad, de desprendimiento sin límites, que muchas veces salvan la suerte de los pueblos.

Al hacer las reflexiones anteriores, presentando bajo la impresión de un sentimiento doloroso, el cuadro de nuestras malas condiciones sociales que obstan, por ahora, la organización de un verdadero partido liberal, no se crea que hemos acometido tarea tan ingrata para repetir la manoseada frase de la escuela conservadora, "no estamos preparados para el progreso y la libertad", y escudar con esa vulgaridad una resignación egoísta que sancione el atraso y que le erija en sistema, oponiéndose a innovaciones justas y provechosas. No: si nosotros hemos puesto en relieve nuestra viciosa constitución social, ha sido para fundar en hechos irrefutables la no adopción de los principios avanzados del liberalismo, y al propio tiempo, para buscar, siquiera en parte, remedio a nuestros males, por medio de procedimientos políticos que tomado en cuenta nuestro modo de ser, puedan ponerse en práctica por un partido honrado y consecuente que trabaje por el bien del país, sin divagar en utopías liberales, ni caer en el extremo opuesto de la escuela refractaria al progreso y a la mejora de las instituciones. Lo decimos bien claro: no somos optimistas ni pesimistas, y mucho menos descreídos zurcidores de frases de circunstancias. Si a par de las arraigadas convicciones que tenemos, tuviéramos algún talento, siempre llevaríamos este lema escrito en nuestra divisa: El carácter es la dignidad del talento.

Para los hombres que algo piensan, que algo valen, que algo representan, es hasta una cuestión de dignidad personal el formar con sensatez y buena fe una agrupación política, bajo principios reconocidos y con fines concretos; y éste es también un objeto que satisface a la moral pública y que atañe a un interés patriótico. En efecto, por falta de ideas fijas y de compromisos de partido; ¿qué inconsecuencias, qué deslealtades no se justifican entre nosotros? Hoy se habla y se escribe de un modo, mañana se habla y se escribe en el sentido contrario. Ayer se tuvo una línea de conducta, y hoy se cambia por completo de rumbo. Se quema hoy lo que se adoraba ayer, se adora hoy lo que ayer se quemaba. Con tales veleidades harto comunes por desgracia entre nosotros, ¿qué se puede hacer, qué se puede esperar en política? ¿Qué fe puede tenerse en las ideas y en la consecuencia de los hombres? ¿Qué fe puede tenerse en una situación política que, para que sea verdaderamente sólida, necesita carácter, buena fe, lealtad y aun abnegación en sus sostenedores? Sí; es de decoro personal y de interés general el que los amigos sinceros del bien del país formulen sus ideas políticas y las lleven a la práctica sin vacilaciones, sin inconsecuencias. Se nos dirá que no obstante el reconocimiento de ciertas ideas, algunos caracteres volubles serán incorregibles. Convenimos en ello; pero entonces habrá sobrado y ostensible fundamento para rehusar toda confianza a los inconsecuentes, y para despedirlos, como el Cristo despidió a los mercaderes del Templo.

Antes de presentar la fórmula y exponer los principios y reglas de conducta de la agrupación política porque abogamos, hemos hecho hincapié en los antecedentes y circunstancias del país que hemos juzgado, por creer que su apreciación completa es de capital importancia para nuestro objeto. En corroboración de nuestra creencia tenemos las enseñanzas de la historia política de las Repúblicas de Centro América.

En Guatemala, después del año de 48, un núcleo de hombres apoyado por el general Carrera, creó un sistema conservador, bien definido por sus ideas y propósitos. El sistema, aunque pésimo, se cumplió con una lógica inflexible que hace honor a los conservadores guatemaltecos, y las ideas de los Pavones, de los Batres y Aycinenas, elevadas a la categoría de un sistema práctico, si no dieron progreso y libertad a Guatemala, al menos le dieron dilatada época de paz, de confianza y de estabilidad. Hecha la revolución del 71, otro núcleo de hombres con su jefe, el general Barrios, siguiendo determinada e invariable línea de conducta, acometió la reforma de las instituciones conservadoras; y la reforma, que se operó por unos pocos, es un hecho consumado que hoy acepta y aplaude la inmensa mayoría de aquella nación.

En El Salvador, después de haber experimentado la República grandes sacudimientos y dolorosas crisis, el malogrado general Gerardo Barrios fundó su gobierno con fines definitivamente progresistas. Las ideas de Barrios y de su ministro Irungaray, llevadas a cabo con lógica inflexible, se convirtieron en hechos, hechos que sentaron las bases del engrandecimiento y prosperidad de El Salvador, y que, a pesar de las vicisitudes que después ha tenido aquel pueblo laborioso, contribuyen todavía, y contribuirán siempre a darle concierto social, progreso y bienestar. Un pueblo no retrocede, para caer en la inacción o en el desorden, cuando definitivamente ha entrado en las sendas de la regularidad y del trabajo, y ha probado los beneficios que se derivan de la adopción de un buen sistema.

En Nicaragua, la anarquía reinó por espacio de largo período de tiempo; pero a vuelta de desgracias sin cuento, se organizó en definitiva el partido granadino, compuesto de hombres sensatos y bien intencionados que, por largos años, ha dado paz a aquella República, y que hoy, a más de los beneficios del orden, le proporciona, con su iniciativa y sus labores administrativas, muy notables adelantamientos sociales.

En Costa Rica, Carrillo, abrumado por la miseria del país, en un arranque de noble patriotismo, organizó el trabajo obligatorio; y no obstante los abusos dictatoriales de aquel hombre enérgico, y a despecho de los desgobiernos que ha tenido el pueblo costarricense, los frutos de aquel sistema —laboriosidad, agricultura, riqueza— no ha podido perderse; y a ellos ha debido Costa Rica su engrandecimiento material y su prosperidad.

Honduras no debe ni puede formar siempre una triste excepción en la política de los países de Centro América. No creemos que este país, tan rico en elementos y en inteligencias, esté como el Héctor de Homero, condenado a tristísimos destinos. Creemos que Honduras, por lo menos, puede hacer lo que se ha hecho en las demás Repúblicas vecinas: establecer un verdadero partido, y crear un sistema político, partido y sistema que realicen el orden, que cimenten la confianza pública, que promuevan adelantamientos sociales, y que preparen el advenimiento de todas las instituciones libres, por la virtud fecunda de la buena fe, de la consecuencia, del trabajo y de la educación,

Estudiada la Constitución social del país, conocidos nuestros antecedentes, apreciadas nuestras necesidades y conveniencias: ¿cuál es, cuál debe ser el partido político que debe formarse y constituirse? ¿Cuál es, cuál debe ser su fórmula? En nuestro sentir, con el reconocimiento de los principios y reglas de conducta que expondremos, ese partido deben componerlo todos los hombres sensatos, de carácter, de buena fe, y de nobles aspiraciones, que quieran el bien y decoro del país; y en nuestro concepto, para que ese partido sólo prometa lo que pueda cumplir, para que realice lo que deba hacer, para que sea digno, consecuente y respetable, y para que su nombre no sea una bella frase con que se cubra la falsificación inmoral de los principios y de las ideas, debe adoptar, sin dudas, sin vacilaciones, la única fórmula posible, la fórmula del Partido Progresista.

El partido progresista debe constituirse prescindiendo de buscar modelos en países de condiciones sociales distintas de las existentes en Honduras. La política no es una abstracción, es una ciencia positiva; y los partidos deben ser organismos encargados de atender sus enseñanzas y de llevar a cabo sus prácticas conclusiones. De esta suerte, nosotros no podemos prescindir de nuestro estado social, porque sería edificar sin bases sólidas, ni prescindir de modificar gradualmente ese mismo estado social, por medio de innovaciones oportunas, porque tal prescindencia entrañaría la consagración de una estabilidad infecunda, la aceptación de todo lo malo que poseemos, y la negación sistemática del perfeccionamiento moral, político y material de nuestra sociedad; esto sería, en suma, cerrar las puertas a un porvenir mejor que debe traernos la libertad y la civilización, a virtud de las evoluciones del progreso, realizadas en el seno de la paz, del orden y de la confianza pública.

No debemos olvidar que Honduras atraviesa una época de verdadera transición, y que para que ésta se opere, en el sentido más amplio y benéfico, dejando permanentes resultados, el partido progresista debe adoptar todos aquellos principios y reglas de conducta que reclama nuestro estado social, y que la experiencia ha enseñado que son hábiles para crear un poder público, fuerte y benéfico, y para afirmar el respeto al derecho y el mantenimiento del orden en la sociedad. Pero debe adoptar, al propio tiempo, todos aquellos principios y reglas de conducta que, influyendo, sin violencia, en el ánimo de los pueblos, destierren de su espíritu absurdas preocupaciones, y los preparen, por el trabajo y por la educación, para el goce de la vida civilizada, para el más amplio ejercicio del derecho, y para la práctica de las instituciones más en armonía con la dignidad del hombre y con los altos destinos de la humanidad.

Para colocarse en las cimas de la cultura social y de la verdadera libertad se necesita subir lenta y penosamente, apoyándose en el terreno que se deja atrás, y fijar la vista en la altura a donde se pretende llegar. Nuestro partido progresista debe, pues, como el caminante que lo abruman los tropiezos de la jornada, pero que lo alienta la fe en su término, volver la vista al pasado, resignarse a los penosos obstáculos que le opone, y fijar su vista, lleno de fe y de esperanza, en un porvenir mejor, que es el término de la jornada. Reconozcamos nuestro punto de partida, que es el pasado con sus costumbres coloniales, con sus hábitos de holganza, con sus preocupaciones, con su espíritu anárquico, y con sus vicios e impurezas; pero no apartemos los ojos, ni por un momento, del fin de nuestro penoso camino; porque allí existen la moralidad, los frutos del trabajo, la ilustración, el espíritu de concordia, todas las bellezas del bien social en sus gloriosas manifestaciones. Bajo la influencia de las ideas y sentimientos que hemos expuesto, creemos que el Partido Progresista debe adoptar en su programa los principios y reglas de conducta que siguen:

En lo moral. Buena fe, lealtad y disciplina. Que estas virtudes se prueben, no sólo de palabra, sino también de hecho.

En lo constitucional. Derecho de sufragio, basado, por lo menos, en la instrucción primaria elemental.

Soberanía del pueblo, limitada por los principios de justicia.

Libertad de cultos.

Libertad de enseñanza.

Libertad de la prensa, reconociendo delitos de imprenta, sujetos al Código Penal.

Libertad de asociación y petición, con fines útiles y morales.

Inviolabilidad de la vida humana por la comisión de delitos políticos. Aplicación de la pena capital a los delitos muy calificados, de carácter atroz, y a los delitos muy graves en lo militar.

Amplias libertades económicas.

Adopción de dos Cámaras en la constitución del Poder Legislativo.

Adopción de una Comisión permanente del Poder Legislativo que, además de sus funciones ordinarias, ejerza las de Consejo de Estado.

Alternabilidad del Poder en la constitución del Ejecutivo, admitiendo, por una vez, la reelección sucesiva.

Encargo del Consejo de Secretarios de Estado para suplir, en todo caso, indefinidamente, o por determinado tiempo, las faltas del Jefe del Ejecutivo.

Amplias facultades del Ejecutivo para mantener el orden y promover el progreso.

Previsión constitucional de los *Estados excepcionales* del país, en que el Ejecutivo deba tener facultades extraordinarias.

Completa independencia del Poder Judicial.

Supresión de la facultad del Ejecutivo de conmutar las penas impuestas por los Tribunales. Derecho de gracia del Ejecutivo, únicamente para conmutar con la inmediata la pena capital.

Administración de Justicia gratuita.

Efectiva responsabilidad de todos los poderes públicos.

En lo político y administrativo. Departamento de Gobernación: Inhabilidad de los empleados del Ejecutivo para ejercer, en ningún caso, facultades discrecionales: su ejercicio excepcional sólo deberá emanar de orden directa del Ejecutivo.

Respeto al derecho de sufragio.

Respeto a la seguridad, a la propiedad y a la honra de los asociados, cualquiera que sea su credo político.

Descentralización gradual en el régimen departamental y municipal.

Constantes trabajos estadísticos, como base de buen gobierno.

En el Departamento de Hacienda. No admisión de empréstitos forzosos en tiempos normales con las necesidades públicas.

Sistema indirecto de impuestos: su aumento en relación con las necesidades públicas.

Especies fiscales monopolizadas exclusivamente por el Estado.

Rigurosa fiscalización de los empleados del ramo.

Justa remuneración de los servicios prestados al Estado.

Economía en los gastos.

En el Departamento de Crédito Público. Fortificar el crédito interior por la confianza en el orden, y por el exacto cumplimiento de las obligaciones del Estado.

Tratar de recuperar el crédito exterior, trabajando asiduamente en resolver las cuestiones de empréstitos motivados por el ferrocarril interoceánico. Que en ningún arreglo el Estado sea empresario.

Favorecer y garantizar el establecimiento de instituciones bancarias, particularmente de bancos agrícola-hipotecarios.

En el Departamento de Fomento. Estímulos al trabajo.

Protección decidida a la agricultura.

Facilidades al comercio.

Aperturas de vías de comunicación.

Ensanche y perfeccionamiento de los servicios telegráficos y postal.

Protección a las inmigraciones útiles, sin que el Estado sea empresario.

En el Departamento de Justicia y Negocios Eclesiásticos. Sostenimiento de una legislación propia, nacional.

Introducción del régimen penitenciario en el sistema penal.

Respeto a las creencias del Clero; pero sujeción de éste, en todo y por todo, a las leyes del Estado.

Negación absoluta para el establecimiento de comunidades religiosas y la creación de *manos muertas.*

En el Departamento de Instrucción Pública. Instrucción primaria para ambos sexos, obligatoria y gratuita, y de carácter civil; la instrucción religiosa debe reservarse al hogar doméstico y al sacerdocio. El Estado no debe proporcionarla.

Establecimiento de escuelas normales, como base de la regularidad y progreso de la instrucción primaria.

En la instrucción secundaria y profesional, sustitución de los estudios metafísicos por los estudios positivos de ciencias de utilidad práctica.

Protección a las publicaciones útiles.

Planteamiento de bibliotecas y gabinetes de lectura.

En el Departamento de Guerra. Organización completa del servicio militar obligatorio, sin distinción de clases sociales.

Disciplina constante en las milicias.

Absoluta rigidez en el cumplimiento del Código Militar.

No admisión, en ningún caso, de contribuciones que sustituyan el servicio militar.

En el Departamento de Relaciones Exteriores. Definir la condición de los extranjeros en el país: facilitarles su naturalización y ciudadanía, pero no imponérselas.

Asignar sus justos límites a la responsabilidad del Estado por reclamaciones de extranjeros.

Celebración de tratados sobre la base de reciprocidad útil y efectiva: de lo contrario, no celebrarlos.

La mayor precaución para el acierto en el nombramiento de agentes diplomáticos y consulares. No intervenir en los asuntos domésticos de los países vecinos, ni consentir, cualquiera que sea la situación, intervenciones en los propios.

Adhesión franca y resuelta a la causa de la reconstrucción de la nacionalidad de Centro América; pero sobre la base de reorganizarse como República unitaria.

Todos y cada uno de los principios y reglas de conducta expresados tienen su fundamento en nuestro modo de ser social y, a la vez, satisfacen a las capitales necesidades del país; a saber; moralidad política, orden y progreso. Si el partido progresista se organiza aceptando las ideas enunciadas, estará muy lejos de confundir su sistema con el de la escuela conservadora. El partido progresista no considera el orden como un fin supremo, sino como un medio de realizar el derecho; en vez de inspirarse en la tradición y robustecer influencias clericales, acepta la libertad de conciencia, y quiere la influencia del libre examen; no procura sistemáticamente la ignorancia de las masas, para dominarlas y convertirlas en instrumentos de pasiones, sino que pretende que la instrucción sea muy amplia y eficaz en el pueblo, para que éste se eleve a la altura de su destino; no busca el otorgamiento de privilegios para determinadas clases, sino al contrario, quiere la igualdad en el goce de los derechos y beneficios sociales; no apoya la estabilidad cerrando la puerta al espíritu de innovación, sino que protege la iniciativa particular y pública, donde quiera que pueda realizarse un progreso; no prohíja máximas que alimenten una política de hipocresía y de intrigas, sino que, ante todo, proclama a la luz del sol, buena fe, lealtad y franqueza. Con tales distintivos, que tienen un carácter esencialísimo, no puede menos de haber un abismo infranqueable entre el sistema del partido progresista porque abogamos, y las doctrinas que, de hecho, adopta la escuela conservadora.

Tampoco el sistema del Partido Progresista, tal como comprendemos su organización en el país, puede confundirse con el sistema del partido genuinamente liberal. El Partido Liberal quiere el sufragio universal, y el Partido Progresista lo limita asignándole justas restricciones: aquél pretende un Gobierno con pocas facultades, y sustentado más por la opinión, éste pretende un Gobierno fuerte, con tales atribuciones, que, en cualquier evento, ponga a raya el desorden: aquél reclama completa descentralización administrativa, éste pide una descentralización gradual; aquél invoca derechos absolutamente legislables; éste admite en esos derechos alguna intervención de la legislación positiva, motivada por altas razones de orden, de moralidad y de conveniencia pública; aquél quiere llegar desde luego al ideal de la verdadera libertad, poniendo en práctica, y sin demora, todas las libertades; éste quiere llegar al ejercicio de la libertad, en sus múltiples aplicaciones, de una manera gradual, y por medio del orden, del trabajo y de la educación que forman la conciencia del ciudadano; aquél lo espera casi todo de la influencia de los principios, de las grandes y generosas ideas; éste espera muchos de los hechos que, arrancando de la realidad, aun bajo el apremio de la coacción, mejoren la suerte de los pueblos y las aproximen al ideal de la verdadera y completa libertad. Con tan marcadas y profundas diferencias, no puede menos de convenirse en que separa una gran distancia las posiciones de los partidos progresista y liberal. Este más generoso, aquél más sensato. Este muestra el ideal, aquél muestra el camino que conduce a la realización del ideal.

Excede a los límites que nos hemos propuesto dar a nuestro trabajo el apuntar las razones prácticas que hemos tenido presentes, como fundamento de todos y cada uno de los principios expuestos en nuestro programa. No obstante, tal vez llegue la oportunidad en que hagamos un juicio especial de cada uno de los principios y procedimientos que adoptamos. Entre tanto, abrigamos la confianza de que todos los hombres imparciales, exentos de pasiones exaltadas, que hayan estudiado, siquiera someramente, la situación de Honduras; que conozcan los antecedentes y resultados de la política del país, estarán de acuerdo con nosotros, y, por lo menos, aunque sea en el fondo de su conciencia, harán justicia a nuestras ideas y a nuestros propósitos. Por nuestra parte, es tal el convencimiento que tenemos respecto a la bondad y conveniencia de las ideas progresistas, que creemos que ningún gobernante podrá mandar y hacer el bien en Honduras, si no es bajo los auspicios de aquellas ideas, y que ningún partido opositor podrá hacer una oposición sensata y de buena fe, si no es en nombre de los principios de la escuela progresista.

No nos ciega la predilección, muchas veces exagerada, que los hombres tienen por las ideas que formulan y sustentan, particularmente en política: por esto creemos, no por pasión sino por convencimiento, que el único partido que puede tener en Honduras una verdadera organización, y coadyuvar al bien del país, es el Partido Progresista. Aquí no hay grandes tradiciones, no hay un clero rico y poderoso, no hay familias nobles con fuertes capitales, ni muchas masas abyectas, para que pueda fundarse, con éxito, un Partido Conservador como el frailero de Guatemala, o el pelucón de Chile. Aquí tampoco hay mucho espíritu público, mucha vida literaria, mucha propaganda de la prensa, mucha juventud ardiente y adoradora de la libertad, para que pueda fundarse un partido genuinamente liberal, como el que resistió en México a la intervención europea, y el que formuló en Colombia la avanzada, la célebre Constitución de Rionegro. Aquí, por nuestros antecedentes, por nuestras necesidades, por nuestros elementos, por nuestra índole, por nuestra educación, sólo podemos formar, sólo podemos constituir El Partido Progresista, en contraposición a los retrógrados y a los demagogos. En el poder o fuera del poder debemos, pues, trabajar por el triunfo de las ideas progresistas.

Sin reflexionarlo bien, tal vez se dirá que a pesar de nuestras tendencias prácticas, estamos en la región de las teorías: que el Partido Progresista no tiene precedentes ni razón de ser en Honduras. Contestemos al anterior supuesto con hechos recientes. Va a hacer cuatro años que el señor Marco Aurelio Soto, por el llamamiento de los pueblos, vino a regir sus destinos como presidente de la República. Ese hombre ilustre y generoso no vino a apoyar su poder en ninguna agrupación política, sino a constituirlo, para bien del país, sobre las bases del buen sentido de los pueblos, y de sus ideas de imparcialidad y justicia, de orden y progreso. El señor Soto, con tanta inteligencia como buena fe, y no obstante hallarse el país aniquilado, casi disuelto por la guerra civil, ha puesto en práctica gran parte de los principios expuestos en nuestro programa; y el resultado ha sido que el señor Soto, sin antecedentes en nuestra vieja política, ha fundado el Gobierno más respetable y más benéfico para Honduras. ¿Cómo ha sostenido el orden? ¿Cómo ha formado ejército? ¿Cómo ha dado al país una nueva legislación? ¿Cómo lo ha cruzado en todas direcciones por el alambre telegráfico? ¿Cómo ha mejorado la Hacienda Pública? ¿Cómo ha favorecido el crédito? ¿Cómo ha ensanchado la agricultura y el comercio? ¿Cómo ha fomentado la enseñanza? ¿Cómo ha restaurado el principio de autoridad sin menoscabo del derecho? ¿Cómo ha restablecido la confianza pública? Vamos a decirlo: por la virtud fecunda de las ideas progresistas.

Pues bien; ya que las ideas que sostenemos tienen en su abono la evidencia de los hechos; ya que ellas y sólo ellas tienen razón de ser para convertirse en verdadero sistema, deber de patriotismo es aceptarlas con franqueza y servirlas con lealtad. Cuando en política se halla un camino que conduce al bien, no es cuerdo ni patriótico hacerse a un lado, o retroceder: debe seguirse adelante con valor y resolución. La timidez y la incertidumbre sólo pueden ser hijas de conciencia sin fe, o de espíritus superficiales, vacilantes por la falta de convicciones. Estas, según un dicho célebre, tienen más fuerza que un ejército; tengamos, pues, la fuerza de las creencias. Recordemos al propio tiempo que, según la expresión de Dante, el poeta sublime, el mundo se ha perdido por falta de lógica: a par de convicciones, tengamos, pues, consecuencia a toda prueba, seamos lógicos. Este pide la situación de nuestra Patria, y éste reclama nuestro decoro.

Al exponer nuestras ideas —que declaramos no tienen más valor que el que pueda dársele a la opinión de un particular que asume toda la responsabilidad de sus asertos— no nos guía el espíritu del dogmatismo ciego que se cree infalible. A pesar del estudio reflexivo que hemos hecho de las condiciones sociales de nuestro país, podemos estar equivocados en algunos de nuestros juicios, y estamos dispuestos a acoger, si se nos dirigen con mesura, las rectificaciones que se nos hagan, y a contestarlas si nos parecieren infundadas.

Abierto está el palenque de la prensa; y con la confianza que inspira la sinceridad de las creencias, esperamos tranquilos cualquier debate honroso sobre la apreciación de nuestras ideas. Que los que hayan dicho siempre, o hecho algo mejor de lo que proponemos en interés de nuestra Patria, arrojen la primera piedra; que nosotros podemos rectificar si se nos convence, pero no falsear la sinceridad de nuestras convicciones. Lo repetimos, abierto queda el palenque de la prensa.

Para concluir, queremos confesar que, en la ciencia como en el arte, tenemos profundo apego, adhesión amorosísima al ideal; y que si otro fuera el Estado, otra la condición de nuestro desgraciado país, nosotros abogaríamos, con la fe más pura, por la organización de un partido genuinamente liberal; por el planteamiento de las instituciones más avanzadas y generosas, que más ennoblecen al hombre, que más enaltece a los pueblos, y que más glorifican a humanidad acercándola a la infinita justicia, a la perfección suprema, que se hallan en el seno de Dios, ideal sublime del arte y de la ciencia.

Pero un sentimiento de profunda tristeza nos aqueja al reflexionar sobre la suerte de nuestra Patria, y al sacar, como amargo fruto de nuestras reflexiones, la incontestable verdad de que, por hoy, no podemos abogar por la realización inmediata de su ideal social y político, tal como lo comprende, tal como lo siente el verdadero patriotismo. Mas en medio de tan triste realidad, nos consuela la fe en el progreso de nuestro país; la esperanza de que llegará un día en que algunas de las ideas que hoy preconizamos como buenas, como necesarias, serán ya inconvenientes y hasta retrógradas; porque Honduras se habrá moralizado, se habrá ilustrado, se habrá enriquecido; porque Honduras entre los esplendores de la civilización, será apta para el ejercicio de las instituciones más nobles, avanzadas y generosas. Desde ahora saludamos con el santo amor de hijos, la aurora de ese GRAN DIA del porvenir de nuestra Patria.

1880

LA ENSEÑANZA DEL DERECHO

Discurso pronunciado el 6 de diciembre de 1871 en los exámenes públicos de los estudiantes de Derecho en el Colegio de Abogados de Guatemala.

Los actos públicos que vais a presenciar tienen, en mi sentir, grande y señalada significación. Revelan la solidaridad y esfuerzos que el Colegio de Abogados, corporación dignísima de la República, ha puesto al servicio de la enseñanza del derecho en sus aplicaciones a la jurisprudencia criminal y mercantil, internacional y política: revelan también los trabajos de nuestra juventud, de este bello germen del porvenir de la patria, que viene hoy a rendir las pruebas de sus conocimientos adquiridos, más bien que en fuerza de las lecciones de sus maestros, en fuerza de sus talentos y de su noble consagración al estudio.

En esta reunión literaria, que impresiona tan agradablemente echareis de menos, Señores, la palabra autorizada del señor Decano del Colegio de Abogados, y del señor Catedrático de Derecho Teórico-Práctico y Administrativo, verdadera ilustración del foro guatemalteco. Su alto carácter los obliga a ocupar sus puestos presidenciales de Jefe de nuestra corporación, y de Regente de la Suprema Corte de Justicia; y por una deferencia, que me honra sobremanera, me han encargado manifestar lo que a ellos corresponde decir en este día solemne para el Colegio de Abogados, y para los jóvenes académicos que cultivan la hermosa cuanto vasta y difícil ciencia del derecho.

La Junta de Gobierno del Colegio de Abogados, conocedora de sus importantes e imperiosos deberes, no ha desmayado en el empeño que siempre ha tenido porque el Colegio, en orden a la enseñanza, corresponda a los altos fines de su institución. Empeño tan laudable ha encontrado un firme sostén en el Gobierno de la República que ha prestado su concurso para el mantenimiento de las clases, y que, sobreponiéndose a las preocupaciones vulgares, y a la práctica restrictiva de los otros tiempos, ha dejado libertad completa a la cátedra del profesor.

Puedo asegurar que en la cátedra, que inmerecidamente desempeño, ha habido amplitud para discutir creencias e ideas, desde aquellas que santifican la Inquisición, hasta aquellas que constituyen el credo de la Sociedad Internacional que hoy forma la gran preocupación del mundo europeo. Para mí la libertad de la cátedra es una de las primeras libertades. La enseñanza en nombre de la autoridad no sólo es infecunda para el bien, sino que degrada y envilece: mata en flor la dignidad y los talentos de la juventud. La ciencia, cuyos progresos nos admiran, nada fuera en la culta Europa sin la cátedra libre, cuya enseñanza es la única que puede formar hombres de convicciones sólidas, independientes y sinceras.

Extensas e importantísimas son las materias sobre que ha de recaer el examen de los Señores Académicos que representan aquí las clases del Colegio, como sustentantes de los actos públicos.

Nunca, como en la época presente, se ha dado tanta consideración a los estudios del derecho penal; y es, señores, que los adelantos de la ciencia hoy hacen apreciar mejor la dignidad del hombre, aun del hombre que se desvía del camino recto de la vida, y, por su mal, recorre las tortuosas sendas del crimen.

El hombre que así lastima su digno carácter, por su misma desgracia es más acreedor al examen imparcial, rigurosamente crítico, de su índole de los atributos y circunstancias de sus actos punibles, y de la influencia más o menos perjudicial que ejercen en la sociedad. He aquí el punto de partida de la ciencia y de las legislaciones modernas que en ella buscan su inspiración y su modelo; ciencia y legislaciones que han acabado, en mucha parte, con la idea disociadora, anticristiana, que hacía de la pena no una reparación moral, sino una venganza ejercida en nombre de la Sociedad.

Felizmente alcanzamos mejores tiempos: la filosofía del derecho juzga ahora, con el criterio más severo, el grado de responsabilidad del individuo que delinque, aconseja la aplicación de penas proporcionadas a la gravedad de las faltas y delitos, y reconoce, como fin moral y social del castigo, la enmienda y corrección del hombre que, bajo la influencia de un buen sistema penal, lejos de degradarse se levanta y dignifica, se moraliza y ennoblece.

Desgracia nuestra es, señores, que los principios enunciados, que tan bien reflejan el espíritu civilizador de nuestra época, no tengan asiento ni en nuestras leyes ni en nuestra práctica; pero en la actualidad esos principios se derraman en la inteligencia virgen de la juventud, como se derraman la simiente en la tierra para que despúes germine, florezca y fructifique. A no dudarlo, cuando las sanas ideas que hace concebir la ciencia del derecho criminal se hayan extendido entre nosotros, y poseamos establecimientos penales que hagan factible la aplicación de un buen sistema, entonces recogeremos el fruto de los conocimientos que adquiere la juventud, satisfaciéndose así, con resultados tan precisos, a una de nuestras más ingentes necesidades, satisfaciéndose también a la justicia que en la sociedad no quiere poderes vengadores, sino tan sólo poderes que reparen la faltas y delitos cometidos, y que mejoren el carácter de los hombres para bien de los mismos, para bien de los pueblos, y para honra de la humanidad.

Indiscutible es el valor y extensión que debe darse, entre nosotros, a los estudios de Jurisprudencia Mercantil. Notad el organismo de los pueblos modernos, y encontraréis que para ellos comerciar es vivir. Hoy, el sentido práctico de las naciones rechaza aquel funesto sistema restrictivo, hijo del pésimo sentido económico que creaba el aislamiento de los pueblos y dificultaba, entorpecía las transacciones mercantiles.

La América Latina maldice todavía el régimen excepcional que la mantuvo incomunicada con el resto del mundo, consumiendo su actividad en la impotencia y la miseria consiguientes al reinado de injustificadas y odiosas restricciones.

Mas por un contraste providencial a la América toca en la actualidad representar uno de los primeros papeles en el comercio del mundo. Nuestra prodigiosa naturaleza es fecundísima en producciones hábiles para alimentar el cambio más vigoroso y continuo; y circunstancia tan favorable para la América entera y, en particular, para este país privilegiado, trae por consecuencia la necesidad de que las transacciones comerciales se multipliquen cada día más y más, y el deber de que la Jurisprudencia Mercantil se aplique a ellas fijando con exactitud los derechos y obligaciones de los individuos que consagran su actividad al comercio, garantizando la buena fe y el crédito que le dan vida, regularidad y progreso, y señalando fáciles y breves procedimientos para resolver las diferencias que ocasionen los intereses encontrados de los que litigan sobre asuntos comerciales.

En materia de Derecho Internacional, nosotros, hijos de una nación débil a la par que honrada y generosa, debemos ser muy empeñados, más que ningún otro pueblo, en conocer y practicar los derechos que corresponden a nuestra nacionalidad. Se explica que un país grande y poderoso vea con cierta indiferencia la práctica del

Derecho Internacional, puesto que tiene en su apoyo la fuerza que por desgracia pesa tanto en la política de las naciones.

Pero un país débil, como el nuestro, debe acogerse, más que ningún otro, al derecho, debe declararlo con exactitud en sus relaciones, y cumplirlo con entera religiosidad. La fuerza pesa mucho en el mundo, mas el derecho tiene también su ascendiente y su poder.

Tal es la idea, señores, que en la cátedra se ha procurado explanar en sus aplicaciones principales, ora relativas a establecer, con evidencia, que los países latinos de América, no deben continuar aceptando un derecho excepcional para ellos, y fecundo en privilegios para las naciones europeas; ora relativas a demostrar que los Gobiernos Americanos deben apartarse del sistema de reciprocidad que ha sido la base de los pactos internacionales celebrados con los Gobiernos fuertes.

La justicia y la conveniencia aconsejan que en vez de mantener sistema tan absurdo que trae ruina y deshonra, se declaren constitucionalmente y en tratados nuevos y justos principios que reglen las relaciones internacionales, y que, reconocidos de un modo manifiesto por las naciones poderosas, hagan siquiera menos frecuente en América la práctica de abusos y de vejaciones atentatorias al ejercicio regular de los poderes públicos, a la independencia y soberanía de los países débiles. El ramo del Derecho Público Constitucional está llamado a ejercer grande influencia en la suerte de las sociedades, y más, en una sociedad, como la nuestra, que está en vías de organizarse, de constituirse políticamente.

Creo que los estudios del derecho público para que sean fructuosos no deben aplicarse tan sólo al examen teórico de las escuelas disidentes que se reparten el dominio de la ciencia política. Tales estudios, señores, para que sean de positivo provecho deben tener por objetivo principal, la sociedad en que se vive; la sociedad en que somos ciudadanos; la sociedad en que tenemos intereses que mantener, y derechos civiles y políticos que ejercitar; la sociedad en cuya historia puede recogerse el fruto de los ensayos, de los trabajos y de las experiencias dolorosas de nuestros mayores; la sociedad cuyo presente nos impresiona y atrae a cada hora, a cada momento; la sociedad en cuyo porvenir confiamos llenos de amoroso anhelo y alentados por risueños y dilatadas esperanzas.

Bajo esas inspiraciones se ha hecho el curso de Derecho Público Constitucional. El organismo de la sociedad de ayer y de la sociedad de hoy ha sido el objeto preferente de nuestros estudios; y estos nos han evidenciado que para organizar justa y sensatamente la administración política del país, debemos desechar el exclusivo y bello idealismo político de muchos de nuestros mayores que, consagrando la libertad absoluta en un país de condiciones coloniales y dejando ésta en pie, acababa por hacer imposibles el principio de autoridad y el mantenimiento del orden público.

Pero también hemos rechazado, y muy enérgicamente, el sistema que más ha predominado entre nosotros, el sistema de tomar la sociedad con todos sus vetustos principios, con todos sus malos hábitos, con todos sus vicios capitales, y de consagrarlos en las instituciones políticas para mandar así con seguridad y holgura, sin dar un paso, sin hacer nada, por no conmover los ánimos en algo, y correr el riesgo de perder algún día el goce del dolce far niente (el placer de no hacer nada), gubernativo que proporcionan los pueblos que viven la vida asiática, que duermen en brazos de la ignorancia y del indiferentismo más completo, en orden al ejercicio de sus derechos políticos.

El pensamiento que ha dominado en la cátedra es el pensamiento que nuestra sociedad, hondamente trabajada, puede constituirse y regenerarse, haciendo a un lado la estéril calificación política de los partidos, y sólo trabajando en el sentido de remover obstáculos sociales, para reemplazarlos con elementos materiales y morales que hagan posible, entre nosotros la existencia de Gobiernos estables, honrados y progresistas; de Gobiernos que sepan practicar las dificilísimas instituciones de la República, y que, a la vez, estén dotados de poder bastante para reprimir las facciones de las clases de abajo y anular las resistencias egoístas de las clases de arriba.

Así, Señores, tendremos, para lo porvenir, asegurada la hermosa alianza del orden y la libertad.

No puedo concluir el relato de los trabajos habidos durante el último curso académico, sin daros, señores, sinceramente mis excusas. He abusado de vuestra benévola atención; pero el discípulo de ayer y el profesor de hoy confía en que os dignaréis excusarlo, si consideráis con vuestra natural indulgencia que, al dirigiros por extenso la palabra, ha tenido en mira, en esta reunión literaria, expresar grandes, ardientes deseos en favor del bien y de la prosperidad de nuestra patria.

UNIONISMO Y SEPARATISMO

Discurso pronunciado en la Universidad de Tegucigalpa el 15 de Septiembre de 1880.

Cuando el hombre crédulo, en sus faenas, inclina la frente, desfallecidos sus miembros por redoblado esfuerzo, destrozadas las manos por los instrumentos del trabajo, casi cegados los ojos por el sudor de su rostro, y abatida el alma por el cansancio que ha de repetirse, día por día, como dura e inquebrantable ley de su vida; entonces el hombre de la fe despliega las alas de su imaginación, y recuerda, con indecible tristeza, aquel paraíso perdido en que fuera siempre grata y risueña la existencia; aquel soñado y divino edén, de perdurable venturanza, que nunca vieron sus ojos, y que, al decir de la leyenda más bella de las sagradas leyendas, se perdió por las humanas culpas, perdió la inocencia, la nativa libertad, el dulce reposo, y la suprema dicha del humano linaje, bien pronto desheredado y doliente.

Como el hombre de la fe que evoca el recuerdo de perdido y llorado edén, así mi espíritu, inclinado sobre el abismo de nuestras desgracias, destrozado por el trabajo de amargas reflexiones, dolorido por tantos y tantos desengaños, y casi cegado por las sombras de la duda, en este GRAN DÍA, de improviso se inunda de luz, y convierte sus recuerdos hacia aquella Patria venerada que, desde Tehuantepec hasta el istmo de Panamá, serena y majestuosa, surgió del caos de la Colonia, con todas las irradiaciones del pensamiento y de la libertad; hacia aquella Patria digna y respetable, rica en halagüeñas promesas de paz, de concierto y de bonanza; hacia aquella Patria que nuestros poetas cantan, con elegíaca y fúnebre poesía, que nuestros pensadores invocan, con la amargura de la idea que vacila, que el patriotismo llora con lágrimas de sangre; hacia aquella Patria que nunca vieron mis ojos, hacia la República centroamericana que, al decir de nuestra historia, la más triste de las historias, se perdió por incalificables errores políticos, perdiéndose desde entonces el grande y sacratísimo legado de nuestros padres, sustituido por una herencia de maldición; por el evangelio de Torquemada, por la política de Maquiavelo, por la tea incendiaria de Omar, por el puñal fratricida de Caín; por el crimen, por el eterno Dolorosísimo es, Señores, que en esta hora consagrada a conmemorar el hecho capital de nuestra historia la independencia de la Patria —tengamos que confesar que estamos frente a frente de la obra nefasta de la reacción separatista— del fraccionamiento de Centro América-; tengamos que confesar que el patriotismo centroamericano no ha podido unir los pueblos que, a través de la inmensidad de los mares y de los desiertos, mantuviera unidos, en no lejanos días, la Corona de Castilla! ¿Por ventura la unión nacional se perdió irremisiblemente en aquella terrible noche del año de cuarenta, en que el siniestro resplandor de los disparos de fusilería, y el canto fatídico de la salve, entonado por siete mil forajidos, fueron por el salvajismo exterminados los defensores de la unidad de la Patria, en las calles de Guatemala? ¿Por ventura ha muerto nuestro ideal, y para siempre se remontó al cielo, desde aquel trágico 15 de septiembre del 42, en que el protagonista del drama sangriento iniciado en Cartago, el héroe legendario de la Unión Nacional exhaló su último aliento, que era como el aliento y la vida de la Patria? ¿Por ventura estamos condenados a incurable ceguera, a caídas y recaídas sin término, a irremediables dolores, y a escribir en los escombros de la destrozada Patria, como en las puertas del infierno del Dante, sentencia de eterno desconsuelo: ¡dejad toda esperanza!

No podrá ser, no, que pese sobre nosotros, con eterna pesadumbre, tan adverso destino. Si los individuos mueren, si las artificiales obras del hombre se aniquilan, no mueren, no, las ideas que tienen profunda raíz en la naturaleza, y que contienen, en su abundante savia, la vida, el progreso, el perfeccionamiento de las sociedades. He aquí por qué, aun después de disuelto el pacto federal, la idea nacionalista brilló como esas vagas claridades que se perciben en esas noches profundas: he aquí por qué, aun los falsos apóstoles, los hombres de alma, helada, sin fe, sin corazón, invocan la unidad nacional como idea prestigiosa, como causa redentora, para llevar a cabo inicuas empresas inspiradas por egoísmo reaccionario: he aquí por qué, hoy que el trabajo del progreso hace alcanzar a Centro América mejores días, el ideal nacionalista inspira la enseñanza en las cátedras, da vida a la propaganda de la prensa, y repercute en los más nobles acentos de la tribuna centroamericana.

¡Qué cuadro tan bello ofrece en perspectiva la unión nacional de Centro América! ¡Qué admirable combinación de luz y de sombras! En ese cuadro, digno de sublime artista, en ese cuadro hermosísimo han de aparecer, en magnífico contraste, las sombras de nuestro pasado y de nuestra actualidad, y la luz espléndida, la inextinguible luz de nuestro gran porvenir. Nótenlo bien. Desunidos consumimos nuestras fuerzas, nuestros cursos, en guerras desastrosas que, a veces tienen su origen, ¡quién lo creyera! en una sobreexcitación nerviosa, o en una abundante secreción de bilis de un jefe de alguno de nuestros pequeños Estados: unidos, esas guerras serán imposibles; desaparecerán los celos, las rivalidades y los favores a la reacción que se asila; será perpetuo y fecundo el reinado de la paz. Desunidos, los Estados centroamericanos, según últimos datos, tienen estas rentas:

Guatemala	$4.534,756.59 cts.
Costa Rica	$3.023,780.52 cts.
El Salvador	$2.914,236.29 cts.
Nicaragua	$1.268,502.90 cts
Honduras	$1.000,000.00 cts.

Rentas que tienen onerosísimos gastos de administración, y que se consumen, en su mayor parte, en armamentos y soldados requeridos por la común desconfianza, por el vaivén de los acontecimientos políticos, por las torpes ambiciones que se agitan, por las facciones que pululan, por el amago perpetuo de la guerra: unidos, un solo Estado tendría de renta $12.741,276.30 centavos, renta que progresaría notablemente, de año en año, merced a una paz perfecta, a una absoluta confianza, a un movimiento industrial más continuo, y un régimen más activo, más enérgico y más económico de administración: esa gran renta, en vez de costear cinco gobiernos carísimos, costearía uno solo, el más barato y el más benéfico: esa renta, en plena paz, sin medianías ambiciosas que perderían sus alucinamientos, sin pronósticos fatídicos, sin amagos desconsoladores de guerra, se invertiría, en su mayor parte, no en destruirnos, sino en cruzar de carreteras y vías férreas nuestros desiertos; en canalizar caminos que andan, nuestros caudalosos ríos; en dar vida a nuestra agricultura, actividad a nuestro comercio, movimiento y ensanche a nuestra industria; y en engrandecer a nuestros pueblos prodigándoles, a manos llenas, escuelas y estímulos de trabajo, de progreso, de cultura. Desunidos, no tenemos crédito en el extranjero, a no ser para una explotación inicua y vergonzosa, ni por el tanto de nuestras rentas nacionales; pues la Europa y la América regularizada tienen pésima, tristísima idea de nuestro fraccionamiento, de nuestras revueltas, de nuestra desorganización; y el capital es tímido, y huye de nosotros como el antílope del bisoño cazador: unidos, inspiramos confianza al mundo entero, y los capitales extranjeros, dadas efectivas garantías en nuestro modo de ser, nos serían proporcionados con prodigalidad, y sentiríamos en este Centro del mundo las más fuertes palpitaciones de ese ser maravilloso de nuestro siglo, que se llama crédito. Desunidos, no pueden establecerse en nuestros vastos territorios las grandes corrientes de inmigración que necesitamos, con necesidad tan imperiosa para nuestra industria nacional, como la necesidad del oxígeno para nuestra vida individual.

Mas de contado, las inmigraciones de importancia no existen en países de gobierno débiles, de repetidos alzamientos facciosos, de caprichosas y frecuentes guerras: unidos, tendríamos numerosísima y útil inmigración que se establecería espontáneamente en nuestros incultos territorios, trayendo la confianza en la paz, en un Gobierno estable y hábil para protegerla, y abrigando la convicción consoladora de legar, con el fruto de su trabajo, una Patria a sus hijos. Desunidos, carecemos de respetabilidad. ¿Qué nación medianamente fuerte, abusando de nuestra debilidad, no puede conculcar impunemente nuestros más sagrados derechos? Unidos seríamos, sino poderosos, respetables; constituiríamos una nación de tres millones de habitantes, con organización, con recursos, con crédito para tener una escuadra suficiente que resguardarse nuestros puertos, y, llegado el caso, una fuerza terrestre capaz de defender con ventaja nuestras poblaciones. En suma: desunidos carecemos de todo, hasta de honra: unidos lo tendremos todo, y salvaremos lo que el patriotismo más ama y venera, nuestro honor nacional.

Los hombres superficiales, los hombres en cuyo corazón no afluye con fuerza la sangre, y en cuya mente no se agita la divina inspiración del verdadero patriotismo, convendrán, de buen grado, en que Centro América, fraccionada, es un absurdo social, un absurdo político, un absurdo económico, y hasta un absurdo geográfico. Pero nos dirán, con el ridículo aplomo que tienen las convicciones del vulgo: ¿cómo unirnos bajo un solo Gobierno, cuando existen tan profundos odios entre algunos Estados centroamericanos? ¿Para qué unimos, para qué formar una sola patria, cuando los Estados aman su autonomía, cuando en ellos se realizan notables progresos sociales

Hacer la unión sería hacer la guerra, y mantener la unión nacional sería emplear un vano esfuerzo. Tales son, a juicio de las almas tímidas, de los espíritus apocados, los grandes obstáculos que se presentan, como infranqueables vallas en que ha de estrellarse la causa de la unidad nacional de Centro América.

Pero tales ideas, en que se parapetan los separatistas, están contradichas por las elementales enseñanzas de la historia, y no resisten el análisis, ni aun somero, de una crítica sensata. Los pueblos que se han unido bajo una forma federal o unitaria, ¿se aman acaso con amor entrañable? ¿No están separados por antipatías y aun por odios profundos? ¿No hay una enemiga mortal entre los pueblos del Norte y del Sur de la Confederación americana? ¿No hay grandes rivalidades y acerbas prevenciones entre algunos de los pueblos que forman el Imperio de Alemania? ¿No hay profundas antipatías entre varios de los pueblos que han concurrido a constituir la unidad italiana? ¿No se presentan duelos a muerte entre las Provincias que forman la bella confederación argentina, y entre los pueblos que constituyen la unión de la heroica México y de la pensadora Colombia? Y sin embargo, esos pueblos se mantienen unidos; y, ¿por qué?

Porque entre ellos ha dado un avanzadísimo paso el patriotismo, porque preside a su unidad, la idea; la idea que es ley de amor ante la cual se inclinan y se abaten las pasiones y los odios que la unidad nacional matará en nuestra América; pues siempre mueren las injusticias al contacto de rectas y salvadoras ideas. Es verdad que predominan enconados odios entre muchos pueblos de Centroamérica; pero quien ha dado vida a esos odios es el fraccionamiento y las guerras de conquista que ha traído consigo; el fraccionamiento que, a la manera de los pantanos deletéreos, alimenta venenosos reptiles.

Separatistas: ceguemos los pantanos de nuestra desunión, y los odios de nuestros pueblos morirán, y ley de amor, ley de atracción unirá, en lo porvenir, a los pueblos que hoy se repulsan porque prueban, día por día, la amarga hiel que brinda el régimen del fraccionamiento; Separatistas: por vuestro decoro no invoquéis la ley del odio, como argumento capital en contra de nuestra santa causa, de la unión nacional; no la invoquéis porque la lógica es inflexible, porque hay profundos odios en nuestras ciudades, en nuestras villas, en nuestras aldeas, en nuestros caseríos; y con vuestra terrible ley acabará por ser imposible toda agrupación social; con vuestra ley de iniquidad iréis a parar, ¿sabéis adónde? A la horda salvaje.

245

Cierto es también que muchos centroamericanos aman la autonomía de sus pequeños Estados. Pero yo pregunto: ¿qué amor patrio es ese que se doblega ante cualquiera vicisitud creada por nuestras luchas fratricidas? ¿Qué amor patrio es ese que lo acepta todo, que a todo se resigna? ¿Qué amor patrio es ese que sintiendo, una y mil veces, los acervos males de la República, no les da un heroico remedio? ¿Qué amor patrio es ese, capaz de soportar humillaciones sin tasa ni medida? ¿Qué amor patrio es ese que no tiene aliento, en nuestros asuntos interiores, para luchar, a brazo partido, con la adversidad; y en nuestros asuntos exteriores, cuando el extranjero nos impone, para levantarse erguido, y defender el derecho con la santa cólera del patriotismo?

¡Ah, señores! Yo he leído, y no recuerdo en dónde, que en el año de 56, en que un puñado de filibusteros estuvo para enseñorearse en nuestros soberanos Estados, Napoleón III, extrañado de semejante lucha, preguntó: "¿Qué población tiene Centro América?". Se le contestó que más de dos millones de habitantes: y entonces el hombre que entregó su espada en Sedán, volvió a preguntar, con soberano desprecio: "¿Y de qué son esos hombres?". ¿No sentís que penetra en vuestra alma la acerada y fría hoja del más sangriento sarcasmo? ¿No os duele que la cobardía se haya burlado de vuestra cobardía?

¡Cobardía, no, que en vuestro espíritu aún se refleja el alma de Pelayo; desorganización, sí, hija de nuestros desaciertos que nos hacen impotentes! Y ¿puede hablarse de amor patrio en pequeños Estados que así exhiben su nombre ante el extranjero? Separatistas: tendréis el amor individual del instinto, pero no el noble y grande amor de la idea, el amor que se sublima, el amor que va al sacrificio, el amor que, a propios y extraños impone admiración y respeto.

Que relativamente progresan los Estados centroamericanos, estoy muy lejos de negarlo. Pero, ¿qué son esos progresos comparados con los grandes, con los sorprendentes progresos que se operarían en el seno de una sola patria, y bajo los auspicios de un solo Gobierno fuerte y respetable? La ciencia nos enseña que una revolución geológica forma de improviso grandes islas y extensos territorios, y que los infusorios que se albergan en las gotas de agua, en el transcurso de innumerables años, llegan a construir algunas pulgadas de terreno que, al cabo de miles de siglos, forman un islote. Separatistas: así son vuestros progresos; son las construcciones del infusorio, no las grandes y estupendas formaciones operadas por las revoluciones geológicas.

Y son siquiera permanentes los relativos progresos que alcanzamos? Nada de esto. Los amigos de la libertad y del progreso en Centro América, trabajan cuatro, ocho, diez o más años, en implantar reformas, en proporcionar adelantamientos materiales y morales a nuestros pueblos; y ¿qué sucede? Que los retrógrados que, por nuestro régimen de separación y rivalidad siempre tienen seguro asilo y decidido apoyo en algunos de los Estados, vienen, y se precipitan como inmensa plaga, que devora en un día la abundante cosecha que costara largos años de trabajos, de penalidades y de esfuerzos. Separatistas: ¿habéis visto las playas del mar de finas y movedizas arenas, en que se quiebran los rayos del sol, y en que se ven los más bellos matices de innúmeras y multiformes conchas que reproducen todos los colores del iris?

Pues bien, la marea sube, viene la encrespada ola, la playa se cubre, la luz del sol no la embellece ya con sus cambiantes, y las matizadas conchas son arrastradas, en vertiginosa carrera, y van a parar en los profundos senos del Océano. Separatistas: aplaudid, sin reserva, si queréis, vuestros progresos que, como las pintadas y bellas conchas de la playa, son arrastrados y sumergidos en los abismos de la nada por la ola implacable de la reacción feroz y destructora. Separatistas: si queréis consistencia y vuestros progresos, que Centro América sea una, que así la ola reaccionaria, como ante una roca colosal, se estrellará ante los diques de una gran Patria, de un grande y respetable Gobierno.

"Hacer la unión sería hacer la guerra, y mantener la unión nacional, sería emplear un vano esfuerzo". He aquí la palabra sacramental de los separatistas; he aquí su grito de alarma que tiene mucho eco en las almas que no retemplan la idea y el sentimiento del puro patriotismo. Señores: ¡Qué triste privilegio el de las grandes ideas! Asustan, infunden miedo, miedo cerval, en los espíritus mediocres. Yo no creo que sea necesario la guerra para hacer la unión, que puede ser obra gloriosa de la paz; aunque creo que la unión debe ser, ante todo, un hecho, no sé si en paz o en guerra, que aprovechado por el talento y el patriotismo, debe después sancionar el derecho. Pero suponed, por un momento, que la unión necesita del fatal instrumento de la guerra, como es necesario el cataclismo para muchas nuevas formaciones en nuestro planeta. Adoptad esa hipótesis; y yo os pregunto, ¿por qué os conmueve, por qué os asusta? ¿Ha faltado ánimo a los separatistas, y aun a algunos nacionalistas, para emprender desatentadas guerras en que sólo se ha tratado de cambios de actores y de decoraciones en un mismo estrecho teatro? ¿Han asustado los horrores de la guerra, los crímenes de las facciones, en contiendas dignas de los señores feudales, en que se ha peleado por los señoríos de la ambición y del orgullo, y no por imperio majestuoso de las ideas? ¿Nos han hecho temblar luchas de caníbales, sin resultado alguno propicio para la civilización, sin prestigios y sin honra; y ateridos por el miedo, dando diente con diente, temblaríamos por una lucha con grandes ideales, por una lucha que es la de la civilización, por una contienda que fue la de Lincoln en la positivista Norte América, que fue la de Mazzini y Garibaldi en la riente y divina Italia? Señores: a la verdad parece que hemos perdido el sentido común; pero si la fatalidad quiere que luchemos, libremos las batallas que el destino quiera, pero librémoslas únicamente por la unión nacional de Centro América.

Que los hombres prominentes de la América del Centro no teman; que no se asusten por la grandeza de la idea nacional; que tengan en cuenta que las ideas que operan revoluciones radicales contienen mucha electricidad, y encrespan las ondas de los mares sociales, y hacen encontrarse las nubes del pensamiento, y hacen estallar el rayo, y hacen oír el trueno de la tempestad entre revueltos huracanes. Así estaba nuestra atmósfera desde el año 29 al 39. Y ¿sabéis qué hizo el hombre más grande de Centro América, la figura más alta y gloriosa de nuestra historia, el nunca bastante llorado Francisco Morazán? Hizo lo que los expertos marinos. La nave de Centro América estaba combatida por desecha tempestad; iba a estrellarse contra los escollos del puerto; y el grande hombre, como el gran marino, dijo, con voz profética, "mar afuera", y la nave zozobraba, y los huracanes silbaban, se enfurecían, y los mástiles crujían, despedazándose, y las amarras se destrozaban, y las velas gemían, tornándose en jirones, y el rayo aniquilaba, y los relámpagos deslumbrantes, y el trueno ensordecía, y las desplomadas montañas de agua parecían precipitar la nave en los abismos. Pero el hábil mareante, Morazán inmortal, no se puso de rodillas, y repitió: "mar afuera, centroamericanos, desafiemos la tempestad"; y las iras" del borrascoso mar fueron domeñadas, y se sucedieron grandes calmas, y bajo el iris de alianza, dibujado en límpido cielo, brilló serena, una, respetable la Patria

Centroamericana. Morazán ha muerto... Pero aún repercute su grito inmortal en los corazones de los buenos centroamericanos. Y si la tempestad viniese, que nuestro grito y nuestra maniobra sean: "mar afuera, mar afuera, centroamericanos"; y evitaremos las sirtes del puerto, y domeñaremos la desencadenada tempestad, y salvaremos nuestra Patria, nuestra amada República Centroamericana.

Si la unión se hace, si la unión se realiza, no podrán ser frustráneos, no podrán ser vanos los esfuerzos que se empleen en sostenerla, en darle perdurable vida. Diez años se mantuvo, por el genio de Morazán, la dificilísima unión federal, cuando el espíritu de la Colonia estaba vivo y robusto; cuando la fe en los principios de antaño dominaba; cuando eran casi nulas las rentas de Centro América, casi nulas las vías de comunicación; cuando el vapor y el telégrafo no obraban entre nosotros sus maravillas; cuando las luces de la ciencia sólo alumbraban a un pequeño círculo; cuando las enseñanzas de la experiencia, los desengaños, no habían dado sus amargas, pero saludables e imperecederas lecciones; y con todo, y a pesar de todo, bajo la influencia del Bolívar hondureño, la combatida unión vivió diez años. Y si hoy la unión se hiciera, bajo cualquiera influencia, puesto que nosotros lo cedemos todo, todo, menos nuestra idea nacionalista; si la unión se realizara, con tantos y tantos elementos materiales y morales, como pueden agruparse hoy en Centro América: ¿podría faltar consistencia a la unión centroamericana? ¿Podría ser vano el esfuerzo en sostenerla? Hombres amigos de la reforma y de la libertad, parad mientes en esta idea: la reacción separatista se ríe de vosotros, y con razón. Sabe que las cinco Repúblicas son las pobres, las infelices Danaides, condenadas en el Tártaro a llenar de agua cinco toneles sin fondo: sabe que por el fraccionamiento ella es el Aquiles de la fábula, que sólo tienen un punto vulnerable, punto que vosotros no herís. Progresistas, liberales de Centro América: reconstruid la Patria, poned fondo a los toneles de las míseras Danaides, y que termine su martirio; herid, herid el talón del Aquiles reaccionario, y su organismo morirá para siempre, por falta de asilo, por falta de atmósfera respirable; y sobre su cadáver, sobre sus ruinas, se levantará, indestructible, de la Patria el templo inmortal.

Generación de nuestros días: levantad ese templo, y en sus aras que resplandezca el espíritu nacionalista, que vivifique vuestros votos. La generación de fines del pasado siglo al 21, operó la independencia centroamericana: la generación del 21 al 42, luchó con heroísmo, y sucumbió noblemente en defensa de la unidad federal de Centro América. Generación de nuestros días: notad los prodigios. de vuestro siglo: los sacratísimos recuerdos, la adoración al arte clásico, el arte divino de los helenos, han hecho la independencia de la patria de Homero, de Grecia. El espíritu humanitario, la abnegación de Lincoln, han salvado la unidad norteamericana, y ha borrado la mancha horrible de la esclavitud de los negros.

La entereza republicana de Juárez, el indio sublime, ha hecho imposibles las monarquías en América. La fe de Mazzini y Garibaldi, y los esfuerzos de la diplomacia de Cavour, han hecho la unidad italiana. El arte de la política y el arte de la guerra, combinados por Bismarck y Moltke, han hecho la unidad alemana. Los talentos y la prudencia de Thiers y de Gambetta, han realizado la República en Francia. Los progresos de la astronomía han ensanchado los cielos, y multiplicado los mundos. Los descubrimientos de la física han convertido el vapor en dócil agente de la industria y del comercio, y la electricidad en maravillosa, divina mensajera del pensamiento. Y la química, por sus procedimientos que casi parecen sobrenaturales, galvaniza los cadáveres. Generación de nuestros días: que deje de ser un gran cadáver Centro América: recibid el poderoso aliento de vuestro siglo; cumplid vuestro destino histórico; haced vuestro milagro; que por vuestra fe, que por vuestra abnegación sin límites, bajo la forma unitaria, resucite espléndida y gloriosa la Patria Centroamericana!

CONSIDERACIONES GENERALES SOBRE LA INDEPENDENCIA DE CENTRO AMÉRICA

Como Cristóbal Colón al poner su planta en la isla de Guanahaní el 12 de octubre de 1492, descubrió y aseguró un nuevo mundo en beneficio de los reyes absolutos de España, así los americanos del Norte al tomar perfecta posesión de sus derechos en el día siempre memorable del 4 de julio de 1776, descubrieron y aseguraron en beneficio de los pueblos un nuevo mundo moral de ideas, de principios, de instituciones. Al grande hecho del descubrimiento de América siguieron las heroicas conquistas con que los Hernán Cortés, los Pizarro, los Balboa y los Alvarado aumentaron los vastos dominios de la España: al gran derecho de independencia proclamado por los padres de la Federación Americana, siguieron en el orden político las fecundas revoluciones de emancipación con que los Bolívar, los Hidalgos, los Morelos, los San Martín, los Sucre, los O'Higgins y los Belgrano, aumentaron para bien de la humanidad el número de pueblos independientes, bajo el régimen de la República, que es el régimen de la verdadera libertad.

Un hecho consumado engendra siempre una serie de hechos: un derecho proclamado engendra siempre una serie de derechos. El hecho del descubrimiento de América trajo los hechos de la conquista; y el derecho revelado en Norte América trajo las luchas legítimas llevadas a cabo para la emancipación de los demás pueblos americanos. Presiden lógicas e inflexibles leyes a la realización y desarrollo de todos los acontecimientos que marcan, por decirlo así, los pasos de retrogradación o de progreso de los individuos y de las sociedades.

Las enunciadas leyes que desde la famosa acta de 4 de julio de 1776, señalaron el comienzo de un nuevo período histórico en América, no pudieron menos de ejercer su inevitable influencia en Centro América que dominada por la opresión, por los engaños y los intereses halagos de los peninsulares permanecía como en profundo letargo en medio del Continente y en medio de la gran conflagración revolucionaria de que fueron teatro desde al año de 1810 los pueblos colonizados por España del Norte y Sur de América.

Más el ruido de los extraordinarios acontecimientos del siglo empezó a despertar a Centro América. En los años de 1811 y 1812 ocurrieron en San Salvador y en Granada, pronunciamientos revolucionarios en pro de la independencia. Mal iniciados y peor concertados, fueron bien pronto reprimidos por las autoridades coloniales que usaron del más duro tratamiento para con los independientes que malograron su empresa. No obstante, aquellos sucesos, las conjuraciones de Betlen en Guatemala, el ejemplo de los Estados Unidos, la influencia magnética de las ideas de la revolución francesa, la situación creada en España en 1820 con motivo de las reformas hechas por las cortes, y los sucesos verificados en México y en la provincia de Chiapas, todas estas circunstancias favorecidas por el carácter débil y tornadizo del capitán general Gabino Gaínza, dieron margen a que se formase el gran partido de los independientes, a que externase sus opiniones en favor de su causa, y a que por fin en el día 15 de Septiembre de 1821 se celebrase entre las aclamaciones del pueblo, en el Palacio de los Capitanes Generales, el acta inmortal en que se proclamó la independencia del antiguo Reino de Guatemala,

Todas las personas importantes de la Metrópoli de la Capitanía General concurrieron a realizar el acto solemne y trascendental de nuestra emancipación política; pero no todas fueron guiadas por iguales móviles ni alentadas por las mismas inspiraciones: unas consumaron la independencia para convertirla en provecho de los pueblos y con una fe sincera en las instituciones de la República que se proponían establecer para dar seguro goce del derecho a todos los ciudadanos, otras proclamaron la independencia cediendo a las circunstancias del momento y para convertirla en provecho de una clase social creando un régimen político análogo al de los tiempos coloniales. De esta diversidad de propósitos y de ideas surgieron al nacer la patria dos partidos políticos: el de los liberales y el de los conservadores; el uno apegado al espíritu de democracia y de reforma, el otro apegado a los intereses creados y a las tradiciones coloniales. La historia de los proyectos, de los trabajos, de las luchas, de las virtudes, de los crímenes y de los errores de estos partidos, constituye el fondo de la historia política de Centro América.

El día 28 de Septiembre de 1821 llegaron a Comayagua los pliegos del Gobierno provisional de Guatemala en que se comunicaba al Intendente de la Provincia, brigadier don José Tinoco de Contreras la proclamación de la independencia. Igual comunicación llegó al

Ayuntamiento de la Villa de Tegucigalpa, por la mañana del día 29 del mismo mes, en ocasión que el Ayuntamiento con el vecindario se disponía a asistir a la misa Solemne que iba a celebrarse en la Iglesia Parroquial en honor de San Miguel, Patrono de Tegucigalpa. Muy distinta acogida tuvo en Comayagua y en Tegucigalpa la nueva de la independencia.

Comayagua influenciada por Tinoco, que era español, y por su junta provincial que gustaba de los intereses tradicionales, optó porque la Provincia se uniese a México: Tegucigalpa, que ha sido el pueblo de los hombres de entusiasmo y de ideas levantadas, optó, con mucha razón por unirse a Guatemala, secundando el plan político derivado del acta de independencia del 15 de Septiembre. El pueblo de Tegucigalpa en aquella sazón, lleno de fe y con transportes de alegría, hizo suya la causa de Guatemala, que era por entonces la causa favorable a los legítimos intereses de las Provincias de Centro América.

Después de haberse celebrado el acta fatal de 5 de enero de 1822 por lo que los conservadores de Guatemala entregaron el país al imperio de Iturbide; después de haber recibido heroicamente el pueblo de El Salvador a ese atentado fecundo en males y en mil gérmenes de desgracias políticas; después de haberse verificado la expedición del Brigadier Mexicano don Vicente Filísola que con seiscientos soldados vino a sofocar los esfuerzos de los independientes y a constituirse en Centro América en calidad de primer Representante de Agustín 10; después de haber probado aun los mismos conservadores todas las amarguras que hace sentir una dominación extranjera, sostenida por una soldadesca orgullosa y desenfrenada; después de haberse consumado por la ambición el crimen que dio muerte a la patria, que engendró los primeros odios de Guatemala y El Salvador, que ahondó las divisiones de Comayagua y Tegucigalpa, preparadas por el anexionista Tinoco y las divisiones más profundas todavía de León y Granada, preparadas y fomentadas por el reaccionario teniente coronel González Saravia; después de tantos y tan dolorosos acontecimientos, ocurrió el pronunciamiento de Casa Mata que dio en tierra con el imperio de Iturbide, que destruyó la base del poder de Filísola y que por fin en conformidad con los deseos y trabajos de don José del Valle, de don Juan Mayorga, de don José Francisco Barrundia, de don Manuel José Arce y de los demás patriotas y de los pueblos sojuzgados, dejó a Centro América en capacidad de constituirse y regirse como nación soberana e independiente.

El vergonzoso atentado de que fue víctima la patria fue infructuoso para las pretensiones egoístas de los conservadores, pero no lo ha sido con respecto a los profundos males que de él se han derivado y que aun experimenta sus efectos la generación presente. Efusión de sangre, aniquilamiento de propiedades y capitales, descrédito en el interior y en el exterior, arraigadas desconfianzas entre los hombres públicos, enconados odios y porfiadas rivalidades entre los pueblos, tales fueron los funestos resultados de la anexión al imperio mexicano, resultados que influyeron de manera decisiva en la adopción de inoportunas instituciones para Centro América, y en la consiguiente desorganización y ruina de este hermoso país que habría marchado por vías regulares y asegurado en mucha parte los intereses del orden y de la libertad a no haber mediado los sucesos de 1822 que perturbaron los ánimos, que desviaron el buen sentido nacional y que dieron a la política el pésimo y disolvente criterio de la prevención. de la desconfianza y de las pasiones exaltadas e irreconciliables. Para quien estudia filosófica e imparcialmente la historia política de Centro América, la pequeña batalla librada en la hacienda del Espinal, que fue primera en que los independientes salvadoreños mandados por el general Arce lucharon con los guatemaltecos que sostenían el imperio, bajo el gobierno del capitán general Gaínza, señala el tristísimo comienzo de la guerra civil, de las luchas fratricidas que andando el tiempo habían de dejarnos sin patria.

Destruido el imperio de México y rota por lo mismo la anexión de Centro América, el capitán general don Vicente Filísola comprendió que su situación era insostenible y procediendo con una habilidad política, que le hace honor, no obstante halagarlo con el mando los conservadores, el 29 de Marzo de 1823 convocó extraordinariamente a la Diputación Provincial, le expuso con franqueza el estado de anarquía en que estaba México y que para salvar de ella a Guatemala le presentaba como único árbitro el decreto de convocatoria para la reunión de un Congreso en la Capital conforme al plan de 15 de Septiembre. Así se obtuvo después de aciagos diez y ocho meses de dominación extranjera el recobro de la independencia y del régimen legal de Centro América conmovida entonces a causa de las maquinaciones reaccionarias de Saravia y de grandes disturbios en Nicaragua y Costa Rica. El Decreto de Convocatoria fue acogido en las provincias con verdadero entusiasmo; las elecciones se practicaron y el descrédito de los conservadores anexionistas hizo que los liberales independientes obtuvieran un completo triunfo. Entretanto se reunía el Congreso que debía instalarse el 1o. de julio de 1823, una comisión formada de los exdiputados a las Cortes de España y de México preparaba los trabajos que debían ser objeto de las deliberaciones y resoluciones de la Representación Nacional.

El día 24 de junio se instaló solemnemente la Asamblea Nacional Constituyente con cuarenta y un representantes cuya mayoría era de los hombres más notables de Centro América. Abrió sus sesiones el 29 del mismo mes y empezó por tomar en consideración el Acta del 5 de enero de 1822 y por declarar en su memorable decreto del 1o. de Julio de 1823 que las Provincias de que se componía el reino de Guatemala eran libres e independientes de la Antigua España, de México y de cualquiera otra potencia, así del antiguo como del nuevo y que no eran ni debían ser el patrimonio de persona ni familia alguna. En el mismo decreto primero que las indicadas Provincias tuviesen la denominación de Provincias Unidas del Centro de América.

La Asamblea se ocupó después en constituir el Poder Ejecutivo de la Nación y nombró para que lo ejercieran a don Manuel José Arce, don Pedro Molina y don Juan Vicente Villa Corta. Por ausencia del primero y renuncia de su sustituto el Canónigo doctor don Antonio Larrazábal, formó parte del Ejecutivo don Antonio Rivera Cabezas. A poco tiempo por renuncia de los nombrados se hizo una segunda elección que recayó en Valle, O'Horan, y Arce, quien después por rivalidades con Valle se separó del poder siendo sustituido por don José Manuel de la Zerda, sujeto muy estimable por su carácter moderado y por su sincero patriotismo.

El Poder Ejecutivo se ocupó activamente en pacificar a la Provincia de Nicaragua presa de la más desenfrenada anarquía. Conseguido este importante resultado después de varios y dilatados esfuerzos, la Nación entera entró en pleno goce de la paz, no obstante algunas conmociones en Comayagua que no tuvieron sensibles consecuencias y que desaparecieron por completo tan pronto como dejó el mando de la Provincia don Juan Lindo quien había sucedido al Brigadier Tinoco y sido uno de los sostenedores más ardientes de la anexión de Centro América a México.

Mal puede juzgarse la vida pública de Morazán relacionada con los principales acontecimientos de la Historia de Centro América sin formar reflexivo juicio sobre la organización política que dio al antiguo Reino de Guatemala la Constitución Federal. La Asamblea constituyente que aseguró en definitiva nuestra independencia, que proclamó y garantizó los derechos del hombre, que destruyó de un solo golpe la esclavitud, que abolió los derechos de quinto sobre el oro y la plata, que con estas y otras medidas se anticipó a otras repúblicas del Continente en hacer reformas que honran a la humanidad y a la civilización; que de todo en todo se puso a la altura de las ideas más progresivas del siglo, la Asamblea que tan grandes cosas hizo y que por ello es acreedora al reconocimiento y al aplauso de la posteridad, emitió por fin el 22 de Noviembre de 1824, después de libres, porfiados y ruidosos debates parlamentarios, la Constitución de la República Federal de Centro América. Puso así remate a su obra importantísima de creación y de organización, obra que conceptuó durable y benéfica y que a su juicio fue trabajada y acabada para asegurar la firme alianza del orden y de la libertad en el centro de América.

Nobles aspiraciones determinaron al Partido Liberal a adoptar en la Constitución del año de 24 el sistema federal, a virtud del cual se crearon los Estados de Guatemala, El Salvador, Honduras, Nicaragua y Costa Rica, independiente en su gobierno interior y sujetos a un gobierno general en lo relativo a los intereses comunes de la Nación. El Partido Conservador, a quien en este punto, como en otros muchos, no se ha hecho la debida justicia, se declaró en favor del centralismo, del gobierno de la República Unitaria. El Partido Conservador aunque egoísta, aunque apegado a tradicionales intereses y privilegios, ha dado en muchas ocasiones pruebas de tener un buen sentido práctico. Así lo demostró en la época en que se organizaba Centro América abogando ardientemente en pro del régimen unitario. Vana fue su oposición, vanos sus razonamientos concluyentes.

Los malhadados sucesos de la anexión al imperio habían creado profundas desconfianzas y acerbas rivalidades entre Guatemala y El Salvador de las que participaban las demás Provincias. Se temía la preponderancia que tomaría Guatemala bajo un gobierno central y en esto se veía un gran peligro para los provincianos y para las instituciones democráticas. Los liberales difundiendo estas ideas hijas del celo, o del resentimiento, o de una previsión irreflexiva, dieron vigoroso cuerpo a las opiniones federales en las Provincias; de suerte que, cuando se discutía el Proyecto de ley fundamental, la Federación, si se quiere existía de hecho en Centro América. Dadas estas circunstancias y la influencia que los liberales tenían en los pueblos, debida en gran parte al descrédito de los partidarios de la anexión a México no pudo menos de tenerse como resultado la emisión de una Constitución Federal que tuvo que aceptar resignada, pero no convencida la fracción de los conservadores.

La adopción del sistema federativo fue un error capital. El antiguo reino de Guatemala era uno y la Federación vino a romper artificialmente esta unidad que contaba con la sanción de tres siglos. Las condiciones morales, políticas y económicas de los colonos de ayer, se oponían a la Federación.

El sistema federal es el más difícil de practicarse, y el que requiere mayor educación moral en los pueblos. Los pueblos de Centro América, si bien amantes de la independencia, no habían arrojado ni en pequeña parte el enorme peso de las preocupaciones y viciadas costumbres que les diera el gobierno secular de la colonia. La lucha y el sufrimiento no habían dado a nuestros pueblos como fruto bendito del dolor grandes virtudes públicas. La independencia se obtuvo sin grandes sacrificios y mal podía amarse como un derecho conquistado a fuerza de lágrimas y sangre cuando la emancipación se operó en el seno de la paz y de la tranquilidad. Además, no habiendo un enemigo común a quien combatir, los pueblos centroamericanos no sintieron la necesidad de estar unidos para sostener una sola causa. Si el poder colonial autoritario, al desaparecer dejó rotos los lazos que unieran a las Provincias, los hombres de la independencia liberales o conservadores, debieron reanudar aquellos lazos sobre la base de nuestra antigua constitución social para constituir una nación estable por su unidad y sus instituciones.

Los vínculos morales, sociales y económicos, parecen cosa superficial para los hombres poco reflexivos; pero esos vínculos son la realidad viviente, a despecho de quienes los desconocen. Los anteceden- tes históricos y tradicionales no pueden desconocerse impune- mente ni pueden desviarse sus resultados por los decretos de los hombres sino por las leyes de la naturaleza. El carácter moral y social de los centroamericanos exigía la unidad política sobre la base de la Historia y de las tradiciones, y de la educación de nuestros pueblos: los hombres predominantes en lo político quisieron lo contrario: quisieron sin ser empresarios previsores de grandes y suficientes recursos cambiar de curso a un gran río: abrieron zanjas, las aguas se dividieron, el gran río perdió su majestuosa corriente y las aguas están esparcidas por doquiera y producen pantanos deletéreos y por ninguna parte hay fondo por donde pueda pasar gallarda y rica en frutos la nave de la República y de la libertad.

La población de Centro América al tiempo de emitirse su ley fundamental se calculaba como sigue:

Guatemala......670.580 hs.
El Salvador......212.573 hs.
Nicaragua........207.269 hs.
Honduras.........137.069 hs.
Costa Rica........70.000 hs.

TOTAL habitantes: 1.297,491

Esta población, diseminada en un área de tierra de 26.152 leguas se componía en su mayor parte de indios y negros sin ninguna cultura intelectual y muy poco productores. Para tan pequeña población situada en un vasto territorio, separados sus pequeños grupos por grandes distancias y entorpecidas sus relaciones por pésimas vías de comunicación, no fue oportuno, no fue racional establecer cinco gobierno locales y un gobierno general. Si el gobierno de la Capitanía General pudo ser efectivo, no sin grandes dificultades, durante tres siglos, fue debido al vigor de un régimen unitario y a la acción constante del principio de autoridad. Consumada la independencia, si bien debieron adoptarse, como si adoptaron, distintos y aun contrarios fines políticos, no debieron desconocerse, dadas las condiciones de la población y del territorio; los principios administrativos de una perfecta unidad de régimen y de una acción gobernadora que impidiese la ruptura o la disolución política de los pequeños grupos de la población de Centro América, grupos desposeídos de educación republicana, y sin grandes intereses creados, únicos elementos que en falta de un buen gobierno podían haber salvado la unidad nacional.

Por lo que respecta a recursos, punto capitalista en materia de gobierno, tampoco había medio para sostener un gobierno federativo. El monto total de las rentas del último período del régimen colonial ascendió a seiscientos treinta y seis mil ochocientos veinte y seis pesos. Desde el año de 21 el tesoro nacional vino a menos, y su situación fue verdaderamente ruinosa durante la anexión al imperio mexicano que costó grandes sacrificios y que consumió por completo el fondo de cuatrocientos mil pesos de la casa de moneda. El presupuesto de la Federación en los primeros años fue de No. 878.576 (pesos) y las rentas la de la alcabala Marítima producía No. 500.000; la de tabaco No. 200.000; la de pólvora No. 15.000; y la de correos No. 10.000; esto es No. 725.000, suma que aunque hubiera sido producto de entradas no eventuales no podía cubrir el presupuesto expresado de los gastos generales.

Los Estados tenían las rentas de aguardiente, de alcabala interior, de papel sellado y de otros ramos insignificantes, y sus productos, con excepción a veces del Estado de Guatemala, no alcanzaban a satisfacer ni aún los gastos ordinarios de la administración. La hacienda es la base del gobierno; y de la mala situación rentística de los Estados y del gobierno general debían provenir, como provinieron la debilidad de todos, cuestiones de competencias con motivo de administración y de inversión de fondos que bien pronto se convertían en cuestiones políticas, y lo que es peor empréstitos internos y exteriores que sin recursos para amortizarlos produjeron el descontento de la naciente república necesitada de rentas y de crédito para cimentar el orden y llevar a práctica urgentes obras de progreso material y moral.

No obstante, ese estado de cosas y esos resultados que eran de esperarse, se adoptó el régimen federal, falto de base en materia de recursos, en todo sentido, antieconómico, dispendioso y radicalmente opuesto a un buen arreglo rentístico que garantizase la estabilidad del poder público que hubiese de provecho sus labores administrativas, que favoreciese la comunicación material y la educación intelectual de los pueblos, y que contribuyese, en suma al bienestar y progreso de la nación.

Pero el resultado que era más fácil de preverse y que ha sido más fecundo en males era el aparecimiento del caudillaje. Un solo gobierno respetable por su unidad de acción y por sus elementos habría, sino destruido, dominado las oposiciones de los ambiciosos y de las facciones. Más un gobierno general con limitadísimas atribuciones, con un poder insignificante, algunas veces tan ilusorio como ridículo, sin un palmo de tierra siquiera que le sirviese de Distrito; y cinco gobiernos independientes en cinco Estados pobres, poblados en su mayor parte por pequeños y distantes grupos de masas sin educación intelectual y política; tal arreglo era el más idóneo para crear por doquiera pandillas con la denominación de partidos, alentados por la debilidad del poder público y por las sugestiones y rebeliones de osados caudillos que pululan y se atreven a todo en los países en donde predomina la ignorancia de las mayorías, sin el contrapeso de una autoridad bien constituida y respetable por sus medios de acción. El caudillaje que desde fecha remota ha sido el azote de Centro América, el agente que ha sacado a la vergüenza pública, fue el que dio en tierra con el gobierno federal, fue el que hizo frustráneos los esfuerzos y sacrificios de Morazán y el que por fin produjo la disolución y la ruina de la República Centro americana.

Si el partido liberal en los años de 23 y 24 hubiera sido no exaltado y si reflexivo, no idealista y sí práctico, no inflexible y sí transigente, le habría hecho opinión en las Provincias a la causa centralista, habría atenuado o anulado los rencores y prevenciones de provincianos, habría dado en la justa satisfacción a las ideas de los conservadores y habría hecho sobre la base de nuestra Constitución social, una constitución política firme, sostenible y practicable, apta para afirmar los intereses del orden y del progreso y para garantizar los intereses de la democracia y de la libertad. Cierto es que no podía confiarse en la buena fe de los conservadores que entregaran la patria al imperio de Iturbide: cierto es que Guatemala habría tenido preponderancia en un gobierno unitario; pero estas desconfianzas y estos celos habrían sido cosa baladí si los liberales hubieran reflexionado que siendo dueños en aquella época de constituir y representar el poder público, de poco o nada habrían valido las arterias, maquinaciones y trabajos del bando contrario adverso a la reforma de las instituciones y al planteamiento de los verdaderos principios de la República; si además hubieran reflexionado sobre que la preponderancia de Guatemala era un hecho proveniente de su mayor suma de población, de ilustración, de industria, de comercio; y de riqueza, y que este hecho común en todos tiempos y lugares, con federación, o sin ella, había de dar mayor influencia y poder a Guatemala con respecto a la dirección y arreglo de los negocios políticos de Centro América. Reconocer este hecho, aceptarlo y aprovecharlo en el sentido de asegurar el éxito de las instituciones liberales y de constituir para ello un gobierno respetable por sus elementos, estable y benéfico, tal debió ser la política de los constituyentes del 24, política salvadora que habría hecho imposible la disolución de nuestros pueblos, que hoy sería aplaudida con legítimo entusiasmo, que tendría la sanción de la historia y más tarde todas las bendiciones de la posteridad.

A pesar de una juiciosa política y de la adopción de un régimen unitario, habría habido, sin duda alguna perturbaciones en Centro América, puesto que habiéndose emancipado sin grandes sufrimientos y luchas que desvirtuasen la colonia, estaban muy vivos y robustos los elementos coloniales resistentes a los progresos y a las conquistas de la República. Pero el partido conservador que entrañaba la fuerza de esos elementos habría sido impotente para luchar con ventaja contra un solo gobierno lleno de vigor, de influencia y de poder y prestigiado por una causa simpática al sentimiento de los pueblos. Las reacciones liberticidas habrían acabado por ser dominadas, y Centro América no habría sido presa de la guerra civil, ni sido en lo político como hasta hoy, un país inconstituido, en que todo depende de situaciones personales, que acaban con los caudillos que los representan en vez de ser un país regularizado en que todo depende de la aplicación natural y pacífica de las instituciones.

Cuando se escriba imparcialmente la historia de Centro América sin otro móvil que el deber y sin otro fin que la verdad, seguro estoy de que se hará un justo elogio por sus elevadas y generosas ideas a don José Francisco Barrundia, don Pedro Molina, doctor don Mariano Gálvez y profesor don Matías Delgado que fueron los principales autores de la constitución federal del 24; pero también estoy seguro de que será juzgada su obra como uno de los orígenes de la desorganización y de las desgracias de Centro América. La historia dirá que el Partido Liberal de aquella época, aunque abundando en nobles deseos, careció de buen sentido; que no supo aprovechar su ventajosa posición; que no supo prever las consecuencia de su obra que bien pronto debía sepultarlos bajo sus ruinas; y que esos errores y esas imprevisiones han dado a los Centroamericanos como legado funesto, resultado contrarios al pensamiento de los patriotas que, intransigentes, absolutistas en su idealismo, quisieron labrar por la virtud de las instituciones exóticas la felicidad y el buen nombre de Centro América.

CONCIENCIA DEL PASADO

Discurso pronunciado el 27 de agosto de 1880 la inauguración del Archivo Nacional.

Señores:

Brillante asociación de ideas la que sugieren los grandes acontecimientos que celebra el patriotismo en esta hora afortunada. Se inaugura el Archivo Nacional: Honduras recobra la memoria de su pasado, salva las dispersas páginas de su Historia. Se promulgan los nuevos Códigos: Honduras acaba de emanciparse de las últimas instituciones del coloniaje, consuma su absoluta independencia. Se abre la primera Biblioteca Pública; Honduras entra de lleno en las espaciosas vías del porvenir, reservado al libro, a la ciencia. ¡Y tales acontecimientos se realizan, y tales ideas se agrupan y se asocian en el ánimo, como providencial cumplimiento de aquellas consoladoras profecías de paz y bienandanza que hace cuatro años reveló el patriotismo a orillas del Golfo de Fonseca, no tan profundo y salobre como profundas y amargas eran entonces las desventuras de la Patria!

El archivo es la memoria de las naciones, y forma, por decirlo así, la urdimbre de su historia. Suprimid los archivos, y los pueblos carecerán de la conciencia del pasado. A la manera de los individuos que, por una desgracia perturbación, pierden la vida de los recuerdos; los pueblos sin archivos pierden el recuerdo de sus trabajos, de sus esfuerzos por el bien; de sus ideas, de sus actos, de sus triunfos; de sus dolores, de sus desalientos e infortunios; de sus propósitos, de sus aspiraciones, de sus ideales; y en suma, de las grandes enseñanzas que lega siempre el pasado, recogido en el archivo y resplandeciente en las páginas de su historia.

Un pueblo sin archivo, sin historia, sin tradiciones, no puede tener un carácter que lo distinga, que lo haga representar un papel honroso en las magníficas evoluciones del progreso. Esta es una verdad palmaria. Alemania es tan pensadora y brilla tanto en el mundo, porque conserva en sus archivos, en su historia, los escritos de sus sabios, de sus estadistas y sus poetas, semilleros luminosos que producen siempre los óptimos frutos de la ciencia. Francia es tan ilustre, tan republicana, tan expansiva, tan redentora, porque guarda en sus archivos, en su historia, los trabajos de sus revolucionarios, de sus reformadores, de sus propagandistas, que desde fines del siglo pasado hasta nuestros días la han alentado para que realice su ideal: la República. España, aunque desgraciada, es tan heroica, tan indómita, porque guarda en sus archivos y en sus tradiciones la historia de sus famosas conquistas y el recuerdo de las nobles proezas de sus esforzados hijos en pro de la independencia de la patria. Italia es tan dulce, tan poética, tan delicada artista, porque guarda en sus monumentos, en sus archivos y en sus tradiciones populares los divinos arquetipos de la inspiración y del arte. Y la Confederación norteamericana es tan independiente, tan fuerte, tan libre y feliz, es el santuario donde tienen su culto todas las libertades modernas, porque conserva en sus archivos, en su historia, las inmortales enseñanzas de los próceres de su independencia, y porque tiene grabado el indeleble recuerdo de las virtudes, de aquellos puritanos que, pobres, perseguidos, dejaron la vieja Europa y atravesaron las inmensas soledades del océano por salvar la libertad de su conciencia, por levantarle un templo en las selvas vírgenes del Nuevo Mundo.

No se extrañe, pues, que este país joven, cuyos archivos fueron arrojados al viento o entregados a las llamas por la mano sacrílega de nuestras desatentadas revoluciones; no se extrañe, digo, que este país haya estado a punto de perder hasta el último rasgo de su carácter nacional; pues no ha tenido historia, no ha tenido tradiciones, no ha tenido saludables enseñanzas que sostengan y alienten a sus hijos en sus dolorosa peregrinación en pos de la República y de la libertad. Por fortuna, el imperio del mal no puede ser eterno; y hoy, después de trabajos y esfuerzos sin número, se han reunido los documentos que, desde los tiempos del coloniaje hasta nuestros días, contienen los preciosos materiales de nuestra historia; y he aquí que, para honra y bien de la patria, se inaugura el Archivo Nacional.

Cuando el archivo registrado y estudiado por nuestra juventud, y explotado por la crítica de la Historia, revele al pueblo hondureño todos los sufrimientos, todos los supremos dolores, todos los cruentos sacrificios que impuso a Honduras la defensa de la causa de la unidad nacional; cuando le patentice las amargas penas, los crueles infortunios y las horribles deshonras que ha causado a Honduras el régimen separatista; entonces, señores, ¿sabéis lo que sucederá? El pueblo hondureño recordará que es el pueblo glorioso de las jornadas legendarias de La Trinidad y de Gualcho; recordará que es el pueblo de las sangrientas hecatombes de los aciagos tiempos de Ferrera; que es el pueblo martirizado por el caudillaje, odioso engendro del régimen separatista; y comprenderá que no merece, no, tan adversa suerte; y se levantará erguido, e iluminará su espíritu con el pensamiento del sabio Valle, y armará su brazo con la espada del inmortal Morazán, para cumplir su destino histórico, como batallador infatigable por la unidad centroamericana, ideal querido, que ha de realizarse, como solución de todos nuestros problemas, como asidero salvador de nuestra nacionalidad, que es nuestra vida, nuestra honra.

Pero los pueblos no viven tan sólo de recuerdos; necesitan de instituciones que regulen su vida presente. Mas, desgracia nuestra ha sido que, en más de medio siglo que lleva de existencia la República, haya guardado en su seno, como un cáncer, la legislación civil, penal, comercial y militar de la España monárquica y absolutista. ¡Cuando he visto a nuestros letrados, a nuestros maestros, a nuestros tribunales, hacer estribar su ciencia en las Siete Partidas, en la Nueva Recopilación, y en las glosas de la Curia Filípica, lleno de desaliento y de tristeza, me ha parecido estar fuera del siglo XIX, fuera de la República; me ha parecido vivir en pleno siglo XVI, en pleno siglo de conquista; me ha parecido ver a los oidores de la Audiencia de los Confines, con sus prolongadas calvicies, con su frente ceñuda, con su mirada escrutadora, ávida de oro, y con sus togas que simbolizaban, no la justicia del magistrado, sino la arbitrariedad despótica del conquistador; me ha parecido ver a los alcaldes mayores con sus zapatos ornados de hebillas de plata, con sus finas medias de seda, con sus pantalones cortos, con sus capas blancas, y sus sombreros de anchas alas, proyectando mucha sombra, débil remedo de la inmensa sombra que proyectaba su administración absolutista; me ha parecido ver a los criollos sumidos en la indolencia, en la ignorancia, tristes, cabizbajos, sintiendo el peso de su postergación política y social; me ha parecido oír en las baldosas de los pavimientos de los claustros conventuales, el sonido de la sandalia del perezoso fraile; me ha parecido oír el lamento del esclavo en la cavernosa mina, y el grito del indio en la picota infame; y me ha parecido oír, al través del mugidor océano, y de nuestros inmensos pinares, la voz de mando, imperiosa, absoluta, del orgulloso Carlos V y del sombrío Felipe II, de aquellos coronados, semidivinos carceleros de la pobre, de la infeliz América!

Hoy he despertado de esos sueños aterradores que me sumían en la pavorosa noche del pasado colonial; y es porque nuestras nuevas instituciones ya no organizan nuestras familias bajo un sistema romano feudal; ya no reconocen delitos imaginarios, inventados por la ignorancia de la Edad Media; ya no previenen la aplicación de penas bárbaras o arbitrarias; ya no restringen la explotación de nuestras minas repeliendo al inmigrante, al extranjero; ya no coartan la libertad de comercio, con restricciones atentatorias a las garantías del capital y del crédito. Señores: cuando los monárquicos ven morir a su rey, exclaman: "¡El rey ha muerto, viva el rey!", y yo, como republicano, hoy que el trueno del cañón saludó la promulgación de nuestros Códigos, inspirados en la justicia y en la ciencia moderna, no puedo menos de exclamar: ¡La Colonia ha muerto!... ¡Viva la República!

Como si no bastasen los espléndidos triunfos del progreso a que me he referido, tenemos ante nuestros ojos una mejora, un progreso más: la apertura de nuestra Biblioteca Nacional. Ese modesto establecimiento encierra las más grandes promesas del porvenir; y esas promesas. serán cumplidas porque nunca se pierden los destinos históricos; y si no, notad su inflexible cumplimiento: el siglo XV fue el siglo del Renacimiento en el arte y de los descubrimientos en América; el siglo XVI fue el siglo de la Reforma de la emancipación de la conciencia; el siglo XVII fue el siglo de la Filosofía, de la reacción contra el aristotelismo. El siglo XVIII fue el siglo de la Crítica y de la restauración del humano derecho; y el siglo XIX, este gran siglo, es el siglo de la Ciencia positiva, de la Ciencia que sustituye la razón al dogma, el saber a la fe que no sabe; de la Ciencia positiva que eleva al hombre a sus altísimos destinos, y que revela la naturaleza con todos los esplendores de su magnificencia.

Y ¿sabéis cuál es el templo donde el hombre se eleva más, y donde brilla con mayor esplendidez la idea de su inmortal espíritu? Ese templo es la Biblioteca que, en lo porvenir, encerrará el pontificado de los sabios, único poder espiritual que dominará sobre las conciencias. ¡Qué magnífico templo, señores! ¡Qué recogimiento inspira! En él se estudian y se sienten las divinas armonías del arte, mil veces más dulces que las místicas notas del órgano, y mil veces más inspiradoras de la idea de lo eterno; en él se estudian y contemplan los reinos de la naturaleza, más variados y hermosos que los grandes ramilletes de múltiples y perfumadas flores que embellecen los altares de las vírgenes; en él se estudian los mundos luminosos que recorren la inmensidad de los espacios, mundos que levantan la mirada del alma a regiones más altas que las que se divisan a través de las ojivas y de las elevadas cúpulas de las catedrales góticas; en él hay luz más pura y esplendente que la vívida luz que despiden las lámparas de los santuarios; en él se exhala el aliento del espíritu, y sube al infinito con más presteza que las nubes de oloroso incienso, que nacen del incensario para perderse en la atmósfera azulada; en él se ostenta el hombre con toda su dignidad y su poder, y se glorifica a la naturaleza con la religión del porvenir, con la santa religión del espíritu ilustrado, con la noble, con la inmaculada fe de la ciencia.

Cuando la Historia, que es el más augusto tribunal donde se juzgan los hombres y los pueblos, pida a este pueblo estrecha cuenta de sus actos, y se le presenten en su abono el costoso establecimiento de nuestro Archivo, el dificilísimo planteamiento de nuestra nueva Legislación, y la hermosa creación de nuestra Biblioteca Nacional; cuando la Historia, al juzgar a esta generación, condene sus errores, tendrá en cuenta los señalados progresos que hoy celebramos, y la imparcial Historia, por la virtud de esos grandes progresos, declarará a este noble pueblo hondureño, pueblo digno de su siglo, y confirmará el voto del sentimiento público, llamando al 27 de agosto, a esta fecha inmortal: "Gran día de la Patria".

Discurso pronunciado el 27 de agosto de 1880, en la Universidad de Tegucigalpa. LA GACETA, núm. 84, 5 de septiembre de 1880.

CARTA AL GENERAL ENRIQUE GUTIÉRREZ

Tegucigalpa, 29 de septiembre de 1878.

Señor General Don Enrique Gutiérrez,
Los Ángeles

Distinguido amigo mío:

No siempre la justicia se hermana con la benevolencia. De ello, querido amigo mío, me da usted un testimonio en su cariñosa carta del 22 del corriente, en la que me felicita por la lectura que, sobre la vida y obras del Presbítero Doctor José Trinidad Reyes, di en nuestra Universidad, la noche del 15 de Septiembre último, aniversario de la Independencia de la Patria.

Usted no ha sabido tener equidad para conmigo, al tenerme en altísimo concepto; y voy a reparar su injusticia haciéndole un caro recuerdo, en que hay mucho de grato y mucho de doloroso. Su virtuosa madre, a quien quise con entrañable amor, doña Margarita Lozano, noble viuda del Héroe de Jaitique, tomaba siempre por gracias mis mayores travesuras de muchacho. Usted, a la ley de buen hijo, que guarda y perpetúa los efectos de sus mayores, toma por obras de gran talento las producciones mías, y hasta llega a compararme con los genios. Quien lo hereda no lo hurta. Le perdono, pues, sus juicios tan subidos porque los creo sinceros, y porque son el reflejo de la luz pura del alma de aquella santa mujer, toda bondad, toda ternura, que me prodigó su cariño, casi maternal, y que ha dejado a usted, su hijo predilecto, el legado de su grande y generoso corazón.

Usted, que es sentidor, y que en guerra o en paz, ya empuña la espada, ya maneja la pluma, que para mí es de oro, convendrá conmigo en que hay expresiones de la amistad comparables a muy estrechos y apretados abrazos, complacen y oprimen. Y esto viene a propósito de su carta. Me ha dado un gran placer, por el sentimiento bondadoso que la dicta; pero en el inmerecido elogio que contiene, me ha causado cierta opresión del alma.

Experimentando tal sensación, no le diré ya más sobre sus apreciaciones, que asaz me honran. Le he dicho que no ha sido equitativo, y esto basta para descargo de mi conciencia. Que otros juzguen, con la frialdad de un criterio extraño al sentimiento de la exactitud o inexactitud de los benévolos juicios de usted, en alto grado lisonjeros para mi persona.

Al finalizar su carta, usted añade que habría deseado apagar en mis labios la palabra sublime con que califiqué al sacristán de San Juan de Flores, al mulato de hierro, al general Francisco Ferrera. Quisiera reiterar la palabra, si a ello diesen lugar mis convicciones; pero me es imposible, aun atendidas las observaciones de usted, que me parecen inspiradas, un tanto, por el espíritu del partido. El oscuro mulato que, sin escuela, sale de una sacristía para combatir a los invasores de su Patria; y que con diez reclutas detiene la fuerte vanguardia de un ejército enemigo, y que por esto merece los elogios de su mismo adversario, el egregio Morazán: el mulato que, con su valor personal, como Jefe Político, pone a raya los desórdenes de Tegucigalpa, aniquilando la sociedad de perturbadores criminales, llamada la mancha brava, congénere de la Garduña de España: el mulato que sube al Poder Supremo de su país, que se sostiene en su puesto, a despecho de los rudos embates de sus adversarios, de dentro y fuera de Honduras, y que llega a ejercer influencia decisiva en los destinos de Centro América: el mulato que, por una visión de su genio, indica, por vez primera, la conveniencia y la ruta de nuestro ferrocarril interoceánico: el mulato que, al fin, desoyendo las seductoras voces de la ambición de mando, busca el ostracismo, y da lugar a la tan decantada alternabilidad del Poder; tal mulato, amigo Gutiérrez, fue un mulato de hierro; tal sacristán, fue un sacristán sublime.

Comprendo la razón de la sin razón que usted tiene para detestar a Ferrera y a los suyos. Usted pertenece a la escuela a que yo no pertenezco, de los federalistas del tiempo de nuestro heroico General Morazán; usted es hijo del niño dulce, en los salones, como lo llamaban en Guatemala al Coronel Gutiérrez, del luchador terrible en los combates, que murió gloriosamente en Jaitique; usted, así como tiene herencia de afectos imperecederos, tiene herencia de prevenciones y de rencores. Para bien de nuestro país olvide usted un poco el exclusivismo liberal de sus ilustres ascendientes, así como yo olvido el duro españolismo de mis mayores, que quizá presintieron, para este territorio semipoblado, el ruin imperio de las canallocracias, en lugar del imperio generoso de las democracias.

No tome a la mala parte cuanto le digo, ni menos se resienta con quien tanto le aprecia y le quiere. Mi acariciado deseo es que estemos de acuerdo. Las banderías políticas, que no dan a cada uno lo que es suyo, nos matan. La influencia que tengo en el Poder la ejerzo para extinguir odios, anular parcialidades disolventes, y en su reemplazo, crear y vigorizar, por la riqueza y la instrucción, grandes elementos sociales, grandes elementos económicos, grandes elementos administrativos que, andando el tiempo, den cabida, en nuestra Honduras, a la organización de verdaderos partidos políticos, que tengan consistencia y dignidad en lo interior, y que, cuando el caso lo requiera, hagan valer ante el exterior los intereses y derechos de la Patria. Le repito que el exclusivismo político nos anonada; y quiera Dios no llegue un día en que usted, hombre de armas y hombre público, se vea en su pueblo sin recursos intelectuales, morales y materiales, siquiera sea para sostener su propia dignidad y la honra de sus connacionales. Si estoy equivocado, los tiempos que están por venir, vendrán a darme una completa rectificación. Hondureño, ante todo, lo olvido todo por pensar en la suerte de mi pueblo, trabajando porque sea el más próspero y feliz.

Me he extendido demasiado en hacerle rectificaciones. Desapruébelas o deséchelas, si así le parece; pero no olvide que, desde este Cerro de Plata, envío a usted, a su buena Raquelita, y a sus hijos, mis más cariñosos recuerdos que, en ese Valle, no en vano llamado de Ángeles, al calor del hogar tranquilo, espero que los estimen como nacidos del corazón de su invariable y apasionado amigo.

Ramón Rosa.

FRANCISCO FERRERA

En el año de 1800, bajo la última luz crepuscular del gran siglo XVIII, nació en el pequeño y triste pueblo de San Juan de Flores, un niño a quien, en la fuente bautismal, se dio el nombre de Francisco. Parecía ser uno de tantos desheredados de los bienes sociales. La cuna del niño fue tan humilde, que el nombre propio de sus padres es desconocido: sólo se sabe que llevaban el apellido de Ferrera. Sin embargo, el nombre de su hijo más tarde había de ser popularizado en Centro América por las voces de la pregonera fama. Hay en la vida de algunos hombres, como en la naturaleza física, orígenes ignorados, y después grandes y sobresalientes destinos. Muchas veces no es conocido el pobre manantial, que en lejana e impenetrable montaña, da origen a un manso arroyuelo que presto se convierte en mugidor torrente, y que más allá se transforma en caudaloso río que, después de correr soberbio por villas y ciudades, va a confundir sus impetuosas corrientes con las encrespadas olas de la mar profunda, y a formar una nota con el estruendoso concierto del inmenso océano.

Así es el curso de la vida de ciertos hombres: al principio, imperceptible corre; después, movimiento ruidoso; y al fin, imponente grandeza y sublime sonoridad!

A los siete años Ferrera quedó huérfano. La caridad cristiana del presbítero José León Garín, cura del pueblo, dio amparo al desvalido niño. El cura, autor de tan buena obra, era sencillo, de gustos inocentes, gran tomador de chocolate, apasionado amigo de dormir la siesta, valiente rezador de novenas y de rosarios de a quince, y muy cumplido decidor de misa; era un cura a la antigua usanza, y sobre todo, un buen hombre.

Encontrando felices aptitudes en su protegido, le mandó a esta ciudad para que, en casa del maestro Felipe Santiago Reyes, aprendiese las primeras letras y el arte de la música. Con provecho hizo el joven sus primeros estudios y ya poseedor de una instrucción elemental, en el año 1813, regresó a San Juan de Flores. Algún tiempo después, la muerte llegó a privarle de su generoso protector. Ferrera se encontró nuevamente en el vacío. O ser anonadado por la miseria, o sobreponerse a ella, a fuerza de constancia y de trabajo; tal fue su arduo problema. Pero el joven era de buenas jarcias y de muchos expedientes. Como hizo de cura (adoptivo se entiende), sabía componer altares y chapurrear latín, y se hizo sacristán: como hombre leído y escribido, según el decir de nuestro pueblo, se hizo director o consejero de alcaldes; y como entendido en el oficio de sastrería, se convirtió en sastre de moda, que tallaba los mejores chaquetas de duradera. Laboriosa era su vida. Por la mañana ejercitaba su pluma de ave, y dirigía los asuntos o intriguillas de juzgado; por la tarde, atendía al aseo y compostura de la iglesia; y al aparecer las tristes sombras de la noche, que extinguen la mortecina luz del crepúsculo de la tarde, subía silencioso al campanario, en donde daba los toques de oración, tal vez repitiendo el Angelus domini, el Ángel del Señor. Bajaba y se encaminaba a su casa, en donde sentado en tosco banco, o en taburete de asiento de cuero, con las piernas cruzadas, la revuelta canasta de costura a un lado, y al resplandor de una vela de sebo, o de humeantes rajas de ocote, se entregaba a sus tareas, haciendo las obras que le encargaban sus parroquianos. Ferrera durante su juventud fue el hombre de su pueblo: con este carácter vivió, honrado y modesto, hasta que inesperados acontecimientos, en el año de 1827, dieron nuevo rumbo a su destino.

El año de 1827 ofrece tristes recuerdos al pueblo hondureño. De aquella época aciaga puede decirse, como nuestro poeta nacional, el inspirado Reyes que:

Era Honduras un mar agitado
donde opuestos los vientos chocaban;
Negras nubes el cielo velaban,
anunciando fatal tempestad.

Y se desencadenó horrible tempestad. Debido a cálculos, tan infundados como impolíticos, del general don Manuel José Arce, presidente de Centro América, bajo pretextos sobrados fútiles, fuerzas federales, comandadas por el coronel Justo Milla, invadieron el Estado, entonces regido por el ilustre repúblico don Dionisio de Herrera. Ferrera era alcalde de San Juan de Flores. Su amigo íntimo, el sargento veterano Casimiro Alvarado, de orden del Gobierno, salió de San Juan para Comayagua con una compañía que debía obrar contra los invasores. Ferrera, por afecto a Alvarado, y por amor a su patria, fue en la expedición, en calidad de capitán cívico.

Las fuerzas de Milla avanzaban por el camino que conduce a Intibucá. Alvarado y Ferrera, por vía de observación, fueron a su encuentro. Estando el invasor a corta distancia, Alvarado se situó en

Intibucá con la mayor parte de su escolta, y Ferrera con diez soldados marchó para observar más de cerca los movimientos del enemigo, al que encontró en el pueblo de Yamaranguila. El osado capitán cívico echó pie a tierra, espada en mano, cargo sobre sus contrarios, y haciendo un supremo esfuerzo con sus diez soldados, rechazó a trescientos hombres que formaban la vanguardia de la división invasora. Cumplido su deber, se retiró a dar parte de lo ocurrido al sargento Alvarado. ¡Qué dos figuras, el coronel Milla, jefe de un ejército, detenido en su marcha por un obscuro sacristán que mandaba diez reclutas! ¡Qué dos figuras, el noble Milla invadiendo su país nativo; y Ferrera el plebeyo, alcalde de un pobre pueblo, haciendo prodigios de valor para salvar los derechos y la dignidad de su Patria! El General don Francisco Morazán, en tiempo en que era enemigo de Ferrera, recordó noblemente tal hazaña en sus Memorias, dándole con justicia, el calificativo de hecho heroico.

Ferrera regresó a Comayagua, y peleó en sus fortificaciones durante el sitio que puso a la capital el coronel Milla. Por manejos indebidos se hizo una capitulación que, como otras veces, no fue cumplida, y que dio por consecuencia que Dionisio de Herrera, aquel hombre de Estado, de inteligencia elevadísima, fuese cargado de prisiones y conducido, cual infame criminal, a la ciudad de Guatemala.

Ferrera, resentido, con la desesperación en el alma, se retiró a su pueblo para no presenciar nuevas humillaciones; pero fue objeto de la persecución del comandante Anguiano, y esta circunstancia le movió a reunir algunos oficiales y soldados con quienes se incorporó a la fuerza del general Morazán, que se hallaba en Choluteca. Bien pronto fue uno de los vencedores que dieron gloria a su nombre en los memorables campos de La Trinidad y de Gualcho. La inconsecuencia y persecución del coronel Milla, hicieron salir del pueblo de Ojojona a Morazán, que luego fue el Gran General sostenedor de la Federación.

La persecución del comandante Anguiano hizo salir del pueblo de San Juan de Flores a Ferrera que, años después, debía ser el gran demoledor de la República de Centro América. Milla, sin quererlo, hizo figurar a Morazán, el amigo decidido del Pacto Federal; Anguiano, sin quererlo, hizo figurar a Ferrera, el enemigo implacable de las instituciones federales. ¡Qué marcadas analogías, y a la vez, qué notables contrastes, nos ofrece el filosófico estudio de nuestra historia!

Triunfante el General Morazán en Centro América, Ferrera estuvo sofocando valientemente la guerra civil que apareció en el departamento de Olancho, y que terminó por una honrosa capitulación, que fue en un todo respetada. En esa campaña obtuvo el grado de teniente coronel. En el año de 1832, fue jefe político de este departamento, cuyos repetidos desórdenes puso a raya, ora con la fuerza, ora con la influencia de sus prestigios. En el mismo año, el jefe del Estado, coronel don José Antonio Márquez, mandó a Ferrera a combatir al coronel el don Vicente Domínguez, caudillo reaccionario que en los castillos de San Fernando de Omoa y de Trujillo había enarbolado la bandera española, desconociendo, por tal hecho, no sólo al Gobierno de la Federación, sino también la independencia de Centro América. Los insurgentes habían tomado el territorio del país, en una extensión de setenta leguas. Ferrera los persiguió con actividad, logró derrotarlos en Tercales y en la Ofrecedera, y al fin de dilatada y penosísima campaña, recuperó el puerto de Trujillo.

En el año de 1833 se hicieron elecciones de Jefe de Estado. Se dice que no hubo mayoría absoluta de votos populares; y en este concepto, la Asamblea eligió jefe al infortunado don Joaquín Rivera, y vicejefe, al coronel Ferrera, después victimario de aquel generoso y distinguido patriota. En mi entender, el espíritu de partido dio lugar entonces a uno de los errores más trascendentales para la suerte de Centro América, haciendo que se negase la presidencia a Ferrera, que era el hombre de mayores prestigios, que había prestado eminentes servicios al Estado y a la Federación, y que separado de las filas liberales, podía ser, como lo fue, un enemigo tenaz, implacable y poderoso. Más tarde, el general Morazán, con su exquisito tacto, confirió a Ferrera el grado de general de división, reconoció el error de su partido, y quiso, de todas veras, repararlo. Era demasiado tarde. Ferrera era hombre de rencorosas pasiones, y su resentimiento lo había hecho convertirse a la oposición, y ya por sus propósitos y compromisos, era un irreconciliable separatista.

La Federación combatida por todas partes, como nave destrozada por vientos y oleajes que la combatían en todas direcciones, llegó a hundirse, en el período de 1839 a 1840, y Ferrera fue uno de sus más audaces y empeñados destructores. La fe política, las aspiraciones y maniobras de Ferrera, las dedicó, por completo, a la causa de disolución de Centro América.

Disuelto el Pacto Federal, en enero de 1841, ascendió a la presidencia del Estado, venciendo así, en el campo electoral, a su formidable antagonista don Joaquín Rivera. En las alturas del poder, en donde se ponen a prueba los hombres, supo conservar sus prestigios; y en el año de 1843, fue reelecto presidente. Horrible fue la lucha que Ferrera, en su segundo período, sostuvo contra sus enemigos del interior y del exterior, que se propusieron echar por tierra su gobierno. La lucha era desigual. Ferrera tuvo que combatir a los facciosos de su propio país, y a los invasores de Nicaragua y de El Salvador. Pocos eran sus elementos; pero grandes su habilidad y su audacia, y terribles sus resultados. Obró como militar y político, pero también como tirano despiadado; sembró el terror, una sola sospecha bastaba para producir la persecución o la muerte; el patíbulo estaba a la orden del día, allí fueron inmolados patriotas generosos, acreedores al perdón; corrían por doquiera arroyos de sangre y raudales de lágrimas.

Mas, en medio de tantas y tantas desventuras, en medio de la consternación y del duelo, apareció victorioso y espléndido el poder militar de Honduras: díganlo si no los triunfos del Corpus, Choluteca y Comayagua. ¡Pero qué gran desgracia que las armas brillen cuando se eclipsa el derecho por los vapores de la sangre y de las lágrimas! Sin embargo, no hay que dar cabida inconsiderada al sentimentalismo. Ferrera hizo bien en sostener, con entereza, la dignidad de su puesto y el decoro de la nación. Culpable fue por el rigor, o por la barbarie de sus procedimientos, y victorioso, por ser cruel e implacable contra enemigos indefensos; pero no fue culpable por su resolución enérgica de combatir, hasta lo último, a invasores y a facciosos. Sus faltas fueron enormes, porque comúnmente no hacía justicia, se vengaba; pero en cambio, no dejó que Honduras fuese, como en posteriores tiempos, el lugar favorito de alegres paseos militares productores, para extraños, de ascensos y de galones. Si el reaccionario Ferrera o el liberal Morazán hubiesen vuelto a la vida, y los hubiesen presenciado, habrían vuelto a morir de indignación y de vergüenza. Tal vez sea más soportable el terror que infunde un hombre de genio, que la degradación, que la ignominia de un pueblo que, cruzado de brazos, ve por el suelo pisoteado su decoro nacional.

El grande, el enorme e indisculpable crimen que cometió Ferrera, fue el de convertirse en enemigo jurado, en principal demoledor de la nacionalidad de Centro América. Verdad palmaria es que el Pacto Federal debía reformarse para que tuviese elementos de consistencia y de estabilidad, que no eran posibles dadas las teóricas prescripciones de la poética Constitución de 1824; pero Ferrera no quería reformas: era netamente separatista. Por ese crimen, en vida, sufrió el castigo de la derrota en el Espíritu Santo y en Perulapán, y después de muerto, recibe y recibirá la condenación eterna de la Historia.

¡Yo que admiro a aquel gran carácter, yo que admiro a aquel mulato de hierro, yo que admiro a aquel sacristán sublime, jamás le perdonaré que nos haya dejado sin Patria!

Ferrera, además de guerrero y político, fue amigo de las letras, escritor y poeta, aunque no tuvo ni escuela científica ni escuela literaria. Pero escribía y versificaba de un modo relativamente notable, por la sencilla razón de que tenía talento e inspiraciones; a diferencia de otros que han leído y estudiado mucho, y que nunca pueden escribir y versificar, siquiera sea medianamente, por la razón contraria; porque carecen de talento y de inspiraciones. Su numen vivía más de sus grandes e intensísimos amores. Dos veces los votos de su deseo le llevaron ante los altares, y por su mal, durante su último enlace, sintió por otra mujer una pasión tan grande como desgraciada.

Conoció en Comayagua a la verdadera dueña de su alma. Era de las principales familias de la capital, se llamaba Pía... Criolla, de talle gentil, de tez morena, de largos y sedosos cabellos; de labios voluptuosísimos, y de negros y rasgados ojos. ¡Ah, nunca el genio puede vivir sin un ideal! Y el ideal de Ferrera era Pía, la dulce, la encantadora morena. Ferrera vivía para ella, por ella. Era luz de sus días y el ensueño de sus noches.

Como tenía instintos poéticos y vocaciones artísticas, al pie de la reja dedicaba a la beldad querida sus tiernas canciones; y de allí, en la callada noche, al contemplar los vastos horizontes del valle de la antigua Valladolid, aspiraba a lo infinito y sentía la inmensidad de su entrañable amor; y al ver la luz apacible de la amarillenta luna, que daba un tinte melancólico a la ciudad dormida, experimentaba esa dulce melancolía que se apodera de las almas enfermas de amor, enamoradas de un ideal; y al percibir los trémulos rayos que despiden tímidas estrellas, sentía la timidez de un niño, y olvidaba que era el hombre de las batallas, porque sólo palpitaba en él un corazón avasallado, rendido; y al oír los susurros del viento que rizaba las tranquilas aguas del Humuya e inclinaba el verde ramaje de los sauces de sus márgenes, sentía que suspiros dolorosísimos se escapaban de su pecho, y que lágrimas de ternura brotaban de sus ojos. ¡Y aquel hombre horrible, de cuerpo rechoncho, de prolongada calvicie, de mofletuda cara, de color cetrino, de orejas deformes, de ojos de zambo, por el alcohol enrojecidos, así transfigurado por su ardiente amor, yo me lo figuro hermoso!

En medio de tantos y tantos delirios, olvidado de todo, pensando sólo en su amada, quizá ideó un edén, quizá llegó a decir como otro poeta infelicísimo:

> *Y luego que ya estaba*
> *concluido tu santuario*
> *la lámpara encendida,*
> *tu velo en el altar*
> *el sol de la mañana*
> *detrás del campanario*
> *chispeando las antorchas*
> *husmeando el incensario*
> *y abierta, allá a lo lejos,*
> *la puerta del hogar.*

Debían cesar los desvaríos de su alma enferma. El prisma de la ilusión se quebró en mil pedazos. Ferrera volvió la vista a la realidad, fría, inexorable; y destrozada su alma por la lucha dolorosísima entre su corazón y su deber, al fin dijo a la vida de su vida, al amor de sus amores:

> *Rendiste mi albedrio,*
> *mi corazón es tuyo;*
> *mas de tu vista huyo,*
> *para poder vivir...*

He aquí el último grito de un corazón sin consuelo ni esperanza. ¡Pobre Ferrera! ¡Adoraba un imposible! Por última vez, en enero de 1847, Ferrera fue reelecto Presidente del Estado; pero los hombres públicos se gastan, como las monedas que circulan mucho; conocía que sus prestigios tocaban a su ocaso, y además era sabedor de las inconsecuencias de sus mismos amigos, de sus hechuras, de los que le adulaban. La previsión y el triste desengaño le determinaron a renunciar a la presidencia del Estado.

Ferrera tenía el raro don de los hombres políticos que saben retirarse a tiempo. En un notable manifiesto llamó la atención sobre que el mando debía tenerlo un hombre imparcial, extraño a los enconados odios y a las ardientes luchas de los partidos. Recomendó al Cuerpo Legislativo la candidatura del doctor don Juan Lindo, de aquel viejo zorro de la política. Decía a sus amigos, que se inquietaban por las vicisitudes de lo porvenir, que Lindo al menos no los sacrificaría, que cuando más, les impondría el destierro. ¡Dolorosa previsión del hombre que voluntariamente dejaba el poder! Su pronóstico fue cumplido. Ferrera murió en el ostracismo.

El doctor Lindo, uno de los políticos más hábiles que ha tenido Centro América, conociendo que en los generales Ferrera y el valeroso Santos Guardiola, infamemente asesinado, tenía dos temibles adversarios, buscó el medio de salir de ellos, de anularlos explotando sus odios y sus opuestas pretensiones. Formando su plan, el astuto Lindo depositó el poder en el vicejefe don Felipe Bustillo, quien pensaba que nadie le haría daño por tener las cualidades negativas de un hombre bonachón.

Ferrera decía con mucho donaire de Tata Felipe, como le llamaba

"La mitad del tiempo duerme, y la otra mitad no hace nada". Así es que aquel buen señor, sin talento, sin respetabilidad, sin acción, sin dotes de mando, un día despertó con gran susto por el pronunciamiento del general Guardiola, ocurrido en esta ciudad, e inspirado por el genio maquiavélico de Lindo, que permanecía, haciéndose la mosquita muerta, en el departamento de Gracias. Ferrera se vio amenazado por su enemigo, su antiguo y bravo lugarteniente, y sin demora emigró a El Salvador. Lindo entonces hizo valer su autoridad legítima. Había convenido privadamente con el gobierno de El Salvador en que éste le daría un auxilio, llegado el caso de una emergencia revolucionaria; y le fueron enviadas fuerzas auxiliares a las órdenes del malogrado general don Gerardo Barrios. Hábil y fuerte, hizo capitular en Pespire al general Guardiola, quien como su adversario Ferrera, emigró a la vecina república salvadoreña. Lindo quedó entonces dueño de la situación, y libre de peligrosos adversarios. Así la habilidad política supo hacer a un lado la fuerza del militarismo. La inteligencia casi siempre domina y triunfa. No sin motivo los caudillos que sólo cuentan con la espada tratan de destruir los cerebros de los hombres que cuentan con el poder del pensamiento.

Ferrera, como geógrafo, en un notable escrito publicado en inglés y francés en los Estados Unidos, se anticipó a míster Squier indicando la ruta del ferrocarril interoceánico de Honduras; como militar experto, en 1851 indicó al presidente don Doroteo Vasconcelos el mal éxito que debían tener los ejércitos aliados en su expedición a Guatemala. Vasconcelos ofreció a Ferrera el puesto de segundo general en el ejército. Ferrera vio que había muchos jefes que no sabían entenderse, que no había unidad de plan y de propósitos, y que en cambio había demasiada impericia en los directores de las bélicas operaciones. No quiso el puesto que se le ofrecía, y pronosticó un revés. Se cumplió su previsión, realizándose aquel gran descalabro de La Arada que consolidó el poder del general Rafael Carrera de Guatemala, y que afirmó su predominio en Centro América.

Hombre que tanto pensaba y sentía, llegó a ver que su salud se quebrantaba y que sus fuerzas decaían. En Sonsonate, Ferrera presintió su muerte. Allí compuso unos versos que fueron muy populares, conocidos con el nombre de "Los Tristes". Todo expresa melancolía y amargura en ese canto del soldado-poeta que iba a despedirse de la vida. ¡Qué cuadro tan sombrío! En el ardiente clima de Sonsonate, a la sombra de tropicales cocoteros, el vate proscrito, triste veía el límpido cielo que no era el cielo de su patria ausente, que antes contemplara a la sombra de altos y murmuradores pinares; tristes oía los cantos de las parleras aves, que no formaban ya para su alma tiernos acentos de amor y de esperanza; tristes veía las matizadas flores que, bajo un sol de fuego, mustias inclinaban sus corolas, y que no eran para su corazón las bellas flores de su juventud y de sus perdidas ilusiones. Todo lo veía bajo el prisma de la tristeza y de la desolación, porque había en aquella alma, nutrida de dolorosos recuerdos, esa infinita melancolía precursora de la muerte, precursora del sepulcro.

Y en breve se tornaron a la nada aquella organización robusta, aquel genio emprendedor y audaz. En Chalatenango, en humilde estancia, al caer de la tarde, se oyeron un día estas palabras balbuceadas por un moribundo: "¡La naturaleza destruye mis fuerzas!". Eran las últimas palabras del general Francisco Ferrera. A la verdad, sólo la naturaleza, y no el poder de los hombres, pudo destruir el fuerte organismo de aquel sacristán extraordinario. En extraña tierra, nadie, con mano cariñosa, pone una flor sobre su tumba; pero como fue grande, y grande hasta en sus crímenes, su nombre sobrevive en las páginas de la patria historia; ¡y hoy un enemigo político, un adversario en ideas del implacable demoledor de la República de Centro América, pide conmiseración y piedad para las faltas y extravíos excusables del hombre, y reconocimiento y aplauso para las virtudes del genio!

(1879).

ELOGIO DE JUAN MORA FERNÁNDEZ

Un hombre que, casi en el decurso de un siglo, ha sido contemplado, con profundo respeto, por cuatro generaciones; un hombre que ha merecido homenaje tan magnífico, por haber representado uno de los principios más altos y progresivos de la civilización de nuestros tiempos; tal es el tema de mi breve discurso; discurso que, a la verdad, no pronuncio, ante sociedad tan selecta, no por propia iniciativa, ni menos, por propios merecimientos; sino debido a la instancia, o mejor diré, a la merced que me han hecho queridos y respetables amigos míos, que han deseado que, en esta fecha histórica, un hijo humilde de las montañas de Honduras venga a ocupar esta tribuna que, en honra de una de sus más preclaras glorias nacionales, ha sabido levantar la hospitalaria, la generosa, la culta Costa Rica.

¡Cuánto vale un siglo, aunque éste no sea más que una momentánea palpitación en la vida de los pueblos, en lo infinito de la vida de la humanidad! ¡Cuánto vale un siglo, y más si constituye un gran momento histórico que nos hace recordar las virtudes de un hombre que fuera el formador, el padre de un pueblo! Costarricenses: inclinados; celebramos el primer centenario del progenitor de vuestra existencia política. Costarricenses: saludad con veneración y con amor, salud con el alma y con el corazón, el nombre venerable que voy a pronunciar: Juan Mora Fernández, el primer jefe del Estado de Costa Rica, el verdadero benemérito de la Patria.

En el estado social, y en el inmenso campo de la Historia, los hombres no valen sino es por las ideas, por los principios que representan. ¿Qué idea, qué principio representó el benemérito Mora, para que el honrado y liberal Gobierno de este país haya resuelto conmemorar, con inusitada esplendidez, su lejano y fausto natalicio? ¿Qué idea, qué principio representó el primer jefe de Costa Rica, para que esta sociedad, sin distinción de clases, de personas ni de partidos, se muestre solícita y entusiasmada para celebrar el centenario de aquel varón insigne? ¿Tan unánime, universal y cumplido homenaje tiene por origen la idea de que Mora haya sido un genio fecundo en creaciones; haya sido un estadista eminente, sabio organizador en lo político, en lo económico y en lo administrativo; haya sido un talento superior, embellecido con las refulgentes luces de la ciencia y del arte? Nada de esto señores: ni genio, ni gran estadista, ni superior y cultivado talento. Perdonadme lo que os digo en justo acatamiento a la Historia. Perdonad me; yo no puedo ni debo adular. ¡La flor contrahecha y enfermiza de la adulación no será la flor que un montañés republicano ponga sobre la venerada tumba de un patriota!

Pero si Mora no tuvo las excepcionales visiones del genio, si no tuvo las eminentes y útiles dotes del estadista, si no tuvo los hermosos destellos del superior talento; tuvo algo más que, para el buen ciudadano, vale más que todo esto: tuvo algo más raro y apreciable en los hombres que llegan a las desvanecedoras alturas del poder: tuvo la representación genuina de un principio, el más sencillo, pero el más humano; el más modesto, pero el más civilizador: el gran principio de la moralidad política, puesto al servicio de la organización y del limpio nombre de la patria: ¡qué no era ¡ay! Costa Rica, sino la gran patria que, tremolando su pabellón azul y blanco, como el cielo, se extendía desde Tehuantepec hasta Panamá, y que es hoy, por nuestro mal, nuestra infeliz, nuestra descuartizada Centro América!

¡Raro y envidiable privilegio el de los hombres que comparecen ante la posteridad, inspirando, como recuerdo de su vida, una gran síntesis reveladora de su idea y de su ejemplo! La síntesis de la vida de Juan Mora, hela aquí: moralidad política, como ciudadano, y como gobernante. Moralidad política! ¡Qué supina, qué soberbia vulgaridad, dirán los hombres apegados al éxito momentáneo de la fuerza bruta! Qué sublimidad, digo yo, recordando que casi siempre la moralidad política brilla como el sol puede brillar en lóbrega noche; brilla, ¿sabéis cómo, señores? brilla por su completa ausencia...

Contemplemos, siquiera sea por algunos momentos, la figura varonil, serena e inmaculada de Mora para ver si, como dicho está, supo representar el gran principio de la moralidad política. Como hombre y patriota tuvo firme apego a la causa de nuestra independencia: consumada nuestra emancipación política, en mérito de sus cualidades de íntegro y liberal ciudadano, fue electo unánimemente, en 1824, primer jefe del Estado; gobernó en paz y en justicia; respetó e hizo respetar las garantías individuales y políticas de los costarricenses, siendo fiel al régimen de las instituciones federales de la República. Sin seducciones y sin amenazas, los pueblos agradecidos lo eligieron, por segunda vez, jefe del Estado: continuó su gobierno bajo los auspicios de la legalidad y de la democracia; y cuando terminó su período quisieron sus conciudadanos elevarlo, por tercera vez, al poder, pero la

Constitución se oponía a su deseo, y Mora no era hombre para aceptar nada que fuese anticonstitucional. Dejó, pues, la envidiada silla presidencial, no para ir al destierro o al patíbulo, como acontece a muchos de los tiranos, salteadores de presidencias: sino para ir a su honrado y modesto hogar, llevando la conciencia tranquila, y con los testimonios de la gratitud pública, y con las augustas bendiciones de los pueblos.

Más tarde Mora tuvo el inmenso dolor de ver a la República Federal despedazada, arrojada a los abismos de una completa desorganización, debido a las estúpidas y criminales revoluciones a que se lanzara la reacción liberticida; reacción que tenía el maridaje infame de los dos elementos más tenebrosos y adversos al progreso y a la felicidad de los pueblos: la superstición que embrutece, y el privilegio que anula el derecho. Y cuando Mora vio espectáculo tan triste, a la República en ruinas, no buscó el éxito, no se afilió a las turbas de las mayorías triunfadoras. Todo lo contrario: se puso de parte, y hasta fue vicejefe de aquel gran batallador, de aquel héroe de cien combates, que nunca quiso la dictadura por querer siempre la libertad de los pueblos; que nunca quiso, como separatista, ser amo y señor de un miserable cacicazgo, por querer siempre la Patria que alumbrara el sol de septiembre de nuestra independencia; de aquel abnegado repúblico, del inmortal Morazán, que ha sido, es y será, así en nuestros días de derrota, como en nuestros días de triunfo, la inspiración viva y radiante de los hombres libres que se asientan en este grande hermoso istmo de América.

¡Mora, Morazán! Personificación el primero de la acrisolada moralidad política, genio el segundo de las batallas y de las excepcionales visiones republicanas. ¡Mora, Morazán! Si los débiles ecos de los vivos llegan a dilatarse, a través de las tumbas, y a impresionar y a conmover el espíritu de los que fueron, regocijaos; tu pueblo honrado y laborioso hoy glorifica tus virtudes, ilustre Mora; y allá en mi amado pueblo, en Tegucigalpa, mi nido de águilas, Morazán vive en el pensamiento y en el corazón de todos los libres, y sus glorias están inmortalizadas en los blancos mármoles de Carrara y en los eternos bronces!

Si queréis que os ponga de relieve lo que fue la moralidad política de Mora, recordad conmigo algunos de sus rasgos más geniales. Decía a sus conciudadanos cuando esperaba alguna perturbación en el Estado. "No séais sencillos; si queréis revolución, avisadme para dejar el poder, y así concluirá todo sin necesidad de lágrimas y sangre". ¡Y anticipando el noble ejemplo del gran rey de los belgas, con su sincero desprendimiento, con este pararrayo del patriotismo, hacía impotente la electricidad de la atmósfera revolucionaria, e impedía el estallido de crueles y devastadoras revoluciones! Dió un famoso decreto reduciendo a número insignificante la guardia de su persona, y de hecho, llegó, en absoluto, a no tenerla. Como se le preguntara por qué procedía de esta suerte, respondía: "Yo no necesito de guardia: mi guardia debe estar en el amor y en la moralidad de los pueblos". ¡Qué magníficas, qué sublimes palabras, dignas de que las grabéis, por doquiera, en bronces imperecederos! Por fin, no siendo ya jefe del Estado, sino magistrado íntegro de la Corte de Justicia, se trató de imponer injusto destierro a los señores, mi querido e ilustre amigo, doctor Castro y general Flores, ecuatoriano, cuyos nombres son ya del dominio de la Historia. Mora protestó enérgicamente contra el atentado, y fue tal su energía, que la protesta fue atendida. Entonces de los labios del general Flores salieron estas palabras memorables: "Este hombre es un Catón en defensa de las garantías individuales". ¡Qué honrosísimo juicio, y más pronunciado por Flores, por el guerrero de la independencia sudamericana; por el amigo de Bolívar, y más tarde, por su mal, el desgraciado protegido de los Borbones para establecer la maldecida monarquía en América!

He acabado de presentaros la figura simpática de Mora en su bella y republicana sencillez. No olvidéis que si su nombre y sus hechos, a despecho de los tiempos, han llegado hasta nosotros, ha sido porque obedeció a la fecunda inspiración de la moralidad política, que significa: probidad en la gestión de los negocios públicos, fe en la libertad, amor a la justicia, y respeto profundo a los derechos del hombre y del ciudadano. El primer jefe de Costa Rica que, en vida, mereció el honrosísimo título de benemérito de la patria, después de sus días, y casi a través de un siglo, os da una grande enseñanza: Moralidad política, ¡Grabadla en vuestra mente y en vuestro corazón, y modelad por su ejemplo todos vuestros actos, para que este querido pedazo de tierra centroamericana sea, en lo porvenir, la tierra clásica del trabajo, de la honradez, del derecho y de la hermosa libertad; para que en ella, ni por la fuerza de los despotismos, ni por la fuerza de las revoluciones, nunca sobrevengan desventuras públicas que hagan derramar lágrimas y sangre; y para que en ella se asegure, por el acatamiento al derecho, la inmortalidad del nombre de un gran pueblo, como asegurada está, por sus virtudes insignes, la inmortalidad del nombre de Juan Mora, nombre que, mientras Costa Rica sea, será blasón y orgullo de sus nobles hijos!

Discurso pronunciado el 12 de junio de 1884 en el Teatro Nacional de San José, Costa Rica.

CARTA DIRIGIDA A LOS REDACTORES DE "EL HONDUREÑO"

Guatemala, 20 de agosto de 1871.

Señores Redactores de "El Hondureño".

Compatriotas y amigos:

Si no me uniesen a vosotros los inolvidables lazos del compañerismo, de amistad y profunda simpatía; si mi reconocimiento por la prueba de confianza y aprecio que me habéis dispensado, nombrándome corresponsal del "Hondureño", no fuese un nuevo vínculo de adhesión a vuestros nobles y generosos esfuerzos; si no mediasen ninguno de esos preceden- tes que tanto dicen a mi alma y alegran mi corazón; si en lo particular nada hubiese de común entre nosotros; aun quedaría para mí un título sagrado de mutua correspondencia e idénticas aspiraciones; ese título, que me es tan caro, es el recuerdo de nuestra infortunada patria: es el pensamiento de mejorar su suerte: es también la prensa que ha de representar nuestras fraternales ideas, nuestras solidarias tendencias, encaminadas a restablecer en Honduras el reino de la libertad, de la justicia y del derecho.

Permitidme, pues, compañeros y amigos, que os hable en nombre de los intereses de nuestra patria, y en nombre de la prensa, que en manos de vosotros, jóvenes e inteligentes, será el ministerio nobilísimo de paz y de conciliación para los pueblos de Honduras.

Honduras, como bien lo sabéis, ha sido uno de los países más bien dispuesto para entrar en las vías del progreso y de la civilización; uno de los países que ha dado a Centro América los hombres más prominentes, cuyo patriotismo y altas miras, los hacen aparecer como las grandes figuras de la América Central; y no obstante por una de esas burlas amargas del destino, o más bien, por uno de esos inescrutables decretos de la Providencia, Honduras, a causa de sus pésimos gobiernos, ha sido y es al presente, la República menos afortunada de los países de Centro América. Abrid su historia; y si no encontráis los detestables resabios de los tiempos coloniales; si no encontráis la preponderancia del clero y de comunidades jesuísticas, que fanatizan y embrutecen; si no encontráis marcada la distinción de privilegiadas clases que falsean las libertades populares; encontraréis en cambio, las constantes revoluciones intestinas, que han ensangrentado su suelo; las guerras exteriores que han llevado la desolación y la muerte, de parte de los gobiernos retrógrados, mal avenidos con las tendencias de un pueblo que tiene vivo el sentimiento de su individualismo y de sus veneradas libertades; y por mayor desdicha, encontraréis gobiernos intrusos, impuestos al pueblo por la fuerza de las bayonetas; sin otra política que su insolente audacia, sin otro principio que la conveniencia egoísta, apoyada por el rudo golpe de los sables: gobiernos que sordos a los verdaderos intereses de la patria, se han distinguido por la indolencia, por la incuria, por el abandono absoluto con que han visto las grandes riquezas naturales del país, profusamente privilegiado con los más preciosos dones de la Providencia bienhechora. Nada han hecho los gobiernos por desarrollar y proteger el espíritu de industria, que traería la prosperidad y bienestar de nuestros pueblos. Si alguna vez se han fijado en los grandes elementos de Honduras, ha sido para explotarlos en propio beneficio, desatendiendo los intereses generales.

Tal es la historia de los gobiernos de Honduras: triste historia apenas interrumpida por uno que otro mandatario, inspirado por la rectitud y el patriotismo. Vuestra inteligencia e ilustración me evitan el doloroso empeño de marcaros uno a uno, nuestros grandes infortunios; uno a uno, los vicios radicales de los gobiernos que han conducido a la República a la decadencia, a la debilidad y empobrecimiento en que la vemos; pero no renuncio al propósito de manifestaros que el vicio principal de nuestro país existe, y continuará existiendo, si vosotros, y los hondureños verdaderamente liberales no formáis la incontrastable resolución de tomar un rumbo diverso del que han seguido hasta ahora, los hombres que, tal vez con las mejores intenciones, han querido, por medios inoportunos, mejorar la suerte de nuestro país.

Voy a franquearos mis pobres ideas en tan importante materia; y sed benévolos para conmigo. Sucesos de inmensa trascendencia han cambiado las condiciones políticas de Centro América. La benemérita República de El Salvador ha reconquistado sus pérdidas libertades; Nicaragua ha confiado el poder supremo a un hombre que está muy lejos de representar las ideas del General Martínez: Costa Rica consolida su gobierno, mantiene sus libertades políticas y se pone al abrigo de los frecuentes golpes del militarismo: Guatemala, mi segunda patria, ha dado el primer paso derrocando el personalismo, gobierno de treinta años, carcomido ya por los vicios inveterados de una oligarquía intolerante y fanática. ¿Y Honduras? Honduras continúa con su presidente impuesto por las bayonetas de Carrera; con su presidente que en el año de 68 hizo pedazos la Constitución de la República, porque quiso probarnos que es superior a la ley, y que su poder no reconoce límites y que continuará en el mando escarneciendo la dignidad, las garantías y libertades de los hondureños. Todo eso es lógico; pues a los ojos del General Medina, el pueblo es un rebaño que debe obedecer al brutalismo de la fuerza. No quiero, amigos míos, deciros más del mandatario que según la frase consagrada de los aduladores de oficio, rige felizmente los destinos de nuestra patria. Duéleme recordar sus actos de hombre público. Vosotros y los centroamericanos conocéis bien su historia; y esto me basta para llegar a la siguiente conclusión: necesitamos otro gobernante que no se haga superior a la ley, que no tenga por bandera la arbitrariedad y que, sinceramente, asegure los intereses, las libertades y el porvenir de Honduras. ¿Cuál es ese hombre?

Aquí empiezan mis dudas, mis presentimientos, mis temores. Sé que algunos de vosotros secundados por jóvenes liberales de nuestro país, trabajaron en la última revolución interior de Honduras, bajo los auspicios del General Xatruch. Es muy probable que conservéis vivas las simpatías por ese jefe, cuya espada opusisteis a la administración Medina. Pero si ellas los impulsan, y las ideas que emitáis en el periódico, órgano de los intereses de El Salvador y Honduras, han de encaminarse a plantear nuestras libertades, bajo la égida del General Xatruch; si tienden a promover un gobiernos democrático, recto e ilustrado bajo la prepotencia del partido xatruchista; si tales fueron vuestras miras, os diré con toda la ingenuidad de mi alma, que trabajáis por llevar a vuestra patria una era tenebrosa de interminables guerras civiles; que os proponéis realizar el más absurdo y ridículo de los contrasentidos; porque contrasentido es querer un gobierno liberal para Honduras, y personificar ese gobierno en el hombre que, en su vida, no ha tenido otras inspiraciones que las de los Carrera, los Martínez y los Dueñas.

Podrá decirse que mis reflexiones son extemporáneas, puesto que os proponéis abogar por la libertad de la patria, sin haber entrado hasta ahora en la personificación de vuestras ideas políticas. Concedo esto último. Mas tengo para mí, que cuando se pugna por un gobierno constituido, por juzgado ilegal y despótico, lo general es oponerle un bando político y un hombre de antecedentes que le sirva de fiel representante. Tal procedimiento sería, en mi humilde concepto, un mal incalculable para Honduras, y para vosotros mismos que noble y desinteresadamente deseáis la felicidad de la patria. Estáis al tanto de que a la presidencia del General Xatruch se opone un partido poderoso, que no se satisfaría nunca con semejante mandatario; que lucharía sin tregua por arrancarle el poder. Xatruch en Honduras engendraría la discordia, la exacerbación de los partidos, la guerra civil, crónica dolencia de nuestro país. Por otra parte, el General Xatruch representa un principio muerto: el del retroceso.

Yo no conozco personalmente a ese compatriota; pero conozco sus actos públicos; y al decir de sus mismos amigos, es un hombre, que si bien honrado, es largo en espada y cortísimo en inteligencia.

Ahora bien, Honduras reclama un gobernante que no signifique la fuerza, sino el pensamiento organizador, que no signifique la inspiración de un partido, sino la rectitud y la imparcialidad, dotes que en la persona de un mandatario alcanzan a neutralizar las odiosidades y rencores de los bandos que se han disputado los poderes; dotes apreciables que dan a una administración el sello de la benevolencia, de la justicia y de la libertad. No hay peor cosa para un país trabajado por revoluciones intestinas que elevar al poder a un hombre connaturalizado con un partido, en fuerza de compromisos anteriores; y más, compromisos de retrógrada bandería.

La necesidad urgente en la política de nuestro país, es la conciliación de los partidos, llamada a producir el desapego y la desilusión de los ciudadanos, respecto a esos figurones políticos que de mucho tiempo a esta parte, vienen comprometiendo y empeorando la situación de Honduras. Recordad que ese mal profundo ha sido aprovechado hábilmente por la astuta política del General Medina. Conocéis bien que ese mandatario no tiene en Honduras un partido fuerte y solidario que le favorezca, Medina, en el decurso de su larga administración ha colocado en los más altos puestos, a los retrógrados, a los liberales, a los rojos. Guiado por su política tornadiza, hoy abraza cariñosamente a los unos; mañana los despide a empellones. Con manejos de este linaje, se ha mantenido en el poder a despecho del descontento general; y ha enervado la acción, la fuerza y la energía de sus opositores, porque los partidos han comprendido que, a pesar de la ambición y las arbitrariedades del mandatario, este no se acoge firmemente a las ideas y pretensiones de su bando; y en su ruin egoísmo, han preferido ver holladas sus garantías y libertades, a ver en la silla presidencial a un hombre que exclusivamente fuese la representación de un partido.

Pues bien: el mal gobierno que hoy deploran los hondureños, se ha mantenido por la división, por el ciego exclusivismo de los bandos políticos; y la misma división producirá en lo sucesivo análogos y desastrosos efectos, si vosotros y los hondureños amantes de su país, no salís de ese círculo vicioso, en que nos revolvemos sin tregua, buscando los hombres de antecedentes que hagan la suspirada felicidad de Honduras. Podrá preguntárseme ¿qué necesitamos para olvidar los hombres de antecedentes que tanto nos preocupan, y basar sin ellos una política impersonal, justa y progresista?

Necesitamos hacer comprender a nuestros compatriotas que deben ser desprendidos y generosos, que deben renunciar a sus pretensiones egoístas, a sus miras de dominación, por la preponderancia de un partido. Si lograreis, por medio de la prensa, inocular en los pueblos esta idea salvadora, se habrá dado el primer paso en la grande empresa que acometéis, con el laudable fin de plantear en Honduras un gobierno de leyes, digno de los países cultos. Exentos los hondureños de las prevenciones y enconos de partido, anunciadles que allá en su suelo, hay algunos hombres dignos, libres de compromisos anteriores, sujetos de inteligencia, de patriotismo y buena fe: que busquen uno de ellos y que libremente lo eleven al Poder, Sólo de este modo acabarán nuestras guerras civiles que nos deshonran y empobrecen; sólo de este modo alcanzaremos paz, fraternidad y conciliación de los intereses, hoy tan opuestos y enemigos.

No vaciléis, difundid por la prensa esas ideas de política impersonal. Guardad vuestra fe y tened constancia; que si los hondureños os desoyen; si permanecen obcecados en sus propósitos de constituir gobiernos de sable y bandería, suya será la culpa, suya será la indeclinable responsabilidad de su criminal conducta. A vosotros que trabajáis lealmente guiados por la inspiración de la verdad y de la justicia, os dará al menos la íntima complacencia de haber llenado vuestro deber como buenos hijos de la Patria.

¡Adelante y siempre adelante! Conservemos incólumes nuestras creencias, nuestra perseverancia, nuestra idea democrática, nuestro incansable empeño de contrariar los gobiernos absolutistas en todo lo que alcancen nuestras débiles fuerzas. Asociemos a nuestro propósito a la juventud hondureña, a la centroamericana, que es nuestra aliada puesto que se trata del porvenir. Que no llegue para nosotros la hora infelicísima de aplicar a los pueblos de Honduras la terrible sentencia que leemos a las puertas del infierno del Dante: ¡Lasciati ongni speranza!... ¡Dejad toda esperanza! ... Si la generación presen- te es la generación de duras pruebas y profundos dolores; que eso no os conmueva: el porvenir será de la juventud que, en una época venturosa, exenta de miserias, de preocupaciones, de odios y rencores, planteará y defenderá el gobierno democrático, gran significación política de la inteligencia y del derecho.

Esta mi pobre carta encierra mi pensamiento tal como lo concibo, en toda su integridad y franqueza. No véais en ella la forma, no la gala del lenguaje: ved tan sólo el sentimiento que la inspira. Puedo haberme equivocado al juzgar los hombres y la situación política de nuestra patria. Si padezco un error en mis apreciaciones, no es culpa mía; y por eso estimaré en vosotros una prueba más de confianza y efecto, si me externáis ingenuamente vuestras ideas, ya contrariando los conceptos expresados, ya confirmándolos, si por fortuna estuviésemos de acuerdo. En todo caso contad con las seguridades de mi cordial aprecio y recibid el saludo que os envía vuestro compatriota y amigo.

FRANCISCO MORAZÁN

I

En el cuadro que ofrece la edad heroica de Centro América, que comienza en el año de 1822 con la protesta armada contra la anexión de Centro América al Imperio Mexicano de don Agustín de Iturbide, y que termina con los trágicos sucesos del año de 1842, destacase serena, noble y majestuosa, la figura simpática de un hijo de Tegucigalpa, de Francisco Morazán, que con su brazo supo combatir la reacción encaminada contra la independencia y la libertad y, con su indomable carácter y sus ideas firmes y elevadas, mantener viva la fe en los altos e inmortales destinos de la República.

Voy a escribir la Historia de aquel grande hombre, obra dificilísima que declaro ingenuamente, excede, con mucho a mis fuerzas. Escribir la Historia de Morazán no es redactar los preparativos, combinaciones y resultados de las batallas de un héroe que supo imponerse a la fortuna; es más que todo esto; es juzgar, en una época de vacilaciones, de dudas, y aún de escepticismo y con el difícil del y de la Filosofía de la Historia, a un hombre de ideas, de principios: es para decir, con mayor exactitud posible, todo un sistema político, si se quiere exótico en una tierra virgen, y para un pueblo nuevo, planteado y desarrollado, durante una dilatada época, en medio de la exaltación de los ánimos, del desbordamiento de pasiones inocentes o aviesas en su origen y entre el choque de opuestas e irreconciliables ideas y entre el horrible fragor de los combates.

La vida de Morazán entraña no tanto una serie dilatada de hechos, de esfuerzos y de heroísmos, cuanto una serie de altas ideas y de fecundas enseñanzas. De aquí la gran dificultad de que se presenta para el biógrafo y más para el historiador crítico, con respecto al juicio que debe expresar sobre la vida, obras, tendencias y aspiraciones del repúblico que más honra los anales de nuestra Historia. Yo me comprometería a salir airoso escribiendo, con cuatro plumadas, las biografías de todos los criminales tiranuelos que han llenado y llenan de infamia al Centro de América, pero me siento débil y medroso al escribir la vida de Francisco Morazán...

Sucede en los países que han retrogradado en lo social y en lo político el fenómeno de que las enseñanzas de lo pasado, lejos de relegarse a los archivos para que las estudien los aficionados a lo antiguo, son por lo contrario, cuestión de actualidad, la aspiración de lo presente, y el ideal de lo porvenir. Nuestra gran retrogradación hacia el pasado colonial aunque disfrazada con el ropaje churrigueresco de repúblicas en caricatura hace que la vida, que las obras, que las ideas de Morazán sean tema de actualidad, que constituyen la suprema aspiración de lo presente y que sean, para los hombres pensadores, los ideales que se dibujan en los vastos horizontes de lo porvenir. Dados nuestros grandes retrocesos, dados nuestros errores en materia política, dados nuestros crímenes que hoy nos exhiben como falsificadores de la República, dados tan funestos (hechos) sociales, que hoy dan vida a la más funesta escuela de nuestras escuelas de corrupción; no será avilantez la mía al decir que la escuela de Morazán, que la enseñanza en pro de la unidad de la patria y de las efectivas instituciones de la República, es la única enseñanza que debe darse en nuestros días, y que es aún más, la enseñanza que en lo porvenir deben dar, si quieren ser independientes y libres, los hijos de nuestros hijos...

Yo que amo, como pocos, la memoria del ilustre repúblico, deploro de todo corazón que sea tan grande, a costa del egoísmo, de la imprevisión, de los errores y de los crímenes de nuestros partidos políticos; a costa de la desorganización y del envilecimiento de la patria. La Historia, como el individuo, juzga bajo la ley indefectible de los contrastes. La reacción estúpida y criminal mato al héroe, rico en actividades, en esfuerzos, en aspiraciones y nobles ideales; pero el contraste histórico lo hace aparecer, aun hoy en día, como el revelador de nuestros destinos de organización, de verdadero progreso, de cumplida libertad y de inmarcesible gloria. ¡Ah! Yo desearía que tanta gloria hubiese sido eclipsada por hombres y por pueblos que, dejando muy atrás al batallador del 29 y del 40, al mártir sublime del 42, hoy nos dijesen: "Si Morazán trabajó en lo pasado, su noble vida corresponde a la Historia; pero nosotros hemos ido adelante: nos hizo ver la luz crepuscular de la mañana; pero por nuestra virtud vemos ya la esplendente luz del medio día: tenemos, sin zozobras y combates, patria libertad e instituciones y la felicidad de los nuestros y el aprecio y el respeto de los países extranjeros".

Contémplese a Morazán, contémplese su advenimiento político, su vida y su muerte estúdiese su historia y que se me diga entonces por conservadores o pseudo liberales si es una inepcia o una vulgaridad el decir que la idea de Morazán, su vida y sus hechos deben formar el numen de una revolución benéfica y regeneradora. Desde 1827, Morazán, de ciudadano se convirtió en soldado de la independencia y del derecho: desde la cañada de "La Trinidad" hasta la capital heroica de El Salvador y desde ésta a Guatemala, la capital de los Capitanes Generales de la Colonia, hace una carrera triunfal, realiza hechos heroicos, se ve abrumado por el peso de los laureles, y vencedor, sin contradicción, el año de 29 sostiene la legalidad y lejos de imponerse como dictador afortunado, deja el gobierno a los poderes legítimos para que en paz y justicia rijan los destinos de la combatida república, de la república salvada por su brazo y por su genio. Desde 1830, sin seducciones ni amenazas, es promovido a la primera Magistratura por el voto público. En 1831 y 1832 vence bizarramente a la reacción liberticida más general y poderosa de que puede haber memoria en los anales de Centro América, y asegura el régimen de las leyes, y bajo su gobierno se operan las reformas de más trascendencia para el ensanche de los derechos de los ciudadanos y de los adelantamientos sociales. En 1834, pudiendo imponerse por la fuerza, deja libres a los electores de las autoridades supremas: es vencido por su competidor el sabio Valle, que tan solo tenía el ascendiente de su talento, de su palabra y de sus escritos, y es electo, para un segundo periodo por haber bajado al sepulcro el estadista predilecto de los pueblos.

Desde 1834 a 1839, como guerrero y como político, combate en las asambleas de batalla y en el terreno de la diplomacia a los facciosos y sofistas que, so pretexto de reformas constitucionales, desde 1832 empezaron a dar golpes de ariete al gran edificio de la Constitución y de la patria, sostenido a costa de los mayores y más nobles esfuerzos y de los más grandes y extraordinarios sacrificios; y en tal época, Morazán, superando en heroísmo a Guzmán el Bueno y excediendo a Bolívar en republicanismo, consciente en el sacrificio de su esposa y de sus hijos y con puñados de hombres vence ejércitos y desprecia la proclamación de dictador que los conservadores guatemaltecos le ofrecieran humildes y reverentes, conceptuándolo como Salvador de la Patria y como sostenedor de sus instituciones.

Desde 1839 hasta 1840, por haberse frustrado los esfuerzos del patriotismo y del genio, la república estuvo en el período de una violenta y dolorosa agonía; y Morazán, con empeños casi sobrehumanos, entre luchas y conflictos indecibles, quiso volverla a la vida; y cuando perdió toda esperanza, cuando murió la república a manos de miles de forajidos, Morazán, en su retirada de Guatemala con un puñado de valientes, consumó uno de los hechos de armas de más arrojo y que más ilustran nuestros anales militares. Desde 1840 hasta 1842, Morazán, con el alma desolada, peregrinó en extraños pueblos que le ofrecieron poder y fortuna, los que desechó generosamente para regresar a Centro América y libertarla de las invasiones extranjeras, y redimirla de las indianas dictaduras que habían convertido a la patria en un semillero de cacicazgos sin paz, sin libertad y sin honra. Y por fin; en setiembre de 1842, el egoísmo y el envilecimiento hacen fracasar la empresa salvadora del redentor de dos millones de hombres; y el repúblico es llevado al cadalso por los agentes de traición infame; y la noble víctima se prepara a morir con la serenidad de Sócrates y con la viva fe de Jesucristo; y muere como héroe y como mártir, y lega en su testamento, a la juventud centroamericana, su idea regeneradora y luminosa en pro de la Unidad de la Patria de las y genuinas instituciones de la República.

Como los hechos expuestos y muchos más, serán demostrados, punto por punto, en los capítulos de esta obra, desde ahora tengo derecho para preguntar; ¿quién ha hecho más que Morazán en favor de la verdadera república? ¿Qué otro hombre, por su idea y por su ejemplo puede presentarse, en primer término, como modelo digno de imitarse la por presente y venideras generaciones? Cierto es que Morazán cometió gravísimos y trascendentales errores en su vida militar y política. Como hombre pagó su tributo a la contingencia de la naturaleza humana. Por convicción y por deber, yo he de juzgar sus errores y de condenarlos con entera imparcialidad. Pero si hay errores en la vida del guerrero y del político, nunca pueden hallarse crímenes en la vida del repúblico. El error no rebaja la dignidad del hombre: el crimen la mancha y la degrada. Morazán, aunque equivocado algunas veces, no en el fondo de su sistema, sí en la apreciación de sus aplicaciones, es y será un gran modelo; más no podría serlo si el crimen hubiese viciado su carácter y tomándolo en adulterador de principios, en falso apóstol y en encubierto o descarado dictador, que hubiese servido a sus egoístas intereses, que hubiese asaltado el poder para convertirlo en medio de opresión y en objeto de especulaciones, y que hubiese en suma conculcado los principios y desnaturalizado los fines de las instituciones republicanas.

Contra tales aseveraciones se pronunciaron los enemigos implacables del Gral. Morazán, quienes lo injuriaron, calumniaron y escarnecieron. Véanse los escritos de don Manuel José Arce, de don Manuel Montúfar, del marqués de Aycinena, algunas poesías del doctor don José Trinidad Reyes, y las publicaciones de Honduras y Guatemala en tiempos de los gobiernos de los generales Francisco Ferrera y Rafael Carrera. Véanse también las publicaciones de El Salvador, Nicaragua y Costa Rica, correspondientes al año de 1842. Jamás hombre alguno de Centro América, fue tan combatido y ultrajado por sus enemigos, ni tan querido y admirado por sus amigos; para los unos era un monstruo, para los otros era un ídolo.

Morazán recibió o las maldiciones del odio enconado por intereses destruidos, o los himnos de la alabanza, algunas veces inspirados por pasiones interesantes. Jamás personaje alguno de nuestro país ha producido choques más violentos de juicios, de opiniones, de sentimientos y de ideas. Aun hoy en día parece que la noble figura del héroe se deja ver, en vaga confusión entre las negras polvaredas levantadas por los pies de rabiosos detractores, y entre las sonrosadas nubes formadas por los vapores de la imaginación de exaltados y rendidos admiradores.

Para la Filosofía de la Historia ¿Qué significa tanto odio y tanto amor? Significan la grandeza del hombre maldecido o endiosado: significan la fineza granítica de sus ideas y la inmortalidad de su destino. Si Morazán fue odiado de veras, fue porque nunca tuvo transacciones indígenas con el coloniaje, con el servilismo; si fue amado de veras, fue porque siempre se mostró consecuente con sus principios, con el bello ideal de la República. A las medianías en lo científico, en lo literario y en lo político, se les rechaza, o se les quiere durante el espacio de breves días; pero luego se les olvida y el olvido es el signo de su nulidad. A los hombres extraordinarios en las ciencias, en la letra y en la política, se les odia o se les ama siempre. He aquí el signo de su viabilidad perdurable en el sentimiento de la posteridad y en las páginas de la Historia. Dichoso Morazán tan odiado y tan amado, que por la virtud de su carácter ha tenido el raro privilegio de sobrevivir a las generaciones y de ser a través de los tiempos, vida, alma y fuerza de las más nobles aspiraciones de la patria.

Para los hombres de la edad heroica de Centro América ha sonado la hora solemne de la posteridad. Para ellos han llegado ya los tiempos del juicio sereno y del imparcial criterio histórico. Nos agitan al presente las pasiones, los intereses y las ideas de los contemporáneos.

En medio de nuestros desaciertos, de nuestras amarguras y de nuestros desengaños podrá haber parcialidad, exageración en los juicios sobre los hombres de hoy; y yo declaro que no me creo exento de esa debilidad, propia de todos los hombres, en todas las épocas y en todas las latitudes. Más la muerte y el tiempo están de por medio entre los hombres de hoy y entre los hombres de la Federación de Centro América. La muerte y el tiempo son las mejores garantías para juzgar con calma y con justicia.

La verdadera historia tiene siempre un sentimiento de piedad, y esta piedad no es otra cosa que el respeto religioso a los hombres de quienes nada tenemos ni esperamos. La Historia, la verdadera Historia tiene y debe tener la solemnidad de lo pasado; la gravedad de lo presente y la seriedad de las enseñanzas para lo porvenir. La Historia debe reproducir los ecos de las tumbas, representar las agitaciones de la vida que se inclina a lo futuro. La Historia en nuestro siglo, no es sólo la Crónica, es también el lazo de la idea, las edades y los tiempos, debe proceder por vía de comparaciones, y como el hombre de la ciencia quirúrgica que conoce la moral médica, no debe profanar los organismos de los muertos, debe estudiarlos y revelar sus juicios a los contemporáneos para atenuar los males de lo presente y prevenir los males de lo futuro. Qué gran ministerio el de la Historia. Si la medicina trata de atenuar o destruir las dolencias físicas, la Historia trata de atenuar o disminuir las dolencias morales. La Medicina ha encontrado remedios heroicos para luchar en pro de la vida: la Historia ha encontrado también hombres heroicos para luchar en pro de las ideas, de la dignidad y de la felicidad de los pueblos.

Apartándome de consideraciones abstractas, que para muchos serán una pura ideología, debo insistir diciendo que trataré de Morazán subordinándome a los cánones del sagrado Ministerio de la Historia. Yo no conocí a aquel hombre, ni mis mayores tuvieron que agradecerle, y antes bien algunos de ellos, fueron sus opositores.

Mi abuelo don León Rosa y mi tío el doctor don José Trinidad Reyes, fueron, en un tiempo, acérrimos enemigos del general Morazán. Yo, que primero por instinto y después por reflexión he estado en abierta pugna con el credo político de los conservadores, de quienes no he recibido ningún daño; y a quienes justifico en muchos de sus actos y procedimientos administrativos, yo que casi desde niño estoy afiliado al Partido Liberal; pero no al pseudo liberal que falsifica las ideas y es imprevisor e inconsecuente; yo, que no he buscado ni busco empleos, influencias ni aplausos, que más bien he desechado en observancia del deber; yo que cuento con tales circunstancias creo tener algunas condiciones para escribir imparcialmente la historia del héroe de Gualcho.

II

Los ascendientes paternos de Morazán pertenecieron a la familia Morazzani de la Isla de Córcega, que hace más de un siglo es posesión francesa y que en tiempos anteriores correspondió a Italia... Por parte materna los ascendientes de Morazán pertenecieron a la familia de los Quezada y de los Herrera establecida en Tegucigalpa. Esta familia fue de las más antiguas y distinguidas por su posición social, por su carácter noble y caballero y por los talentos e instrucción de algunos de sus individuos...

Es digno de notarse el cruzamiento de razas de las dos familias de quienes desciende Morazán. Sin duda a ese cruzamiento se debe que Morazán haya poseído cualidades y virtudes eminentes, al aparecer opuestas y que es muy difícil ver reunidas en un mismo individuo. De la raza paterna heredó Morazán la suavidad de carácter, la penetración, el disimulo y las grandes dotes diplomáticas que tanto distinguen a los hijos de Italia: de la raza materna heredó el valor, la constancia, la tenacidad y la hidalguía que tanto caracterizan a los hijos de España... El hombre, según la ciencia, ha sido y será siempre un compendio de las virtudes y vicios de su raza.

En el último cuarto del siglo pasado contrajeron matrimonio, en la Villa de Tegucigalpa, don Eusebio Morazán y doña Guadalupe Quezada. Tuvieron como fruto de su unión cuatro hijos: don José Francisco, doña Marcelina, doña Cesárea y don Benito, quién se dedicó a la carrera eclesiástica... El primogénito del expresado matrimonio, don Francisco, nació en Tegucigalpa el día 3 de octubre del año de mil setecientos noventa y dos...

Cuando Morazán hubo salido de la infancia, sus padres, que se distinguieron por la sencillez de su carácter, por la pureza de sus costumbres y por un grande y amoroso apego a sus hijos, se empeñaron con esmerada solicitud en proporcionar a su primogénito la mejor educación posible. Dificultades insuperables se oponían a la satisfacción de aquella solicitud paternal. Todavía a fines del pasado siglo y en los comienzos del presente eran casi nulos los medios de educación en Honduras. Entraba en el sistema político y administrativo de la madre patria mantener a los americanos en perpetuo estado de ignorancia, debían tener sus ojos cerrados a la luz de la ciencia y del derecho, porque la ciencia y el derecho alguna vez habían de hacerles conocer su carácter de hombres libres y rechazar un régimen de odiosa desigualdad, de inicua explotación y de embrutecedor oscurantismo...

Morazán tuvo la desgracia de nacer y formarse en aquella triste época de aislamiento y de completa oscuridad en que Honduras carecía de escuelas. Únicamente en Comayagua se estableció una clase de latinidad en 1588 por el señor Quintanilla, tercer obispo de la provincia: después se fundó por el obispo Vargas y Abarca un colegio tridentino destinado a la enseñanza del derecho canónico y de la Teología; y por último, en 1784, se creó por el obispo Antonio de Guadalupe una clase de Filosofía, dada bajo los principios del sistema de los ergotistas. He aquí todo lo que había respecto a enseñanza y ésta, limitada a los hijos de españoles.

Tegucigalpa, al tiempo en que los padres de Morazán trataban de educarlo, carecía de todo establecimiento de enseñanza: era una triste villa mandada por su alcalde mayor europeo; era una especie de residencia de mineros peninsulares de todo en todo privilegiados, y ocupados casi exclusivamente en sacar provecho de los indios que, bajo sus órdenes, hacían con rudas fatigas las labores de las minas de Santa Lucía, de San Antonio, de Villa Nueva, de Yuscarán, de Cedros, de Plomo y del Corpus. Aumentar el número de barras de plata que en grandes cueros se sacaban al sol y que se amontonaban en los extensos patios de las "casas grandes", tal era, fuera de ejercicios piadosos, la primordial atención de los peninsulares residentes en Tegucigalpa. La educación, el cultivo de la inteligencia, era cosa, si se quiere, baladí, para sus propósitos.

Morazán, pues, tuvo que aprender las primeras letras, lectura, escritura y las reglas elementales de la Aritmética en escuelas privadas de pésima organización y sostenidas con una especie de contribución que aprestaban los padres de familia. No obstante lo rudimentario y mal sistematizado de tales escuelas, el niño aprendió a formar una clara y hermosa letra española, a leer con alguna corrección y a hacer muy felices ensayos en la ciencia del cálculo.

(Biografía del General Morazán por don Liberato Moncada. Se halla inédita en la Biblioteca Nacional de Honduras. Esta obra se refiere sucintamente a la vida de Morazán desde 1792 hasta 1829. Más bien que el nombre de verdadera biografía merece el calificativo de breves Apuntamientos Biográficos. Me he fundado en los curiosos aunque incompletos datos que proporciona para escribir los párrafos relativos a la educación y primeros empleos de Morazán. El señor Moncada fue condiscípulo de Morazán y su sucesor como Ministro del Gobierno de Honduras: fue un hombre que se distinguió por su recto juicio y por su probidad acrisolada. Aunque tuvo altas posiciones como empleado, jamás tuvo las pasiones e intereses de un sectario político. Sus afirmaciones, pues, merecen entera fe. El señor Moncada, ya anciano, murió en Tegucigalpa, respetado por liberales y conservadores y en medio de una honradísima pobreza. Perteneció a aquella noble generación de los Herrera, de los Rivera y de los Cabañas, que no hizo de la política el medio de especulaciones indignas y de vergonzosas granjerías)...

Llegaron para Morazán los más floridos años de la juventud, pero en vez de disiparla en esparcimientos de fútiles empresas y en peligrosos devaneos cercanos a los vicios, hizo propender la actividad de su espíritu a fin de cultivar sus claros y privilegiados talentos. De esta suerte llegó a estudiar con bastante provecho las matemáticas y el dibujo lineal, que era uno de sus estudios predilectos.

El coronel don Manuel Montúfar, conservador de gran talento y detractor implacable de Morazán, dice en sus Memorias para la Historia de la Revolución en Centro América: "Examinando por sus principios y por su carrera se le encuentra formado por sí mismo, sin, instrucción y sin escuela; pero ni aún el trato del mundo en una sociedad regular ha podido desenvolver sus disposiciones naturales. Casi todo lo debe a la casualidad como acontece en los caprichos de las revoluciones, pero su carácter o sus condiciones propias no son despreciables".

De buen grado y en justicia, puede convenirse con el coronel Montúfar en que Morazán no haya sido un hombre de escuela, en el sentido técnico de la palabra; pero no puede asegurarse como asegura que era un hombre sin instrucción, o más claro, un ignorante. Morazán no se formó en buenos colegios como Bolívar, como San Martín, Mosquera y otros grandes generales de la revolución de la América Latina; pero tal falta de preparación para la vida militar y política, en vez de degradar a Morazán lo enaltece, Morazán es hijo de sus propias obras. Si le faltaron escuelas, le sobró genio.

En lo que no puede convenirse con el coronel Montúfar es en que Morazán haya carecido de instrucción y no haya podido desenvolver con el trato social sus naturales facultades. Morazán conocía bastante bien su propio idioma como lo revelan sus escritos, conocía mucho del idioma latino, conocía diversos ramos de las matemáticas y tenía muchos conocimientos sobre jurisprudencia, Historia y derecho público. Sus escritos y juicios que reproduciré en parte, comprobarán la verdad de mis asertos. Morazán no fue un sabio y ni siquiera un hombre verdaderamente ilustrado, pero no puede decirse con imparcialidad que fuese un hombre sin instrucción...

El carácter de Morazán fue en todo excepcional. Había en él tres eminentes cualidades: firmeza de voluntad, inteligencia perspicaz y previsora y una sensibilidad delicada; pero predominaban en él la fuerza reflexiva y la entereza en sus resoluciones. Desde muy joven, según lo afirman personas que lo conocieron íntimamente, se distinguió entre sus compañeros sobre quienes ejercía una especie de predominio siendo siempre suave, agradable, urbano y circunspecto. Sus amigos lo respetaban en todas ocasiones y era considerado como árbitro para resolver sobre las diferencias que entre ellos ocurrían. Era austero por sus ideas y su temperamento, y cortés y afable por sus modales: era hasta retraído por sus hábitos reflexivos pero esto no le impedía ser comunicativo y cariñoso cuando del retraimiento pasaba a formar parte en el trato de la familia o de la sociedad.

"No parecía sino —dice unos de sus contemporáneos—, que aquel hombre estaba predestinado para obrar grandes acontecimientos".

(El general don Cruz Lozano, que acompañó al Gral. Morazán día por día durante los ocho últimos años de su vida. El estimable caballero señor Lozano, que está establecido en San Salvador tuvo la bondad de facilitarme "algunos apuntamientos sueltos sobre la vida privada del general Morazán". A este documento importante, que obra en mi poder, he de referirme varias veces en algunos capítulos de esta obra).

Tenía Morazán un carácter tan notable por lo excepcional y una atracción tan simpática, que aun sus mayores enemigos, aunque desfigurándolas torpemente, reconocieron sus grandes cualidades. El coronel Montúfar dice: "tiene dotes naturales bastante felices: a una figura recomendable, aunque no militar, reúne el talento y modales insinuantes, aunque sus maneras se resientan de la afectación o del arte"...

Las costumbres de Morazán estaban en perfecta consonancia con su carácter. Gustaba mucho de la lectura y frecuentemente rehusaba asistir a reuniones por entretenerse con sus libros o con el despacho de su correspondencia. Era metódico para el trabajo y generalmente por la tarde lo reemplazaba con ejercicios a caballo que hacía por lo común sin ninguna compañía. Se vestía con suma sencillez y era muy sobrio en sus comidas: uno de sus gustos era hacer uso de polvos de rapé y por lo común en lances apurados aspiraba un polvo. Era muy parco para hablar y solo entraba en discusión cuando el asunto era de verdadera importancia. Oía con gran atención a las personas que a él se dirigían y escuchaba en particular con benevolencia sus indicaciones y observaciones que siempre valoraba con mesurado y reflexivo juicio. Alguna vez tuvo pasiones y extravíos muy reprensibles, aunque propios de un corazón joven y ardiente. Pagó su tributo a la frágil naturaleza; pero las debilidades del hombre, si bien censurables, nunca llegaron a falsear las virtudes del ciudadano y del repúblico.

Con sus amigos, Morazán llegó a tener rasgos hasta de verdadera ternura y siempre fue para con ellos respetuoso y consecuente. En sociedad, Morazán fue afable hasta la dulzura y ninguno de sus contemporáneos imparciales habla de que tuviese afectación en sus maneras: todo lo contrario, se distinguía por una suma sencillez y por una gran naturaleza en sus modales. Amaba con pasión a su familia y la suerte incierta de su hija y de los suyos lo hacía con frecuencia tener las más amargas reflexiones y sentir los más agudos y profundos dolores. "Más de una vez, dice un testigo ocular, le vimos verter lágrimas de dolor cuando marchaba a una campaña; pero defendía una causa santa y se conformaba con decir: ´Sufro pero primero tuve patria que familia´".

(Algunos apuntamientos por el general don Cruz Lozano).

Tales fueron, a juzgar por varias relaciones de personas, los sentimientos de Francisco Morazán.

Cuando Morazán hubo dominado todo el horizonte intelectual para él visible, agotados los medios de acrecentar el caudal de sus conocimientos, tuvo que pensar en proporcionarse una ocupación útil, que contribuyese a satisfacer sus necesidades y tomó plaza de Oficial en la Escribanía de Tegucigalpa, que estaba a cargo del señor don León Vásquez.

En el ejercicio de su empleo adquirió varios conocimientos en el ramo de jurisprudencia y hábitos de trabajo en la gestión de negocios de oficina.

Los primeros años de Morazán revelan en vista de los relatos precedentes, noble afán por educarse, estudios interrumpidos y recomenzados con ardor, trato frecuente con las clases sociales más importantes de su época, altas aspiraciones contrariadas por dificultades, a veces vencidas, a veces insuperables y asiduos trabajos en la oficina de un escribano: humildes y oscuros trabajos que algún día debían ser reemplazados por las grandes y fecundas labores del guerrero y del político llamado a tener por teatro, no el estrecho recinto de una escribanía de pueblo, sino el vasto y hermoso teatro de la República de Centro América...

III

El día 28 de setiembre de 1821 llegaron a Comayagua los pliegos del Gobierno Provisional de Guatemala en que se comunicaba al Intendente de la Provincia, brigadier don José Tinoco de Contreras, la proclamación de la independencia. Igual comunicación llegó al Ayuntamiento de la Villa de Tegucigalpa, por la mañana del día 29 del mismo mes; en ocasión que el Ayuntamiento con el vecindario se disponía a asistir a la misa solemne que iba a celebrarse en la Iglesia Parroquial en honor de San Miguel, Patrono de Tegucigalpa. Muy distinta acogida tuvo en Comayagua y en Tegucigalpa la nueva de la independencia. Comayagua, influenciada por Tinoco, que era español y por su junta provincial que gustaba de los intereses tradicionales, optó porque la Provincia se uniese a México; Tegucigalpa, que ha sido el pueblo de los hombres de entusiasmo y de ideas levantadas, optó, con mucha razón por unirse a Guatemala, secundando el plan político derivado del acta de independencia del 15 de setiembre...

Los contrarios propósitos de Comayagua y Tegucigalpa produjeron una verdadera escisión entre ambos pueblos: se prepararon para la lucha y el pueblo de Tegucigalpa, con inusitado entusiasmo, según lo refieren testigos oculares, tomó las armas y a fines de 1821 y principios de 1822, formó y disciplinó compañías de milicias que nombraron sus oficiales por elección. En la primera de éstas compañías fue nombrado teniente, Francisco Morazán, de edad de veintinueve años y este grado le sirvió para obtener el nombramiento de ayudante del primer batallón. Tal fue el comienzo de la carrera militar de Francisco Morazán.

Al tratar del inicio de la vida del guerrero no juzgo fuera de propósito describir el físico del joven teniente de las milicias de Tegucigalpa. Era Morazán de regular estatura, de proporcionado cuerpo, de gallardo continente, en especial cuando montaba su corcel de batalla, de blanca y sonrosada tez empalidecida, a veces, por las fatigas del trabajo; de bien formada cabeza poblada de negros y suaves cabellos, de frente protuberante, despejada y espaciosa, de vivos, negros y rasgados, sombreados y grandes ojos, de mirada atractiva y profunda, de nariz correcta, en que se notaban los perfiles del tipo griego, de pequeña boca, en cuyos labios, algo movibles, se revelaba la resolución, la benevolencia, movimientos y expresiones que se dejaban ver más por la ausencia de bigote: y de barba de muy acentuado y muy gracioso corte.

Este era en su apostura y en su facción el hombre que aún sus mayores enemigos, no pudieron menos de reconocerle grandes atractivos en su físico, y cierto ascendiente, cierta seducción en sus maneras serias y a la vez corteses, afables y hasta dulces.

(Álbum de un antiguo veterano del ejército federal escrito en Costa Rica en noviembre de 1842. El veterano decía: "Mi general era un hombre muy buen mozo, en su trato era fino, de maneras suaves y amables, circunspecto y muy urbano, hombre corazón de bronce para las fatigas y corazón de mujer en su trato familiar; hombre peligroso, de aquellas personas fascinadoras a quienes no se puede ver sin dejar de unirse a ellas por un atractivo magnético que poseen y que es inexplicable".

(La copia de este curioso documento, que existe original en San Salvador, me la proporcionó en 1877, mi buen amigo el distinguido jurisconsulto Don Cruz Ulloa, natural de Honduras y Ex-ministro de Relaciones Exteriores del Gobierno de El Salvador. Hoy vive retirado de la política, en la ciudad de Santa Tecla)...

Electo Don Dionisio de Herrera, el 16 de diciembre de 1824, Jefe de Estado de Honduras por la Asamblea del mismo, a causa de no haber habido elección popular, una de sus primeras atenciones fue la de nombrar, con acierto, un Ministro General. Herrera se fijó en Morazán, pero vacilaba en nombrarlo porque siendo primo hermano de su esposa doña Micaela Quezada, temía que su nombramiento se le criticase atribuyéndolo al favor de un espíritu de nepotismo, mas como las principales personas del país y los mismos diputados invitasen a Herrera a la elección de Morazán, se decidió al fin a nombrarlo Ministro General. Este fue el primer empleo político que tuvo Morazán y en su ejercicio refrendó la primera Constitución del Estado, emitida por la Asamblea Constituyente en 11 de diciembre de 1825.

Aflictiva era por entonces la situación de Honduras: la fuerza estaba desorganizada: el tesoro exhausto y las rentas comprometidas: la escisión de Comayagua y Tegucigalpa había agotado los recursos: más de cuatrocientos mil pesos se habían gastado en sostener fuerzas que hicieron indispensables los disturbios públicos: el Poder Judicial estaba sin organización y la desconfianza reinaba a consecuencia de las animosidades de los partidos. En tal difíciles circunstancias, Morazán en su calidad de Ministro prestó su eficaz cooperación al hábil e ilustrado político Don Dionisio de Herrera, a quien tocaron los más penosos trabajos para fundar las primeras bases de administración en Honduras...

A poco tiempo de haber tomado posesión de la presidencia de Centro América, el general don Manuel José Arce, empezaron a manifestarse disensiones, competencias y conflictos entre el presidente de la República Federal y las autoridades del Estado de Guatemala, secundadas por los liberales exaltados... La conducta de Arce, como era natural, produjo en los pueblos centroamericanos un profundo malestar que fue seguro precursor de la guerra. Prado, jefe del Estado de El Salvador, se puso en oposición con el presidente de la República: los liberales de Honduras y de Nicaragua mantenían igual espíritu de hostilidad. Los liberales de todos los Estados habían perdido la fe en Arce, a quien veían inspirado y dirigido por los conservadores que habían combatido la República, hostilizado a las provincias y hecho la anexión a México...

El estado de cosas en Honduras presagiaba en 1826 un completo desconcierto social, y se prestaba de todo en todo al desarrollo de los planes de Arce, quien, después de haber derrotado a los salvadoreños en los Campos de Arrazola, ensanchó sus ambiciones de mando, acarició grandes sueños de gloria y se propuso para dar cima a sus proyectos, cambiar a toda costa el gobierno de Honduras que presidía don Dionisio de Herrera, por otro gobierno que fuese dócil instrumento de sus miras y de su poder, que, merced al triunfo alcanzado, conceptuaba incontrastable...

Consecuente con sus cálculos y propósitos, el presidente Arce, después de consumada la rebelión del cero, a fines del 26 creyó oportuno invadir a Honduras con fuerzas federales. Por tanto, en el mes de marzo de 1827, el batallón federal Número 2, a las órdenes del coronel don Justo Milla, vicejefe electo de Honduras, invadió a este Estado so pretexto de custodiar en la Villa de los Llanos de Santa Rosa, los tabacos allí almacenados, cuya especie formaba una de las rentas de la Federación. Milla, desde que llegó a los Llanos, que ocupó sin resistencia, observó una conducta hostil al gobierno del Estado: armó a los sublevados del provisor Irías de acuerdo con la junta clerical, aprobó los procedimientos de ésta y dio sanción a sus arbitrariedades...

Herrera se ocupó en hacer construir con la precipitación que las circunstancias exigían, algunas trincheras para resguardar el centro de la Capital: no podía defender los barrios o cantones de ésta porque la línea de defensa habría sido muy extensa y sus fuerzas eran muy escasas para sostener, siquiera, sus principales posiciones. Entre tanto, el coronel Milla continuaba su marcha y el día 4 de Abril puso sitio a Comayagua...

Rendida Comayagua y dominada Honduras por el coronel Milla, la fuerza auxiliar de El Salvador, que muy tarde llegó a Tegucigalpa, .tuvo que evacuar la plaza y dirigirse por la vía de Choluteca al vecino Estado de Nicaragua... Morazán y los coroneles Remigio Díaz, José Antonio Márquez y José María Gutiérrez, viéndose expuestos a ser capturados y vejados, salieron de Tegucigalpa para buscar su seguridad uniéndose a la fuerza auxiliar salvadoreña... En la Villa de Choluteca, hoy capital del departamento del mismo nombre, se separaron de los salvadoreños y determinaron pedir garantías al coronel Milla para permanecer en Honduras. Con este fin escribieron a Milla, que residía en Tegucigalpa, y con el mismo correo que le llevara la solicitud les mando pasaporte accediendo en todo a sus deseos.

Morazán, con sus compañeros, confiando en la palabra de Milla, salió de Choluteca y se dirigió al pequeño pueblo de Ojojona, distante ocho leguas de Tegucigalpa, y situado en la pintoresca falda del Cerro de Hule: su objeto era el de vivir pacíficamente al lado de su familia. Ya en Ojojona, Morazán y sus compañeros recibieron aviso dado por la señora doña Josefa de Vigil de que iban a ser capturados no obstante el pasaporte. Los compañeros de Morazán se ocultaron, pero éste no quiso hacerlo, dando fe a la palabra de Milla y diciendo que el aviso recibido era obra "de debilidades o sospechas de mujeres".

Mas a las diez horas de haber llegado a Ojojona fue preso por el teniente Salvador Landaverri, de orden del mayor Ramón Anguiano, comandante local de Tegucigalpa. Morazán presentó al teniente su pasaporte, pero fue inútil pues fue llevado, como un criminal, a la cárcel pública de Tegucigalpa, en donde fue objeto de tratamientos vejatorios.

(Apuntamientos históricos por don José Antonio Vigil. Este caballero, que pertenece a la distinguida familia de los Vigil, de Honduras, conoce mucho la historia del país y en 1883 formó sus apuntamientos, que tengo en mi poder, y que se refieren a hechos respecto a los cuales tomó parte o fue testigo presencial. Acompañó largo tiempo al general Morazán y tiene presente los actos y vicisitudes del que fue su jefe. Vigil, hoy anciano, de liberal radical se ha tornado en calambuco. Está desligado de la causa de su jefe y de sus mayores, y por lo mismo, cuanto dice con relación a su antigua causa merece entera fe pues más bien abriga prevenciones contra el liberalismo).

Aunque preso aún, se resistía Morazán a creer en que el coronel Milla violaba la fe de su palabra empeñada: le dirigió una exposición enérgica reclamando contra su presión. La respuesta de Milla le hizo comprender que había caído en una especie de emboscada. Desde entonces, Morazán sólo pensó en evadirse. Después de haber sufrido veintitrés días de estrecha y penosa cárcel, dicen los contemporáneos que se fingió enfermo; que se hizo algunas incisiones en la boca que mucho lo hacían sufrir y que el práctico Lozano, no sé si de buena o mala fe, certificó que el caso era muy grave, que el preso padecía de escorbuto. Debido a este doloroso ardid de Morazán y a los empeños de sus familiares y amigos fue trasladado con centinelas de vista a casa de los señores Márquez, una de las más respetables, de donde burlando la vigilancia de sus guardias logró evadirse aprovechando la oscuridad de la noche.

Morazán se dirigió sin demora alguna, a la ciudad de San Miguel del Estado de El Salvador y de allí pasó a la ciudad de León, del Estado de Nicaragua, con el objeto de buscar auxilios para libertar

Honduras... Morazán salió de León con 135 hombres, entre jefes y oficiales, llegó a Choluteca en los primeros días de octubre y con los descontentos hondureños que se le agregaron y un auxilio que mandó el gobierno de El Salvador, organizó una considerable División... El coronel Milla, que no había podido efectuar su movimiento sobre San Miguel pensaba encontrar a sus contrarios en Texiguat y salió de Tegucigalpa con toda su fuerza para batirlos. En el pueblo de Sabanagrande, a doce leguas de Tegucigalpa, Díaz y Morazán supieron que Milla se movía para presentarles acción. Coincidieron los deseos de las fuerzas enemigas y la fuerza libertadora prosiguió su marcha cada vez más resuelta a encontrarse con las fuerzas de Milla para librar una batalla decisiva.

El 10 de Noviembre, al caer la tarde, ocupó la fuerza libertadora de Honduras, el punto llamado La Trinidad distante seis leguas de Tegucigalpa. La Trinidad es una cañada en que está sita una casa de campo a cuyas inmediaciones se destaca una especie de cordillera de pequeños cerros. Acampada la fuerza en La Trinidad, los espías dieron parte al general en jefe de que el enemigo, que había salido de Tegucigalpa, estaba próximo a llegar. Entonces, refieren los contemporáneos que Morazán, inspirado por la amistad y confianza que tenía con el jefe Díaz y llevando su carabina en la mano, como soldado patriota, dispuso la acción. Colocó 400 hombres hondureños, nicaragüenses y salvadoreños en la planicie en que está situada la casa de La Trinidad; e hizo tomar posiciones a más de 600 hombres, en las alturas de un cerro cercano a la casa, cuya fuerza formaba la retaguardia del ejército. El coronel Díaz, el coronel Bosco, el coronel Pacheco y el patriota Morazán, con sus respectivos ayudantes, estaban a la vanguardia.

Al amanecer del día 11 de noviembre las fuerzas enemigas estuvieron a la vista, y sin demora se hizo por ambas partes un nutrido fuego. Díaz, Morazán, Bosco y Pacheco, con las cuatro compañías de vanguardia cargaron sobre el enemigo. A poco, el coronel Balladares, en cumplimiento de órdenes, dejó la altura que ocupaba flanqueando por la izquierda con dos compañías a las fuerzas guatemaltecas, que empezaban a desorganizarse. Notado esto por Díaz y Morazán, se redobló la carga de la vanguardia que ocupaba el centro y los plazuelas de Tegucigalpa, que acompañaban a Milla, empezaban a desbandarse en pequeños grupos. Díaz y Morazán dieron un soberbio y decisivo ataque general que no pudieron resistir los guatemaltecos, quienes, con su jefe Milla y sus jefes y oficiales, huyeron en todas direcciones, yendo a parar muchos de los vencidos hasta el distante pueblo de Esquipulas, perteneciente al Estado de Guatemala.

Hubo algunos heridos y muchos hondureños muertos y considerables pérdidas entre muertos y heridos de parte de los guatemaltecos. En el campo se recogieron un cañón con todos sus útiles, parque de todas clases y quinientos fusiles. Se cuenta que Morazán estuvo magnífico en el combate y desde entonces se referían al fenómeno que se operaba en él al entrar en batalla. Su fisonomía suave y apacible se descomponía en la pelea y se tornaba feroz y aterradora. El caballero agraciado y cortés se convertía en el hombre sañudo y terrible: era la transfiguración del ciudadano convertido por amor a la patria y al derecho, en el rayo destructor de la guerra. Se cuenta, además, que se vio en los campos de La Trinidad, en los puntos de mayor peligro, a un pequeño soldado, casi a un niño, disparando su carabina sin descanso. Se cuenta que se preguntaban: "¿Quién es aquel niño?" y que respondían: "Es Cabañas". El heroico niño fue después uno de los primeros capitanes del general Morazán, el prototipo de la honradez, del valor y de la hidalguía; y ha sido y será siempre por su abnegación y por sus generosas ideas una de las glorias militares más puras y bellas de la América Central...

El triunfo de La Trinidad, que fue como el despertar del genio militar de Morazán, dejó libre a Honduras de las fuerzas intrusas que hollaron su dignidad y sus derechos. Honduras había dado una terrible lección a los usurpadores y empezado a castigar al presidente Arce por sus desafueros y golpes de Estado. Honduras, antes postrada y escarnecida, se levantaba como Antínoo, más grande después de sus caídas. Honduras no era ya un motivo de desconsuelo, era una esperanza que sonreía, era un estímulo que alentaba al Partido Liberal de Centro América. Raros fenómenos los que ofrece la historia. ¿Por qué tan súbita y extraordinaria transformación? ¿Por qué los conservadores, vencedores y poderosos ayer estaban en completa derrota? ¿Quién preparó el triunfo espléndido de La Trinidad? ¿Quién hizo aparecer el genio de Morazán radiante de gloria y de promesas? ¿Quién entregó su nombre a la historia, a las futuras generaciones? ¿Quién con aquel genio, con aquel nombre cambió los destinos de Centro América?

Fue el coronel Milla, con su deslealtad. Si Milla hubiera guardado la fe de su palabra, Morazán habría vivido vida patriarcal en el pequeño y pobre pueblo de Ojojona: no habría ido en busca de auxilios al Estado de Nicaragua, no se habría organizado la división victoriosa y no habría aparecido el guerrero que dio las batallas de La Trinidad, de Gualcho, de las Charcas y que entró a la Capital de Guatemala el año de 29 tremolando la hermosa bandera de los libres.

Qué enseñanza, qué fecunda enseñanza. Los más grandes y sorprendentes acontecimientos dependen a veces de incidentes, en la apariencia, pequeños y despreciables. ¿Qué habría sucedido si Milla, fiel a su palabra no hubiese hecho aparecer a Morazán en la escena política? La causa de la libertad de los Estados se habría perdido por completo. ¿Pero que habría sucedido entonces, vencido Honduras, vencido después El Salvador, triunfantes los conservadores por doquiera y llenos de orgullo y de poder? ¿Habría vuelto Centro América, de reacción en reacción, a los tiempos de la colonia? ¿Habría habido una completa disolución social, causada por los abusos de un poder absoluto y seguidos por los desmanes de una anarquía irremediable? ¿Habría el partido conservador, dominado la anarquía, salvado siquiera, la Unidad de Centro América? ¿Habría convertido la República a un gobierno central y siendo sensato y previsor, habría afirmado gradualmente un régimen de instituciones? Ante la magnitud de tamaños y tan pavorosos problemas no se puede menos que exclamar, como en caso análogo exclamaba el inspirado autor de "Luis XIV y su Siglo": "Hay abismos de que se espanta la vista, y que no se atreve a sondear la inteligencia humana".

EL SENTIMIENTO NACIONAL

El absolutismo del régimen colonial, con su cortejo de desaciertos y de iniquidades; y las rudas luchas siguientes a la independencia, con sus tendencias ora a afirmar el despotismo, ora a plantear las instituciones de la República; tales son los dos grandes hechos que aparecen y resaltan en el vasto cuadro, aun no trazado por completo, de la Historia política de Centro América. Para comprenderla, se requiere conocer la época del coloniaje, aquella edad de hierro en que todo se subordinaba al principio de autoridad, llevado hasta el extremo de causar una verdadera parálisis de las actividades sociales; para comprenderla, se requiere también conocer y juzgar aquella edad heroica que sucedió a la independencia, en que el espíritu de libertad y de reforma, aunque muchas veces extraviado, supo obrar milagros de constancia, de abnegación y patriotismo.

A diferencia de los Estados Unidos del Norte, de México y de la América del Sur, en Centro América no puede marcarse el acto de la emancipación política de la Metrópoli Española como un hecho dominante que inspire vivo interés por haberse consumado a virtud de grandes sacudimientos sociales. Nuestra independencia, si bien fue preparada por algunos movimientos de insurrección y por la expresión acentuada de ideas de libertad, no obstante, llegó a proclamarse el 15 de Setiembre de 1821, no al favor de pujantes esfuerzos, sino más bien, al favor de las circunstancias: se consumó en paz y en libertad. Nuestro paso de la condición de colonos a la condición de hombres libres, no fue el resultado de una verdadera lucha fecunda en sacrificios del pueblo, en actos de heroísmo de sus prohombres y en manifestaciones ardientes y radicales de las ideas de los sostenedores de la nueva causa.

Nosotros, como los Estados Unidos, México, Colombia, Buenos Aires, el Perú y Chile, no tenemos una epopeya de las guerras de la independencia; no tenemos pueblos que se formaran en la escuela del sufrimiento, de las privaciones más dolorosas, del sacrificio y de la abnegación; no tenemos hombres que como Washington, Bolívar, Hidalgo, Morelos, San Martín, Sucre, O'Higgins, fueron como el alma enérgica y la viva inspiración que atentó a nuestros mayores, al calor de la libertad y con ejemplos de patriotismo que hoy parecen legendarios, para mantener las conquistas de la independencia. Vinimos, como por ensalmo, a la vida de los hombres libres sin que nuestro pueblo sintiese los grandes estremecimientos y los supremos dolores que, en lo humano y en lo social, preceden y acompañan al alumbramiento de un nuevo ser: vinimos a la vida de la independencia sin recibir un bautismo de sangre y de lágrimas. La lucha y el dolor fortifican la vida, los propósitos y los ideales del individuo: también fortifican las actividades y las aspiraciones de los pueblos.

La gran prueba de la lucha acerba, del sufrimiento continuo y de la adversidad sentida en el fondo del alma, les faltó a nuestros pueblos y a los proceres de nuestra independencia. He aquí un fenómeno histórico que es necesario tener muy en cuenta al tratar de la Historia social y política de Centro América: he aquí un fenómeno que debe servir de punto de partida para explicar el egoísmo, la ceguedad y la resistencia que tuviera en su contra el general Morazán cuando se empeñó en sostener la unidad de nuestra patria, y la efectividad de las instituciones republicanas: he aquí un fenómeno que explica, en mucha parte, nuestras pasadas y presentes e inauditas desventuras: he aquí un fenómeno que, en épocas no lejanas, trajo el indiferentismo, y que hoy produce, como fruto natural, el escepticismo político más destructor de la dignidad, del verdadero progreso y del derecho de nuestros pueblos: he aquí un fenómeno que habiéndose opuesto a la organización y buen nombre de la patria, hoy me hace decir con intenso dolor, que Centro América, en toda la América, es el país en donde menos existe el "Sentimiento Nacional", es el país en donde con más facilidad puede imponerse, casi sin contradicción, las dictaduras más absorbentes, brutales y salvajes, y en donde la dominación extranjera puede enseñorearse a su placer aún trayéndonos el patriotismo de la servidumbre y de las humillaciones. Lo que digo puedo demostrarlo con la Historia en las manos; y esta demostración es lógica e incontestable. No se formó un pueblo en la escuela del sufrimiento para conquistar la libertad: no hay entre nosotros arraigadas virtudes cívicas. Nuestro pueblo nominal no supo corresponder a los Morazán y a los Barrundia: Sólo ha sabido derramar sangre y lágrimas a los pies de un clero ignorante, desorganizador y absolutista, y de caudillejos brutales, miserables personificaciones del Cesarismo del Bajo Imperio, que han formado y aun forman hoy la ignorancia y el escándalo de la América Española. Iluminado por los últimos reflejos de la esperanza, yo pido un rayo de luz para mi patria: yo pido a la Providencia que en el Centro de América se suspenda la obra de perdición de las dictaduras infames y envilecedoras: yo le pido que nos aleje de la dominación extranjera a la que estamos muy predispuestos.

Ojalá que ésta no sea el castigo de nuestra incapacidad, de nuestras bajezas, de nuestros errores, de nuestra imprevisión y de nuestros crímenes. Ojalá que nos ampare la sombra protectora de Morazán que quiso legarnos patria e instituciones. Ojalá que nuestras cenizas, rebullendo en el sepulcro, se agiten, siquiera cuando los hijos de nuestros hijos tengan patria y libertad; cuando sean ya imposibles en este edén intermedio de las dos Américas, ni las brutalidades de dictadores bárbaros, ni las influencias y dominación de poderes extranjeros. Grandes son nuestros errores y nuestros crímenes, pero hemos sufrido mucho y los hemos expiado y los expiamos experimentando infinitas desventuras. Que venga una época de concierto y de rehabilitación. Estos son los votos del patriotismo.

Si los altos fines de la independencia y de la República se hubieran cumplido entre nosotros, a buen seguro que los hechos y las ideas de Francisco Morazán, no tendrían hoy la suma importancia que tienen. Si el Sentimiento Nacional de Centro América se hubiese pronunciado en el sentido de asegurar la unidad de la patria y la efectividad de las libertades individuales y públicas; si se hubiese alcanzado esa conquista, digna de nuestro siglo, Morazán sería hoy un notable personaje histórico; pero no sería por sus hechos y por sus ideas nuestra inspiración en lo presente y nuestro ideal para lo porvenir.

Imagínese, que como por encanto desaparecen de la Historia de Italia, de esta musa del mundo moderno, los nombres y las enseñanzas célebres de Cavour, de Garibaldi y de Mazzini; pues bien, la unidad italiana y sus progresos en pro las instituciones, no desaparecerían, porque el ejemplo y la de idea de aquellos hombres, han llegado a convertirse en sentimiento nacional de sus conciudadanos: imagínese que desaparecen de la Historia de los Estados Unidos los nombres venerados de Washington, de Jefferson y de Lincoln, y sus lecciones que son las que más ilustran a este siglo de la República; pues bien, no se perderían ni la unidad de la Federación Norteamericana ni su credo político del gobierno de sí mismo (self gobernment), porque en el pueblo rey de las libertades individuales y públicas, se ha hecho carne el verbo de la idea de los hombres que fueran los creadores de su admirable creación de derechos de garantías y de portentosos adelantamientos sociales y políticos; imagínese que desaparecen de la

Historia de Sur América los nombres y los ejemplos, casi legendarios, de Bolívar, de Sucre, de San Martín y de O'Higgins, de aquellos hombres extraordinarios que, en medio continente, hicieron dar a pueblos envilecidos por la Colonia, el salto más prodigioso que puede contemplar la moderna Historia, el salto del estado de servidumbre reglamentada por los Carlos V y los Felipe II, al estado de la República creada y sostenida, entre batallas, y alentada por los principios de la dignidad humana, de la filosofía de la razón y de la libertad; pues bien, aunque la memoria y las enseñanzas de aquellos prohombres desapareciesen en Sur América, aún se mantendría la vida inquieta, pero fecunda en esfuerzos propicios a la independencia y al derecho de los pueblos, porque en Sur América, aunque no hay en todos los movimientos regulares de sociedades definitivamente constituidas, existen ya, enérgicas en sus hijos, los sentimientos de la dignidad nacional y existen grandes e irresistibles vocaciones que los llevan, aunque sea entre dolores y lágrimas a la consecución del derecho y de los demás altos fines de la cultura social. Pero entre nosotros, amargo y cruel es afirmarlo, no se ha formado el verdadero Sentimiento Nacional; y de aquí la necesidad de buscar un poderoso resorte para movernos progresivamente; de aquí la necesidad de buscar, en lo pasado fuerza, aliento e inspiración, para mejorar nuestra condición presente, e ir en pos de una honroso y grande porvenir; de aquí la necesidad de presentar la vida y enseñanza de Francisco Morazán como tema trascendental de actualidad, como fuerza benéfica de impulsión que nos lleve a realizar mejores destinos, en provecho del hombre, de la familia, del cuerpo social, de la patria, de la humanidad. Hay que repetir con Álvaro Contreras: "Suprimid el genio de Morazán y habréis aniquilado el alma de la Historia en Centro América". Aunque no tenemos pueblo: asimilémonos la idea y el sentimiento de un extraordinario mito. ¿Por qué se dice que la vida, las ideas y las enseñanzas de un grande hombre. encierran en síntesis, la causa del presente y del porvenir de Centro América? ¿Hay fe en tales aciertos? ¿Los dicta el corazón que es la entraña del patriotismo? ¿Los inspira el cerebro, que es el órgano de las ideas y más que todo, el órgano de la ciencia? ¿Se trata de embaucar, en fin, en nombre de engañosa y malograda causa, o de un falso principio político?

Todas estas preguntas, todas estas dudas, y aún muchas más, son naturales para quienes no conozcan nuestra antigua historia y nuestros contemporáneos acontecimientos. Como gusto de la hipótesis por pura recreación o por antecedente de investigación científica, del mismo modo gusto de la realidad, cuando trato de hechos consumados. He dicho que entre nosotros se ha falsificado la República y esta falsificación es la más funesta de las falsificaciones. Después que el general don Miguel García Granados dejó el poder en Guatemala, desinteresada y noblemente, los centroamericanos han tenido como único criterio, el criterio de la fuerza; como único fin social, el éxito, como opinión pública, los gritos del populacho y las adulaciones de una prensa asalariada; y como derechos individuales y como garantías, la entrega incondicional de sus personas, de sus familias, de sus intereses y aun más de su conciencia y de sus ideas, al Señor que manda, al dispensador de todos los bienes, al Presidente, al dueño de vidas, de honra y de haciendas. No es de ahora que expreso las ideas enunciadas condenando el régimen de fuerza. Cuando renunció la presidencia el señor García Granados compelido por la ingratitud de los unos y por las sugestiones indignas de los otros, fui el único que como diputado hablé en favor de la justificación del gobernante y de los intereses y fines de la revolución que tuvo en su origen un programa y actos honrosísimos, pero que bien pronto llegó a desnaturalizarse por completo.

En mi discurso pronunciado en la noche del 31 de diciembre de 1872 ante la Asamblea Constituyente y un público numeroso dije lo que sigue: "Señores, es tan extraño como desconsolador, que algunos queriendo poner remedio a los males de la situación, pretendan fuerza y sólo fuerza del gobierno actual. Yo no me opongo a la energía en la administración, pero yo no quiero, no puedo querer, el imperio de la fuerza en nuestro país"...

No falto a la verdad. Que lo digan imparciales extranjeros dentro de Centro América: que lo digan los centroamericanos honrados, de todos los partidos políticos, se entienden, fuera de Centro América. Unos y otros convendrán conmigo en que el estado político de nuestro país es el estado más adverso a los derechos y a los progresos de nuestras incipientes sociedades. Tenemos constituciones, códigos y reglamentos; pero no son más que escritos que valen mucho menos que los gastos que causó su impresión. Todo se idealiza, y todo se llena de fango; todo se ofrece, y casi nada se cumple: En teoría, palabras y más palabras; y en el hecho, atentados y más atentados brutales. Aquí en nuestra desgraciada Centro América todo se simplifica a estilo del Cesarismo o a estilo de la tribu salvaje. En sociedad, en política, en religión, en industria, en comercio, en agricultura, en instrucción pública, en relaciones exteriores, no hay más que hacer esta pregunta: ¿Qué quiere el presidente o el favorito del presidente?...

Hoy por hoy, ¿la sociedad vive tranquila, sale a las calles y plazas y se divierte? Es porque el Presidente quiere la paz y el regocijo público. ¿Se agitan cuestiones políticas bajo un tema obligado y se habla de ellas, con inusitado calor, en la tribuna del diputado, en la tribuna del pueblo, y se escribe en hojas sueltas y en periódicos? Es porque el Presidente, con generosidad nunca bastante encarecida ha dado el presente de la libertad, de la palabra y de la prensa. ¿Se ponen la camándula y el escapulario los centroamericanos, oyen misa, confiesan, comulgan y reverencian a los jesuitas? Es porque el Presidente es piadoso y amigo de la religión. ¿Hacen alarde los centroamericanos de descreídos, sin saber lo que es creencia católica, o alarde de libres pensadores, sin saber media palabra de ciencia? Es porque el Presidente no oye misa y destierra a los jesuitas y demás frailes. ¿Optan los centroamericanos por el sistema de nuevas industrias, de inmigración y de libre cambio? Es porque el Presidente así opina. De lo contrario, industrias y comercio a estilo del Paraguay y murallas a estilo de la China.

¿Quieren la agricultura los centroamericanos? ¿Cultivan las plantas textiles para formar sacos continentes sin contenido? Muy bien, dejan el café, el jiquilete y la grana porque aquel cultivo no le place al Presidente. En instrucción pública gustan al Presidente los acólitos, los sacristanes y los doctores con capetos a la usanza de la Edad Media? Pues están muy buenos y el Rivalda y los Estatutos de Carlos II, el Hechizado. ¿Gustan al Presidente, porque alguien se lo insinúa, los métodos de Mantilla, de Sarmiento, de Bello, de Horacio Mán, de Lastarri y las de Spencer, de Augusto Comte, de Litree y de Buchner? Pues están excelentes los nuevos métodos de enseñanza y las nuevas ideas de la ciencia. ¿En relaciones exteriores, echa una braveada el Presidente por cuestiones de límites o de reclamos extranjeros? Los centroamericanos se exaltan y se disponen a batirse hasta con los Estados Unidos y las primeras potencias de Europa. ¿Pero quiere el Presidente ser diplomático, y entregar nuestros territorios, y pagar lo que no debemos y humillarse ante nuestros contrarios? ¡Magnífico! Nuestros contrarios tienen razón. El

Presidente ha salvado la integridad, los recursos y la honra de la patria y se levantan arcos triunfales para que pase el insigne diplomático a quien todo se debe hasta el agua que bebemos y el aire que respiramos. En resumen, ¿qué es un Presidente entre nosotros? La viva personificación de la sociedad, del Estado: lo absorbe todo y lo domina todo. En sociedad, es el dispensador de todos los bienes, y aún el propagador de la moda y el buen gusto; en política, es el único sostén del orden interior y de la dignidad en lo exterior y el protector de las libertades individuales y públicas; en industria, agricultura y comercio es el que da impulso a la producción, el que conserva el ahorro, el capital, el que distribuye benéficamente los consumos públicos; en religión es el que define el dogma, y como en tiempo de Luis XIV, resuelve sobre si debe haber hugonotes que asistan a la prédica o católicos que asistan a la misa, y para no amplificar los conceptos expresados, es entre los romanos, cesaristas y pretorianos el emperador y pontífice máximo, omnipotente y divino.

Tal estado social, en que los gobernantes tienen, de hecho, más poder, atribuciones e influencias que el emperador de la Rusia y que el Sultán de Constantinopla, no ha podido menos de traer, como consecuencia lógica, el anonadamiento del espíritu de los pueblos, el indiferentismo o el escepticismo de los pueblos, el indiferentismo o el escepticismo de los hombres pensadores y la creación de falsas escuelas políticas tan viciosas por su fondo como adversas por sus efectos a los fines de sofistas, que en todos los tiempos han precedido y acompañado a las épocas de desconcierto y de corrupción social, son las escuelas predominantes entre nosotros. Los sofistas del tiempo de la Federación dieron en tierra con la unidad de la patria: los sofistas de nuestros días han dado en tierra con los pocos elementos que quedaban como sostén de la dignidad nacional y de los sentimientos del republicanismo.

Un grosero sofisma hace que hoy se confundan algunas medidas de progreso material e intelectual con los principios que constituyen el organismo de la república. Quien combate el clero y lo veja, quien funda algunas escuelas, quien establece algunas líneas telegráficas y mejora o abre algunas vías de comunicación, ese es el hombre de las instituciones, aunque por otra parte, pisotee, día por día, los derechos individuales, aunque haga nulas las libertades electorales y parlamentarias, aunque haga esclava de sus intereses o de su capricho la administración de justicia, aunque convierta en su patrimonio exclusivo la hacienda pública, aunque viola la seguridad del hogar y el secreto de la correspondencia, aunque las manifestaciones de la conciencia y del pensamiento se sofoquen por espionaje, que finge y que delata y por el terror que oprime y el que degrada, aunque la ley del palo suspendida sobre todas las espaldas sea, en definitiva, la única y suprema ley. Pero, ¿qué importa? "El país progresa", dicen los sofistas, y el orden y el progreso afirman la república. "Libertad y Reforma", dicen a los pueblos, y éstos, aunque soportando el peso de horribles atentados, de impuestos y de vejaciones, tienen que exclamar, aunque sollozando, "libertad y reforma: nuestro gobierno es el genuino representante de la república, es el mejor de los gobiernos". Tal es la falsificación monstruosa que se ha hecho entre nosotros de las instituciones. En tiempos pasados, y no muy remotos, teníamos cruentas luchas de partidos, pero al fin se trataba dignamente de una cuestión política. Hoy no se lucha: los hombres de los disueltos partidos, o están inmóviles como estatuas o aplauden su deshonra con el frenesí demente que produce el terror: Están sujetos a la coyunda vil del despotismo; y para los hombres pensadores, toda cuestión política ha dejado de serlo, para convertirse en una cuestión de humanidad. Los pueblos, en su abatimiento, no piden ya tal o cual institución: Su mayor anhelo es que se respete por los gobernantes siquiera su dignidad humana. ¡Hasta donde llegan los excesos del despotismo! ¡Hasta dónde llega el envilecimiento de los pueblos que no han sabido ser ni previsores ni virtuosos para combatirlo enérgicamente, en eso de sus sagrados e imprescriptibles derechos!

A la escuela del interés y de la corrupción, a la escuela de los sofistas que difunden espaciosas ideas para encubrir las excrecencias de nuestro cuerpo social, debe oponerse sencilla y noblemente la escuela de la verdad, de la razón impersonal y del sincero patriotismo. Va a hacer tres años que dije "La revolución de ideas, la revolución de principios que sean en espíritu y en verdad, está por hacerse en Centroamérica".

(Véase mi libro "Biografía de don José Cecilio del Valle" escrito en 1882. Este pequeño libro en que hice el elogio de las ideas en desprestigio de la fuerza bruta, me valió, como puedo demostrarlo con documentos, desinteresadas felicitaciones y publicistas y literatos americanos y europeos que ni siquiera me conocen. En cambio, me produjo, como lo preví, y como lo dije, una abundante cosecha de ridículos, de injurias y calumnias autorizadas en los periódicos por el anónimo. No se han discutido las ideas expresadas en el libro consagrado al sabio Valle: únicamente se me ha calumniado e insultado: este es el recurso de quienes obtienen garantías, posición y medros a trueque de ser injustos y hasta infames. Hoy afirmo, más convencido si cabe, que es tan urgente como debido y hasta humano hacer esa revolución.

Más una verdadera revolución no puede hacerse sin bandera, y el patriotismo centroamericano para moverse revolucionariamente debe levantar, muy alto, la bandera de Francisco Morazán, que simboliza estos dos grandes principios: unidad de la Patria y efectividad de sus instituciones republicanas. "Este es un tema gastado" se me dirá, y una gran vulgaridad en política. ¿Quién no ha confirmado y repetido que quiere la unidad nacional y el cumplimiento de las instituciones liberales? Convengo en parte con la objeción.

Querer y vocear en favor de tales principios ha sido y es harto común y hasta trivial entre nosotros; pero obrar con fe y abnegación en pro de los mismos principios, como obraron durante una dilatada época Francisco Morazán, Trinidad Cabañas y José Francisco Barrundia, esto es excepcional, esto es raro, esto constituye un milagro del patriotismo que debe dar fe a los corazones casi yertos de los centro americanos y dar un rayo de luz a sus inteligencias entenebrecidas por las densas sombras que proyectan las dictaduras triunfales sobre las ruinas de la patria.

Por mucha que sea la imparcialidad con la que escribo la historia de Morazán, por mucho que presente, de relieve, las ideas y las virtudes que formaron el fondo de su vida política, no creo cosa fácil que tales enseñanzas penetren de momento en la conciencia de nuestros pueblos y den inmediatos y saludables resultados. La generación presente está viciada y es muy difícil que la idea haga reaccionar, de momento a pueblos que tienen en su carácter y en sus costumbres hondos y arraigados vicios sociales. Es en absoluto cierto que los hábitos, buenos o perniciosos, casi constituyen una segunda naturaleza. Por otra parte, costosa, muy ardua, es la empresa de seguir en la práctica las ideas y ejemplos de Morazán. Para ello hay que resolver magnos problemas, de mucha entidad en los dominios de la sociedad y de la política. Hay que formar patria; hay que realizar la unidad nacional de Centro América; hay que formar pueblo por virtud de la educación; hay que darle acertadas, sabias y liberales instituciones; y hay que cumplir y respetar estas instituciones haciéndolas pasar del papel escrito a la más cumplida realidad de los hechos. De lo contrario no tendremos más que lo que tenemos: la careta de la República encubriendo el semblante grotesco y despreciable de la miseria, de la imbecilidad, de la corrupción y del despotismo.

¿Pero cómo resolver tan arduos problemas? Se me dirá. Exprésense, no ideas abstractas; señálense medios prácticos para llegar a soluciones definitivas y mejorar la condición de nuestra suerte.

Pienso que en práctica la Unión Nacional no podrá alcanzarse, desde luego, constituyendo de una vez un cuerpo de Nación compuesto de todos los dispersos miembros de la familia centroamericana. A este fin se opondrán, por muchos años, temores de dominación, rivalidades de pueblos, opuestos intereses y sobre todo, el egoísmo de los unos y la indiferencia de los otros. La Unión, pues, sólo puede ser gradual, progresiva.

(Sobre este importante punto tengo hecho un estudio fundado en antecedentes históricos, en hechos de observación en nuestra circunstancia de actualidad y en razonamientos inspirados por la Filosofía y por la Ciencia Política. Alguna vez tendré ocasión de publicar mi estudio, para que si algo útil contiene, sea objeto del juicio y de la aceptación o improbación de mis conciudadanos).

La Unión sólo puede intentarse y realizarse con éxito, por pueblos homogéneos, por pueblos que, por sus antecedentes, por su seguridad, por sus intereses, por su igualdad de hábitos políticos y comunidad de costumbres y por sus simpatías pueden formar y sostener de un modo natural y espontáneo una entidad nacional. Para corroborar lo expuesto, pueden servir de ejemplo las Repúblicas de El Salvador y Honduras.

Verdad es que la unión de pueblos homogéneos, sería repugnada y combatida por intereses egoístas, que sólo medran al favor de nuestra debilidad; pero aún en el caso de una lucha, los pueblos unidos en su derecho, triunfarían por la fuerza de su unión y por la justicia de su causa. El buen resultado de tal linaje de unión aseguraría el equilibrio centroamericano, haciendo casi imposibles las intervenciones escandalosas y los atentados brutales de los Estados más fuertes, en daño y en desdoro de los Estados más débiles: tal arreglo desvirtuaría muchas causas de turbación, de guerra y de anarquía y al favor de una nueva situación de paz sólida y honrosa, y al favor de un saludable y alto ejemplo y de nuevos y respetables intereses, y de nuevos y fraternales vínculos, de manera ordenada y pacífica, se operaría gradualmente la fusión de todos los pueblos centroamericanos, bajo un solo gobierno y en el seno de una sola y verdadera patria.

Fuera de la unión gradual de las repúblicas del centro, únicamente puede lograrse la unidad nacional por la fuerza o por la conquista: hay que esperar que aparezca un hombre extraordinario que una militarmente lo que políticamente está dividido; o hay que esperar que una potencia extranjera, lo que es más probable, aprovechándose de nuestra desorganización, de nuestra incapacidad, de nuestros vicios y escándalos, venga a ponernos en regla y nos una y nos gobierne a ley de conquista disimulada por inmigraciones y por empresas y reclamada por los fueros de la civilización. O la fuerza de dentro, creando en todo Centro América, una dictadura militar permanente, o la fuerza de fuera labrando para siempre nuestra humillación merecida: tales son los lastimosos extremos que se nos presentan, sino se efectúa la unión gradual de nuestros pueblos, por la virtud de benéficas y salvadoras evoluciones. Estas, para realizarse, darán ocasión a sacudimientos y luchas; pero si se realizan, el éxito será seguro y honroso y se salvará el porvenir de los hijos de la región más central y más bella de nuestro continente.

La Patria no puede existir sin verdadero pueblo. Nosotros tenemos pueblo en el sentido vulgar de la palabra; pero no en la acepción política, pero no en la acepción de la República, acepciones que hacen juzgar al pueblo como una entidad nacional poseedora de la soberanía y capaz de dirigir sus destinos, dándose libremente, por medio del organismo del gobierno, su representación interior y exterior. Nosotros podemos decir que, en vez de esa entidad nacional, tenemos masas dispersas, colonos a la española, que olvidados de sus derechos, bajo el peso de la anarquía o de la dictadura, ven en el gobierno, por diabólico que sea, una divina Providencia, y trabajan y obedecen y gimen a hurtadillas o bien aplauden delirante a sus propios tiranos, porque el poder es todo y el pueblo nada: máxima terrible cuya cumplida observancia hace que formemos una monstruosa excepción, la nota disonante en el concierto de los países libres de América. Este estado de abyecta miseria, que no exagero, tan sólo podrá desaparecer por la virtud de la educación práctica obtenida en la grande escuela de la vida pública. De nada sirve que el maestro de escuela enseñe, tímidamente a los niños que tienen deberes y derechos políticos, si estos niños cuando son hombres hacen un segundo aprendizaje, en la escuela de la indignidad, de la bajeza y, de la corrupción, organizada por el despotismo; escuela que los enseña a olvidarse de sus derechos y a prosternarse ante el poder de sus mandarines, para alcanzar la merced de vivir, cuando más, para obtener algunos medros personales. La educación práctica que haga a nuestros conciudadanos dignos, esforzados y celosos de sus derechos, es la educación que necesitamos para tener verdadero pueblo. Todos los hombres de convicciones, capaces de pensar, de hablar y de escribir algo de provecho son los llamados, aunque sean calumniados y perseguidos a formar el noble y santo magisterio, que ha de proporcionar con la idea y el ejemplo, la educación práctica de nuestros pueblos. Si alguien cree que estas son vagas teorías, yo le preguntaría si en la pasada generación ejercieron o no positiva influencia la palabra y los escritos de Valle, de los Barrundia, de Morazán, de Herrera, de Marure, de Gálvez y de Molina.

Sin aquella palabra y sin aquellos escritos, no se habrían formado sentimientos de dignidad y de libertad en los pueblos de épocas pasadas. Digan lo que quieran, y hagan lo que quieran los hombres de la fuerza bruta, la palabra que desciende de la tribuna o que se agita con la hoja del periódico o del libro, forma un huracán que destruye las fortalezas de los tiranos y que deja libre el campo para que se levante el Capitolio de los pueblos libres.

Un verdadero pueblo tiene que regular su vida por las instituciones. Sustituir estas al poder discrecional, a la arbitrariedad, al capricho, a los antojos del que manda, es asegurar entre nosotros, el imperio de la ley; es asegurar el cumplimiento de los fines de sociedades regularizadas y cultas. Hoy por hoy ¿qué es en Centro América una institución, una ley? Se puede contestar como los puristas del cesarismo romano: La institución, la ley, es la voluntad del sumo imperante. Pero debemos salir de estado tan oprobioso de absolutismo, para tener instituciones impersonales, únicas que aseguran los derechos del hombre, y que labran la felicidad y el engrande- cimiento de los pueblos. Más del absolutismo, ¿debemos pasar a la realización de un bello ideal en materia de instituciones?

Pienso que tal propósito haría frustráneo cualquier esfuerzo del patriotismo. Nuestras instituciones no deben ser las más avanzadas y perfectas: deben ser, tomada en cuenta nuestra pésima constitución social, las más practicables y sensatas, y a la vez, las que más favorezcan, de un modo seguro, aunque lento, al desarrollo de los primordiales intereses del orden, de la libertad y del progreso. Yo admiro a Barrundia y a Morazán por su generoso radicalismo sostenido al calor de su corazón y al calor de su genio. Pero tal radicalismo del tiempo de la Federación contribuyó de eficaz manera, a producir la disolución de la patria y la muerte de todas nuestras libertades.

Si hemos de tener modelos, imitemos en parte, la sólida y progresiva organización de Chile, para imitar después en todo, la admirable organización de los Estados Unidos y de los cantones suizos. Seamos sensatos, y conquistemos, por medios seguros aunque gradualmente, los mayores adelantamientos sociales y políticos. Siempre diré como Linneo: "La Naturaleza no da saltos".

Se extrañará por algunos que hable de la necesidad de instituciones, cuando se ve que en nuestras pequeñas repúblicas del Centro se han dado y se dan, muchas leyes libérrimas. Pero estas casi siempre no son más que humoradas del despotismo o de la anarquía. Esas leyes no son verdad; no se respetan ni se cumplen. Esas leyes, en vez de moralizar a los pueblos y de asegurarles sus derechos, más bien lo acostumbran a recibir lecciones diarias, en la escuela política de la hipocresía, de la falsificación, de la mentira. Preferible es, pues, tener instituciones, no avanzadas en teoría, no perfectas; pero que sean verdaderas, que sean un hecho en las esferas de la vida privada y pública; instituciones que se respeten y se cumplan, que protejan el derecho de sus sostenedores y de sus contrarios. No de otra suerte se procede en los Estados Unidos, en donde la ley, buena o mala, se cumple.

A este respecto, en una ocasión solemne, dijo el presidente míster Ulises S. Grant, estas notables palabras que revelan el espíritu político de aquel gran pueblo: "Seré fiel ejecutor de todas las leyes, merezcan o no mi aprobación. En todas las cuestiones tendré una política que recomendar, ninguna que imponer contra la voluntad del pueblo. Las leyes deben gobernar a todos, lo mismo a los que las combaten que a los que las defienden. No conozco mayor método para obtener la abrogación de una ley mala o perjudicial que el de ejecutarla estrictamente".

(Véase el discurso inaugural del presidente Grant, y la obra intitulada "Vidas y Retratos de los Presidentes de los Estados Unidos").

Ojalá que estas palabras lleguen a grabarse en el ánimo de nuestros gobernantes y de nuestros pueblos. La escuela Norteamericana debe ser nuestra escuela, con respecto al acatamiento a la ley. El respeto a las instituciones ha convertido a los Estados Unidos en una de las naciones más respetables, más prósperas y felices de la tierra.

Las numerosas cuanto amargas consideraciones anteriores, que me duelen en lo íntimo del alma, por referirse a mi patria, alguien podrá conceptuarlas fuera de oportunidad pero yo las juzgo muy pertinentes... Demuestran la magnitud de los problemas políticos que hay que resolver en Centro América: demuestran, a la vez, la alta conveniencia que hay en estudiar y en seguir, en todo lo posible y debido, los principios políticos que regulan la conducta de Morazán que aparece más grande y glorioso a medida que los tiempos pasan y que aumentan nuestros retrocesos e infortunios. Jamás se encarecerá demasiado la importancia de nuestros problemas sociales y políticos. Para los hombres pensadores deben ser el objeto de reflexión y enseñanza de todos los días, de todas las horas, de todos los momentos, y su solución debe ser, para los pueblos una aspiración incesante.

Unidad de la patria, pueblo formado por la virtud de la educación, instituciones libres y práctica respetuosa de estas instituciones; he aquí el resumen de los grandiosos y civilizadores principios que, sustentados por Morazán, con la idea y con el ejemplo, así en los campos de batalla, como en el terreno de la política, han de resplandecer en las páginas de este libro, como enseñanza salvadora, inspirada por las virtudes del patriotismo y del genio. Necesítase, con urgencia, aprovechar esa enseñanza y resolver dignamente nuestros problemas políticos. De lo contrario, tendremos la triste y pavorosa alternativa de ser, para siempre un Estado Asiático; en donde imperen la inmovilidad, el atraso, la injusticia, la barbarie, o de ser, al andar el tiempo, la desgarrada presa de una humillante dominación extraña.

No nos hagamos ilusiones, nuestros países son países "inconstituidos", por más que tengamos nominales constituciones y Códigos y Reglamentos; por más que hayamos alcanzado algunos intelectuales y materiales progresos, obra en parte ineludible de la acción del tiempo y del influjo extranjero. Necesario es, pues, que nos constituyamos para tener derechos, para tener república, para vivir libres y felices, y para pronunciar, sin rubor, ante las demás naciones, el dulce y querido nombre de patria, que hoy no podemos pronunciar dignamente ante el extranjero que, con justicia, o nos compadece o nos desprecia. Si no reaccionamos contra nuestro pasado, y contra los vicios que canceran nuestra sociedad presente, probaremos que somos, como los nictálopes, que no ven a la luz del medio día, y que solo fijan sus miradas, en medio de las densas sombras de la noche: probaremos que somos incapaces para cumplir los altos fines del derecho y de la libertad. Debemos, empero, desechar el aflictivo y enervante pesimismo. Si el patriotismo quiere se hará una revolución de principios y la Patria y la República se ostentarán triunfantes, teniendo por aureola las inmortales ideas de mártir de nuestra Democracia...

CONTENIDO

www.ingramcontent.com/pod-product-compliance
Lightning Source LLC
Chambersburg PA
CBHW061555120626
46550CB00004B/1491

* 9 7 9 8 8 9 2 6 7 1 9 9 6 *